GUIA PRÁTICO SOBRE A UMBANDA

Marcelo Pereira

GUIA PRÁTICO SOBRE A UMBANDA

MADRAS®

© 2024, Madras Editora Ltda.

Editor:
Wagner Veneziani Costa (*in memoriam*)

Produção e Capa:
Equipe Técnica Madras

Revisão:
Jerônimo Feitosa
Ana Paula Luccisano

Dados Internacionais de Catalogação na Publicação (CIP)
(Câmara Brasileira do Livro, SP, Brasil)

Pereira, Marcelo
Guia prático sobre a umbanda / Marcelo Pereira. -- São Paulo : Madras Editora, 2024.
Bibliografia.
2ed.
ISBN 978-65-5620-063-7

1. Orixás 2. Religiões afro-brasileiras 3. Umbanda (Culto) 4. Umbanda (Culto) - Rituais I. Título.

23-164026　　　　　　　　　　　　　　　　　　　　CDD-299.672

Índices para catálogo sistemático:
1. Umbanda : Religião 299.672
Eliane de Freitas Leite - Bibliotecária - CRB 8/8415

É proibida a reprodução total ou parcial desta obra, de qualquer forma ou por qualquer meio eletrônico, mecânico, inclusive por meio de processos xerográficos, incluindo ainda o uso da internet, sem a permissão expressa da Madras Editora, na pessoa de seu editor (Lei nº 9.610, de 19/2/1998).

Todos os direitos desta edição reservados pela

MADRAS EDITORA LTDA.
Rua Paulo Gonçalves, 88 — Santana
CEP: 02403-020 — São Paulo/SP
Tel.: (11) 2281-5555 – (11) 98128-7754
www.madras.com.br

Índice

Introdução 11
Capítulo 1 – A Origem da Umbanda 13
    O Termo Umbanda 14
    A História 15
    Crenças e Práticas 20
    Hino 22
Capítulo 2 – A Diferença entre Candomblé e Umbanda 23
Capítulo 3 – Pretos-Velhos 28
Capítulo 4 – Caboclos 34
Capítulo 5 – Ibeji e Erês 39
    Lendas 42
    Os Ibeji nos Cultos de Nação 43
    Características dos Ibeji e dos Erês 46
Capítulo 6 – Baianos 47
Capítulo 7 – Boiadeiros 51
Capítulo 8 – Marinheiros 55
Capítulo 9 – Ciganos 59
Capítulo 10 – Malandros 67
Capítulo 11 – Exus 73
Capítulo 12 – Pombagiras 79
Capítulo 13 – Exus Mirins 84
Capítulo 14 – Oxalá 87
    Características de Oxalá 90
    Lendas de Oxalá 91
        Águas de Oxalá 91
        Itan da Criação do Mundo 93

Capítulo 15 – Ogum 96
   Características de Ogum 98
   Características dos Filhos de Ogum 99
   Cozinha Ritualística 101
      Inhame com Dendê e Mel 101
      Paliteiro de Ogum 101
      Feijão-mulatinho 101
   Lenda de Ogum 102
      Como Ogum Virou Orixá 102
Capítulo 16 – Oxóssi 103
   Características de Oxóssi 104
   Características dos Filhos de Oxóssi 105
   Cozinha Ritualística 107
      Axoxô 107
      Quibebe 107
      Pamonha de Milho-verde 107
   Lendas de Oxóssi 107
      Como Oxóssi Virou Orixá 107
      Orixá da Caça e da Fartura 108
Capítulo 17 – Xangô 110
   Características de Xangô 113
   Características dos Filhos de Xangô 113
   Cozinha Ritualística 115
      Caruru 115
      Ajebó 115
      Rabada 115
   Lenda de Xangô 116
      A Justiça de Xangô 116
Capítulo 18 – Obaluaiê 117
   Características de Obaluaiê 121
   Características dos Filhos de Obaluaiê 122
   Cozinha Ritualística 124
      Feijão-preto 124
      Olubajé 124
   Lendas de Obaluaiê 124

As Feridas de Obaluaiê São Transformadas
em Pipoca 124
Xapanã, Rei de Nupê 125
As Duas Mães de Obaluaiê 125
Capítulo 19 – Oxumaré 127
Características de Oxumaré 129
Atribuições 130
Características dos Filhos de Oxumaré 130
Lendas de Oxumaré 130
Como Oxumaré se Tornou Rico 130
Orixá do Arco-íris 131
Oxumaré Serve a Oxum e Xangô 132
Capítulo 20 – Logum Edé 133
Características de Logum Edé 136
Lendas de Logum Edé 137
Logum Edé é Salvo das Águas 137
Logum Edé: o Orixá da Magia e da Boa Sorte 137
Logum Edé Ganha Domínio dado por Olorum 138
Capítulo 21 – Ossanhe, Osayin ou Ossain 141
Características de Ossanhe 143
Lendas de Ossanhe 144
Ossanhe Recusa-se a Cortar as Ervas Miraculosas 144
Ossanhe dá uma Folha para cada Orixá 144
Capítulo 22 – Iroco e Orunmilá 146
Orunmilá/Ifá 148
Lenda de Iroco 150
Iroco Castiga a Mãe que não lhe Dá o Filho Prometido 150
Capítulo 23 – Orixá Exu 153
Características de Exu 166
Capítulo 24 – Iemanjá 167
Características de Iemanjá 175
Características dos Filhos de Iemanjá 176
Cozinha Ritualística 177
Canjica Branca 177
Canjica Cozida 177

    Manjar do Céu 177
    Sagu com Leite de Coco... 178
  Lenda de Iemanjá 178
    O Culto de Iemanjá Sai do Rio e Vai para o Mar................. 178
Capítulo 25 – Nanã... 179
  Características de Nanã 181
  Características dos Filhos de Nanã 182
  Cozinha Ritualística 184
    Canjica Branca 184
    Berinjela com Inhame.. 184
    Sarapatel.. 184
    Paçoca de Amendoim 184
    Efó.. 184
    Aberum.. 184
  Lenda de Nanã 185
  Como Nanã Ajudou na Criação do Homem 185
Capítulo 26 – Iansã.. 186
  Características de Iansã 188
  Características dos Filhos de Iansã 189
  Cozinha Ritualística 190
    Ipetê... 190
    Acarajé 190
    Bobó de Inhame... 191
  Lendas de Iansã... 191
    Iansã Conquista o Domínio sobre o Fogo........................ 191
    Por que São Utilizados os Chifres de Búfalo no
    Ritual do Culto de Oyá/Iansã?... 191
    As Conquistas de Iansã.. 192
    Iansã Ganha de Obaluaiê o Poder sobre os Mortos............. 193
    Iansã, Orixá dos Ventos e da Tempestade 193
Capítulo 27 – Oxum... 195
  Características de Oxum 197
  Características dos Filhos de Oxum 198
  Cozinha Ritualística 199

Omolocum 199
Lendas de Oxum 200
   Como Oxum Conseguiu Participar das Reuniões
   dos Orixás Masculinos 200
Como Oxum Conseguiu o Segredo do Jogo de Búzios 201
Capítulo 28 – Obá 202
   Características de Obá 204
   Lendas de Obá 205
      Obá — Orixá Guerreira e das Águas Revoltas 205
      A Luta de Obá e Ogum 206
Capítulo 29 – Ewá 207
   Características de Ewá 209
   Características dos Filhos de Ewá 209
   Lendas de Ewá 210
      Por que Ewá não Aceita Galinha 210
      Ewá, Orixá dos Horizontes e das Fontes 210
Capítulo 30 – Como Desenvolver a Espiritualidade 212
Capítulo 31 – Os Orixás Não São Santos 215
Capítulo 32 – Cambones 218
Capítulo 33 – Cumprimentos 222
   Cumprimentos no Candomblé 223
Capítulo 34 – As Sete Linhas da Umbanda 225
Capítulo 35 – Lei da Umbanda 231
Capítulo 36 – Métodos Divinatórios 239
   Oráculo Divinatório de Ifá 240
   Jogo de Ikin ou O Grande Jogo 241
   O Jogo de Okpele 242
   Merindilogum – O Jogo de Búzios 243
   Jogo de Confirmação 247
Capítulo 37 – Arquétipo dos Espíritos de Umbanda 249
Capítulo 38 – Corrente Mediúnica 252
Capítulo 39 – Campo de Atuação e Ponto de Força 255
Capítulo 40 – Por que os Exus Usam Vermelho e Preto,
Bebida e Fumo 258

Capítulo 41 – As Entidades Podem Interferir na Vida
dos Médiuns 262
Capítulo 42 – Pontos Riscados 266
Capítulo 43 – Patuás..270
Capítulo 44 – Abertura da Gira 273
Capítulo 45 – Velas..276
    Tamanho das Velas e Materiais..279
    Recomendações Espirituais..279
Capítulo 46 – Sacrifício de Animais 280
Capítulo 47 – A Iniciação de Crianças 283
    A Atipicidade da Conduta da Iniciação de Crianças nas
    Religiões de Matriz Africana..285
Capítulo 48 – Animismo e Mistificação......................................290
Capítulo 49 – Contribuição para o Terreiro 295
Capítulo 50 – Pontos Cantados 298
Capítulo 51 – Cargos na Umbanda...301
Referências Bibliográficas..304

Introdução

Vou explicar como surgiu a ideia de criar um canal no YouTube, fazer *lives*, o que me levou a escrever um livro. Desde o ano de 1992, sou professor de Direito Penal na Pontifícia Universidade Católica de São Paulo (PUC-SP).

Iniciei minha jornada na Umbanda no Centro Cultural Mãe Iansã e Caboclo Pena Branca, sob a zeladoria e a orientação espiritual da Mãe Rosane de Iansã. Com o passar do tempo, entendemos ser necessária a criação de uma comissão de médiuns para auxiliar na ministração de aulas teóricas no curso de desenvolvimento, da qual acabei fazendo parte, até por conta da minha experiência acadêmica.

Acabei deixando esse terreiro por incompatibilidade de horários das giras e das minhas aulas na faculdade, vindo a ser recebido, carinhosamente e de braços abertos, pelo Pai José Roberto Teani, do Templo Ogum Beira-Mar. Quando a pandemia do coronavírus chegou, senti que devia fazer algo para ajudar os irmãos que estavam ainda em desenvolvimento e necessitavam continuar seus estudos, embora a distância.

A par disso e da minha experiência como professor, comecei a fazer *lives* e acabei por criar um canal no YouTube, passando não somente o conteúdo indispensável para todo médium que pretende iniciar sua caminhada na Umbanda, mas também para aqueles mais experimentados, mas com dúvidas e que não encontram respostas aos seus questionamentos.

Decidi, então, avançar um pouco mais, de modo que me debrucei no projeto de lançar este guia, com as informações indispensáveis que todo médium de Umbanda deve saber. Foi assim que resolvi escrever este livro e levar um pouco mais longe a bandeira de Oxalá. Espero, sinceramente, que todos gostem.

Toda a renda obtida com esta obra deverá ser revertida em caridade para crianças necessitadas, conforme determinação das entidades que me acompanham e me guiam nesta jornada.

Que Oxalá abençoe a todos. Muita Gratidão!

Capítulo 1

A Origem da Umbanda

A Umbanda é uma religião brasileira, formada pela união de conhecimentos de outras religiões. A Umbanda utiliza-se de elementos e dogmas dos cultos de nação, conhecidos como Candomblés, do Espiritismo e da Pajelança Indígena.

Podemos, seguramente, afirmar que a Umbanda se formou no início do século XX, no sudeste do Brasil, a partir da síntese com movimentos religiosos, como o Candomblé, o Catolicismo e o Espiritismo. É preciso que fique claro que a Umbanda foi formada, pois ela não foi criada, já que não se pode criar aquilo que já existia antes.

A Umbanda é uma religião "brasileira por excelência", sincrética, pois se utiliza do sincretismo para conjugar elementos do Catolicismo com a tradição dos Orixás africanos, além de agregar a cultura dos espíritos de origem indígena, comum na Pajelança.

A religião surgiu no território que hoje faz parte do município de São Gonçalo, no Rio de Janeiro, e o dia 15 de novembro é considerado pelos adeptos como a data da fundação da Umbanda, oficializada no Brasil em 18 de maio de 2012 pela Lei nº 12.644.

Em 8 de novembro de 2016, após estudos do Instituto Rio Patrimônio da Humanidade (IRPH), a Umbanda foi incluída na lista de patrimônios imateriais por meio de decreto.

O Termo Umbanda

"Umbanda" ou "Embanda" são expressões originárias da língua quimbundo ou *Kimbundu* de Angola, do povo banto, cujo significado é a "magia", a "arte de curar".

Como se vê, a Umbanda apenas foi formada, mas não criada, pois já existia anteriormente em Angola, como manifestação do espírito para a cura.

Com a escravidão foram trazidos para o Brasil os negros africanos, os quais mantiveram suas tradições, sua cultura e religião, em que pese houvesse intenso ataque a tudo isso, com o intuito de constituir uma verdadeira quebra de tradição e, consequentemente, perda da identidade ancestral.

Por outro lado, houve uma oportunidade magnífica de os brasileiros e portugueses terem contato com a rica cultura africana, ancestral e de forte carga espiritual, fundada em preceitos do bem coletivo, em contradição ao individualismo até então existente.

Os portugueses, colonizadores do Brasil, não aceitavam tais práticas, por desconhecimento e muitas vezes por maldade, associando-as à magia negra, denotando um forte traço racista, ou seja, a gênese do racismo religioso.

Os negros escravizados, então, passaram a cultuar os santos católicos, até por imposição dos senhores de engenho, que insistiam que deveriam abandonar as práticas e a cultura de origem.

Para você ter ideia de como foi forte a intenção de quebra da cultura, os escravos eram selecionados e, normalmente, iam para as senzalas aqueles provenientes de diversas regiões da África.

Procuravam os senhores do engenho não juntar escravos da mesma região, para que não se pudessem comunicar, já que não falavam a mesma língua, de modo que não se rebelassem.

Foram separados os pais de seus filhos, as esposas de seus maridos, e assim por diante, todos vendidos como mercadorias.

Mas os negros escravizados foram mais espertos, não deixaram de cultuar seus deuses – os Orixás –, apenas utilizaram o sincretismo, de modo a associar os santos católicos aos Orixás.

Dessa forma, quando os senhores de engenho encontravam os escravos rezando, por exemplo, para São Jorge, ainda que em sua língua de origem, acreditavam que eles haviam se convertido ao Catolicismo. Na verdade, logo abaixo da imagem do santo guerreiro católico, havia a imagem de Ogum, Orixá Guerreiro, que por sua semelhança ao santo católico fora com ele sincretizado. Mas esse assunto é matéria que devemos abordar, com mais detalhes, em outra oportunidade quando tratarmos do sincretismo.

O fato é que o termo Umbanda remete à ideia de que há uma banda, ou seja, um grupo de pessoas, ligadas a Um, que é Deus. A religião de Umbanda, diferentemente do que alguns pensam, é monoteísta, acreditando em um único Deus, supremo, criador de tudo e de todos.

Há, também, a suposição de uma origem em um mantra na língua adâmica, cujo significado seria "conjunto das leis divinas" ou "Deus ao nosso lado".

Também era conhecida a palavra *mbanda*, significando "a arte de curar" ou "o culto pelo qual o sacerdote curava", sendo que *mbanda* quer dizer "o Além, onde moram os espíritos".

A História

Quando se fala da História da Umbanda no Brasil, é indispensável fazer referência ao nome de Zélio Fernandino de Moraes, que nasceu no dia 10 de abril de 1891, no distrito de Neves, município de São Gonçalo (RJ). Aos 17 anos, esse adolescente, filho de uma autoridade militar, preparava-se para servir às Forças Armadas, mais especificamente à Marinha, quando começou a falar em tom manso e com um sotaque diferente do da sua região, como se fosse um senhor com bastante idade.

A família, que era católica, imaginou haver algum distúrbio mental e o encaminhou ao seu tio, Dr. Epaminondas de Moraes, médico psiquiatra e diretor do Hospício da Vargem Grande. Mesmo observado por vários dias, não foram encontrados sintomas que indicassem uma anomalia psíquica, de modo que o rapaz foi encaminhado a um padre para passar por um ritual de exorcismo, pois havia desconfiança de que ele estivesse possuído por um demônio. Feito o ritual de exorcismo, não foi obtido qualquer resultado de modo a impedir a manifestação que ali se apresentava, usando o corpo de pequeno Zélio.

Zélio acabou acometido por uma estranha paralisia, para a qual os médicos não conseguiam encontrar a cura. Mas, em determinado momento, já desenganado pela medicina, o jovem ergueu-se e afirmou que no dia seguinte estaria curado. Como dito, começou a andar como se nada tivesse acontecido, o que era impossível para a medicina, que não soube explicar o ocorrido.

A mãe de Zélio, D. Leonor de Moraes, levou-o a uma curandeira chamada D. Cândida, figura conhecida na região onde moravam e que incorporava o espírito de um Preto-Velho chamado Tio Antônio.

Percebam, com essa passagem, o que eu disse antes, que a Umbanda não foi criada, ela já existia, pois Zélio foi se consultar com uma senhora que incorporava um Preto-Velho. Esse Preto-Velho, Tio Antônio, recebeu o rapaz e, ao fazer suas rezas, disse-lhe que possuía o fenômeno da mediunidade e deveria trabalhar com a caridade. O pai de Zélio de Moraes, o Sr. Joaquim Fernandino Costa, apesar de não frequentar nenhum centro espírita, já era um adepto do Espiritismo, bem como tinha o hábito da leitura específica.

No dia 15 de novembro de 1908, por sugestão de um amigo de seu pai, Zélio foi levado à Federação Espírita de Niterói. Como haviam sido convidados por José de Souza, dirigente daquela Instituição, sentaram-se à mesa. Imediatamente após o início da sessão, Zélio levantou-se e foi até o jardim, colheu uma flor e voltou, dizendo faltar algo naquela reunião, contrariando as normas do culto, ou seja, de não deixar uma sessão após ter sido iniciada, bem como não utilizar elementos materiais para o trabalho. Isso causou uma tremenda confusão; eis que assim que Zélio incorporou um espírito, ao mesmo tempo, diversos médiuns presentes apresentaram incorporações de Caboclos e Pretos-Velhos.

Todos, em virtude do racismo religioso até então existente, foram severamente advertidos pelo dirigente do trabalho, já que "espíritos atrasados" não tinham autorização para se manifestar. A entidade incorporada em Zélio então perguntou:

– Por que repelem a presença dos citados espíritos, se nem sequer se dignaram a ouvir suas mensagens. Seria por causa de suas origens sociais e da cor?

Um dos médiuns presentes, vidente, conseguiu visualizar a luz que aquele espírito emanava e perguntou:

– Por que o irmão fala nestes termos, pretendendo que a direção aceite a manifestação de espíritos que, pelo grau de cultura que tiveram quando encarnados, são claramente atrasados? Por que fala deste modo, se estou vendo que me dirijo neste momento a um jesuíta e sua veste branca reflete uma aura de luz? E qual o seu nome, meu irmão?

O espírito incorporado em Zélio, então, responde:

– Se julgam atrasados os espíritos de pretos e índios, devo dizer que amanhã estarei na casa deste aparelho para dar início a um culto em que esses pretos e índios poderão dar sua mensagem e, assim, cumprir a missão que o plano espiritual lhes confiou. Será uma religião que falará aos humildes, simbolizando a igualdade que deve existir entre todos os irmãos, encarnados e desencarnados. E se querem saber meu nome, que seja este: Caboclo das Sete Encruzilhadas, porque não haverá caminhos fechados para mim.

O vidente ainda pergunta:

– Julga o irmão que alguém irá assistir a seu culto?

Ele então responde:

– Colocarei uma condessa em cada colina que atuará como porta--voz, anunciando o culto que amanhã iniciarei.

Depois de algum tempo, todos ficaram sabendo que o jesuíta que o médium verificou pelos resquícios de sua veste no espírito, em sua última encarnação, havia sido o padre Gabriel Malagrida.

No dia 16 de novembro de 1908, na rua Floriano Peixoto, 30, em Neves, São Gonçalo/RJ, aproximando-se das 20 horas, estavam presentes os membros da Federação Espírita, parentes, amigos e vizinhos, e do lado de fora uma multidão de desconhecidos.

Pontualmente, às 20 horas, o Caboclo das Sete Encruzilhadas desceu e, usando as seguintes palavras, iniciou o culto:

– *Aqui se inicia um novo culto em que os espíritos de Pretos-Velhos africanos, que haviam sido escravos e desencarnaram, e não encontram campo de ação nos remanescentes das seitas negras, já deturpadas e dirigidas quase exclusivamente para os trabalhos de feitiçaria, e os índios nativos da nossa terra poderão trabalhar em benefícios dos seus irmãos encarnados, independentemente de cor, raça, credo ou posição social. A prática da caridade, no sentido do amor fraterno, será a característica principal deste culto, com base no Evangelho de Jesus e tendo como mestre supremo Cristo.*

Após estabelecer as normas que seriam utilizadas no culto e com sessões diárias das 20 às 22 horas, determinou que os participantes deveriam estar vestidos de branco e o atendimento a todos seria gratuito.

Disse também que estava nascendo uma nova religião, a qual se chamaria Umbanda.

O grupo que acabara de ser fundado recebeu o nome de Tenda Espírita Nossa Senhora da Piedade e o Caboclo das Sete Encruzilhadas disse as seguintes palavras:

– Assim como Maria acolhe em seus braços o filho, a tenda acolherá aqueles que a ela recorrerem nas horas de aflição. Todas as entidades serão ouvidas, e nós aprenderemos com aqueles espíritos que souberem mais e ensinaremos aqueles que souberem menos, e a nenhum viraremos as costas nem diremos não, pois essa é a vontade do Pai.

Ainda respondeu a perguntas de sacerdotes que ali se encontravam em latim e alemão.

O Caboclo foi atender um paralítico, fazendo este ficar curado. Passou a atender outras pessoas que haviam neste local, praticando suas curas.

Nesse mesmo dia, incorporou um Preto-Velho chamado Pai Antônio, aquele que, com fala mansa, foi confundido como loucura de seu aparelho e, com palavras de muita sabedoria e humildade e com timidez aparente, recusava-se a se sentar com os presentes à mesa dizendo as seguintes palavras:

– Nêgo num senta não, meu sinhô, nêgo fica aqui mesmo. Isso é coisa de sinhô branco e nêgo deve arrespeitá.

Após insistência dos presentes, fala:

– Num carece preocupá, não. Nêgo fica no toco que é lugá di nêgo.

Assim, continuou dizendo outras palavras representando sua humildade. Uma pessoa na reunião pergunta se ele sentia falta de alguma coisa que tinha deixado na Terra e ele responde:

– Minha caximba, nêgo qué o pito que deixou no toco. Manda mureque buscá.

Tal afirmativa deixou os presentes perplexos, os quais estavam presenciando a solicitação do primeiro elemento de trabalho para essa religião: o fumo.

Foi Pai Antônio também a primeira entidade a solicitar uma guia, elemento até hoje usado pelos membros da Tenda, carinhosamente chamada de "Guia de Pai Antônio".

No outro dia, formou-se verdadeira romaria em frente à casa da família Moraes. Cegos, paralíticos e médiuns dados como loucos foram curados.

****

A partir desses fatos, formou-se a Corrente Astral de Umbanda, muito embora, como foi dito, a manifestação dos espíritos para a cura e a caridade já existisse.

Dez anos depois, em 1918, o Caboclo das Sete Encruzilhadas, recebendo ordens do astral, fundou sete tendas para a propagação da Umbanda, cujos nomes são:

Tenda Espírita Nossa Senhora da Guia;
Tenda Espírita Nossa Senhora da Conceição;
Tenda Espírita Santa Bárbara;
Tenda Espírita São Pedro;
Tenda Espírita Oxalá;
Tenda Espírita São Jorge;
Tenda Espírita São Jerônimo.

As sete linhas ditadas para a formação da Umbanda são: Oxalá, Iemanjá, Ogum, Iansã, Xangô, Oxóssi e Exu.

Zélio nunca usou como profissão a mediunidade, sempre trabalhou para sustentar sua família e, muitas vezes, manter os templos que o Caboclo fundou, além das pessoas que se hospedavam em sua casa para os tratamentos espirituais, a qual, segundo o que dizem, parecia um albergue. Nunca aceitou a ajuda monetária de ninguém. Essa era a ordem do seu guia-chefe, apesar de inúmeras vezes ser oferecido dinheiro a ele.

Na década de 1980, a Umbanda teve seu auge ao ser declarada como religião de muitas personalidades, como os cantores e compositores Clara Nunes, Dorival Caymmi, Vinicius de Moraes, Baden Powell, Bezerra da Silva, Raul Seixas, Martinho da Vila, entre outros.

Na década de 1990, a Umbanda e outras religiões de matriz africana foram alvos de ataques crescentes de parte dos neopentecostais brasileiros. Infelizmente, isso ainda existe até os dias atuais, de forma absolutamente injusta, já que a Umbanda somente existe para a prática do bem e da caridade, prestando auxílio a todos que procuram por ela.

Não é uma religião de conversão, mas de acolhimento, de auxílio espiritual. Não é necessário ser umbandista para frequentar um terreiro de Umbanda. Ali, pedem ajuda várias pessoas de diversos segmentos religiosos, que em busca de aconselhamento, passes e curas espirituais, procuram os terreiros e são acolhidas, não convertidas.

Passar a integrar a Umbanda na condição de assistência (pessoas que compareçem para acompanhar os trabalhos com assiduidade), ou mesmo para integrar o corpo mediúnico, é questão de livre-arbítrio, no que as entidades, o dirigente espiritual ou mesmo a Umbanda não devem interferir.

Aquele que assume uma dessas posições deve fazê-lo por amor à religião, não por ser forçado ou levado a isso pelo medo ou por qualquer outro sentimento deletério.

Crenças e Práticas

A Umbanda pode ter várias formas de ser cultuada, manifestada por práticas diversas, nomeadas de diferentes modos, como Umbanda Tradicional, Primado de Umbanda, Umbanda de Nação ou Umbanda Mista, *Umbandomblé*, Umbanda Esotérica, Umbanda Astrológica, Umbanda Sagrada, Umbanda da Magia Divina, Umbanda *Omolocô*, Umbanda Crística, etc.

Essas diferentes vertentes partilham o culto a entidades ancestrais e a espíritos associados a divindades diversas, que podem pertencer ao Catolicismo, a cultos africanos, hindus, árabes, entre outros.

Apesar de diferentes vertentes, existem alguns conceitos encontrados que são comuns a todas, sendo estes:

um deus único e onipresente, chamado Olorum ou Zambi;

crença nas Divindades ou nos Orixás, entendidos como forças da natureza;

crença na existência de Guias ou entidades espirituais;
a imortalidade da alma ou do espírito;
crença nos antepassados. A reencarnação.

A Lei de Causa e Efeito é aquela segundo a qual a toda causa corresponde uma consequência, de modo que todas as nossas condutas têm efeitos em nós mesmos, bons ou ruins, na conformidade de nossos comportamentos. A Umbanda é fundamentada na obediência aos ensinamentos básicos dos valores humanos, como a fraternidade, a caridade e o respeito ao próximo.

É indiscutível a necessidade da prática mediúnica para viabilizar a comunicação entre espíritos e Orixás com os seres humanos. Na realidade, a Umbanda é uma só e não várias, sendo que as diferentes vertentes existentes apenas são as formas como essa religião maravilhosa pode ser cultuada. Percebam que podemos beber água em um copo de vidro, de plástico, de metal ou de qualquer outro material, mas a água continuará sendo água. O recipiente que se utiliza para ingeri-la não altera sua substância, vale ressaltar, sua essência. A água será sempre água.

Do mesmo modo, a Umbanda será sempre Umbanda, não importando a maneira que seja cultuada. Há um núcleo comum às diversas formas, que é a manifestação do espírito para a caridade. Se não há manifestação do espírito para a caridade, não podemos falar em Umbanda.

A Umbanda, iniciada por Zélio, teve como tripé a incorporação de três espíritos, entendidos até hoje como essenciais, especialmente os Erês (espíritos infantis), os Caboclos (índios brasileiros) e os Pretos-Velhos, representando os escravos pretos das senzalas. Observem como é rico esse conceito inicial da Umbanda e sua representação. O tripé da Umbanda nada mais representa que as três fases do ser humano – do ser encarnado –, ou seja, a criança, o adulto e o idoso.

A criança com sua alegria, pureza de espírito e sinceridade. As crianças nunca mentem, falam exatamente aquilo que sentem.

Já o caboclo representa o índio brasileiro, que vai à caça, em busca de alimento, que sabe guerrear e lutar para alcançar seus objetivos; é forte e nos passa a mensagem de que devemos ser fortes e persistentes em nossos objetivos, sem descuidar do respeito à natureza, pois ele não caça além do necessário para a própria subsistência.

O Preto-Velho carrega toda a sabedoria acumulada no decorrer da vida, a resiliência do povo que muito sofreu no período da escravidão, bem como o conhecimento das ervas e seus efeitos curativos. Como é agradável se aconselhar com um Preto-Velho! Quanto conhecimento e sabedoria existem em suas palavras, quanto amor e carinho eles expressam, são verdadeiramente os vovozinhos da Umbanda. Em síntese, esse tripé da Umbanda representa as fases da existência humana.

Hino

Originalmente com o título de "Refletiu a Luz Divina", a letra escrita por José Manoel Alves foi musicada por Dalmo da Trindade Reis, maestro tenente do Grande Conjunto da Polícia Militar do Rio de Janeiro.

No Segundo Congresso Nacional de Umbanda, em 1961, no Rio de Janeiro, a música foi aclamada e oficialmente reconhecida como o "Hino da Umbanda" e hoje é cantada por milhares de umbandistas pelo mundo.

Refletiu a luz divina
Em todo seu esplendor
É do reino de Oxalá
Onde há paz e amor.
Luz que refletiu na terra
Luz que refletiu no mar
Luz que veio de Aruanda
Para tudo iluminar
Umbanda é paz e amor
Um mundo cheio de luz
É a força que nos dá vida
E a grandeza nos conduz.
Avante, filhos de fé
Como a nossa lei não há
Levando ao mundo inteiro
A bandeira de Oxalá.

Capítulo 2

A Diferença entre Candomblé e Umbanda

Neste capítulo, vamos falar sobre algumas das diferenças entre o Candomblé e a Umbanda, ambas religiões brasileiras, pois foram fundadas aqui em nosso país, de acordo com os fundamentos do culto realizado na África, motivo pelo qual são chamadas de religiões de matriz africana. Tanto na África como no Brasil, a cultura que deu origem ao Candomblé brasileiro é monoteísta, acredita em um único Deus, supremo, que é Olorum ou Olodumarê. Na África, cada região cultua predominantemente, até os dias atuais, apenas um Orixá, além de Exu, que era cultuado em todas.

Isso tem uma razão que vale a pena ser explicada. A palavra Exu, em iorubá, quer dizer esfera, representando o movimento. O Orixá Exu, o mais próximo dos seres humanos, é entendido como o responsável pela comunicação entre os seres encarnados e as demais divindades, sobretudo os demais Orixás. Ele é verdadeiramente o mensageiro, aquele que leva do Ayê, ou seja, da terra, onde vivem os encarnados, os pedidos e as oferendas feitos pelos seres humanos e traz as respostas do Orum, que para os africanos é como se fosse o céu, local onde vivem as divindades. Assim, é o responsável pelos movimentos de comunicação entre encarnados e Orixás.

Nós sabemos que, com a escravidão, foram trazidos para o Brasil negros de várias regiões da África, os quais, propositadamente, foram agrupados conforme as diferentes origens, separando-se os que eram da mesma região. Os negros que falavam dialetos distintos, porque eram de regiões diferentes da África, tinham dificuldades de se comunicar, mas acabaram se adaptando. Ocorre que, como falei, cada um deles cultuava um Orixá diferente, porque eram provenientes de regiões diversas da África, mas, em vez de isso os separar, apenas os uniu.

Os negros, então escravizados, passaram a cultuar vários Orixás, sendo que quando cantavam para eles o faziam em roda, o que é chamado de Xiré, que traduzido do iorubá quer dizer brincadeira, em referência à brincadeira de roda, realizada pelas crianças. Essa roda se desenvolve no sentido anti-horário, em referência e respeito aos antepassados. Entram os mais velhos primeiro, depois os mais novos, sempre nessa ordem, em respeito à antiguidade e àqueles que vieram antes. Está aí plantada a gênese, ou a sementinha, do Candomblé no Brasil.

O Candomblé também é conhecido como culto de nação, sendo que não existe uma única nação, eis que as casas fundadas no Brasil seguiram os detalhes de sua região da África. Assim, temos a nação Ketu, Angola, Jeje, Efon e Ijexá, pelo menos entre as que conheço, já que não sou iniciado no Candomblé, razão pela qual não posso me aprofundar no assunto, além de fugir do objetivo do nosso livro.

Mas, resumidamente, no Candomblé são louvados os Orixás, que são forças da natureza, os quais se manifestam em terra por meio de seus adeptos iniciados. Isso ocorre normalmente na festa dedicada a cada Orixá. Existem várias no ano, durante o xirê, no qual se canta e toca para os Deuses, chamando-os a conviver naquele momento com os encarnados.

Os Orixás vão chegando e se apresentam aos presentes com sua dança, que nada mais é que uma manifestação corporal, em que contam as histórias e os feitos realizados. Por meio da dança, ritmada pelos atabaques (tambores sagrados), vão contando os itans, suas histórias, repartindo o axé, entendido como poder vital, entre os presentes, literalmente abençoando todos aqueles que ali se encontram, adeptos ou não da religião.

Aos presentes são servidas comidas, relacionadas a cada Orixá, com o intuito de não só partilhar o alimento, mas também o axé, pois, como já falamos, a ideia do coletivo é muito forte entre os africanos, contrapondo-se à concepção do individualismo, infelizmente reinante nos dias atuais. Em síntese, e em regra, no Candomblé há manifestação dos Orixás, energias da natureza, sendo que a conceituação de Orixás será mais detalhada adiante.

Na Umbanda, há manifestação de entidades, que foram espíritos de pessoas que tiveram uma vivência carnal e não mais encarnam, em virtude da sua evolução espiritual. Estes se apresentam como Caboclos e Caboclas, os índios brasileiros; Erês, espíritos infantis; Pretos-Velhos e Pretas-Velhas; Baianos e Baianas; Boiadeiros, Ciganos e Ciganas, que compõem a linha do Oriente; Exus; Pombagiras, que são o feminino dos Exus; Marinheiros; Malandros e Malandras.

É importante não confundir o Orixá Exu, força da natureza, que se manifesta no Candomblé, com o Exu entidade, que são pessoas que tiveram uma vida carnal, desencarnaram e não mais encarnam por causa da sua evolução espiritual, como ocorre com todas as outras entidades, que cultuamos na Umbanda. Na Umbanda, há apenas a manifestação de falangeiros de Orixás, o que não quer dizer que não prestemos reverências nem os cultuemos, já que a Umbanda é de matriz africana e guarda forte carga dos ritos de nação.

É preciso observar que, como foi dito, no Candomblé há manifestação dos Orixás, mas em muitas casas há manifestação, também, de entidades, como ocorre na Umbanda, só que em menor escala. Assim, encontramos em muitos Candomblés a manifestação de Caboclos, divididos entre Caboclos de pena e Caboclos de couro, os primeiros, os índios brasileiros, e os segundos, os boiadeiros. Da mesma forma, vamos encontrar manifestações de Exus entidades. Essas manifestações são chamadas pelos integrantes do Candomblé de catiços. Não podemos deixar de citar também os Erês, espíritos infantis, que se manifestam nos Candomblés, os quais trazem a mensagem do Orixá, que não fala nos cultos de nação.

Mas voltemos para a Umbanda. Filhos de fé ou filhos de pemba: é assim que são chamados os umbandistas. Quando entram no terreiro, templo religioso, devem cumprimentar o chão, pois ali é um solo sagrado, no qual se desenvolvem os trabalhos espirituais. Devem saudar a tronqueira ou porteira, a famosa casinha dos Exus que faz a proteção e a segurança da casa, para que os trabalhos se desenvolvam sem interferência dos espíritos negativos.

Devem cumprimentar os atabaques, utilizados na maioria dos terreiros de Umbanda, digo maioria porque há aqueles que não fazem uso desses instrumentos sagrados, já que se aproximam mais da vertente espírita e menos da influência africana. Devem também saudar e pedir a bênção para o Sacerdote, Pai de Santo ou Zelador, esses são os nomes utilizados.

Aqui, vale uma consideração importante: quando se pede a bênção para o Zelador ou Pai de Santo, é como se o Orixá que ele carrega nos abençoasse, além de ser sinal de respeito aos mais velhos, que estão há mais tempo na religião. O filho de fé igualmente retribui a bênção, ou seja, seu Orixá retribui, pois também carrega um consigo.

Deve-se, também, saudar o Congá, ou seja, o altar, onde se encontram os Orixás e as entidades cultuadas na Umbanda, batendo cabeça, que nada mais é que se deitar ao solo e colocar a cabeça no chão, em sinal de reverência, submissão e respeito ao Sagrado, colocando-se à disposição para auxiliar os irmãos que necessitam de ajuda, realizando a verdadeira caridade em prol dos seus semelhantes. Feito isso, os médiuns devem aguardar, serenamente, o início dos trabalhos, evitando conversas paralelas e barulho, já que esse é um momento de concentração e preparo para os trabalhos que serão realizados.

Na hora marcada para o início dos trabalhos, o Zelador então anuncia que estes irão começar. Inicia saudando os Exus – veja que eles são os responsáveis pela comunicação com os Orixás, de modo que devem ser saudados não só para o bom desempenho dos trabalhos, mas também para guardarem a porta de entrada, não deixando que nenhum espírito trevoso ou Kiumba (espíritos sem luz) interfira no andamento da Gira.

Uma vez saudados os Exus, o sacerdote dá abertura aos trabalhos, entoando cânticos, que fazem louvor aos Orixás e às entidades. Realiza-se a defumação dos médiuns e dos presentes, com o intuito de lhes limpar a aura e equilibrá-los, em um preparo para os trabalhos. Terminada a defumação, seguem-se os cânticos e as entidades vão incorporando, ou melhor, acoplando-se aos médiuns, as quais vão saudar o Congá, a tronqueira ou porteira, e as entradas do local onde permanecem os médiuns, que, vez ou outra, é separado por uma portinhola, de onde fica a assistência.

Com as entidades presentes, são chamados os consulentes, por ordem de chegada à casa, de acordo com as fichas de atendimento recebidas. Os consulentes então passam com as entidades, que fazem a consulta, dão passes e promovem os descarregos. Uma vez que todos tenham sido atendidos, os trabalhos devem ser encerrados, fechando-se a gira com cânticos, até que as entidades desincorporem dos médiuns.

Na maioria das casas de Umbanda, em cada gira – nome que se dá à sessão no terreiro de Umbanda –, serão somente chamadas entidades de uma linha de trabalho, por exemplo, os Caboclos, os Baianos e assim por diante, de modo que todos os médiuns incorporem apenas uma linha de trabalho naquela gira. Há algumas casas que trabalham com uma linha, por exemplo, os Caboclos, e, no final, dão passagem aos Exus, para limpeza dos médiuns, já que essa linha de trabalho atua com energias mais densas e são, em tese, mais eficazes na limpeza dos médiuns.

Há poucas casas que trabalham com linhas cruzadas, em que vão baixando nos diversos médiuns entidades diferentes, ou seja, Caboclos, Baianos, Pretos-Velhos, etc. Vale dizer que enquanto um médium está trabalhando com um Caboclo, o outro estará trabalhando com um Preto-Velho ou um Baiano. Não me parece que seja essa última forma de trabalho a mais adequada, mas esta é a minha opinião e não falo pela Umbanda, da qual não tenho procuração. Entendo que a forma de manipulação das energias varia de entidade para entidade, bem como o modo como se apresentam, razão pela qual acredito que não devem ter as linhas cruzadas.

Esse é mais ou menos um roteiro seguido pelas casas de Umbanda, mudando um detalhe aqui ou acolá, dependendo da vertente adotada e das orientações do Zelador de Santo. O que efetivamente é essencial em todas as casas é a defumação dos presentes, assistência e médiuns, abertura da gira, atendimentos e encerramento dos trabalhos.

Capítulo 3

Pretos-Velhos

Como já disse antes, precisamos ter em mente que as entidades que se manifestam nos terreiros são espíritos de pessoas que desencarnaram e chegaram a um ponto de evolução espiritual no qual não encarnam mais. E para continuarem a evolução espiritual, que não é exclusiva dos seres encarnados, têm de prestar a caridade, pois essa é a única forma de evoluir. Não há evolução espiritual, tanto do ser encarnado quanto do desencarnado, que não seja por meio da prática da caridade. Não há evolução sem caridade. Dessa maneira, as entidades passam a trabalhar em conjunto com os médiuns, utilizando-se do corpo destes e dos seus fluidos vitais para fazer o atendimento nos terreiros de Umbanda.

Neste capítulo, vamos falar sobre os Pretos-Velhos e as Pretas-Velhas, os queridos vovozinhos e vovozinhas da Umbanda.

Todos nós sabemos, e isso não é novidade alguma, que vários negros foram trazidos para o Brasil e escravizados, sendo sujeitos a todo tipo de humilhação, torturas e tratamento degradante. Muitos acabaram morrendo por exaustão ou em decorrência dos maus-tratos aos quais foram submetidos. Depois de mortos, passaram a surgir em lugares adequados, principalmente, nos terreiros de Umbanda, onde demonstram ter grande sabedoria, nos ensinam a paciência, a resiliência, a enfrentar as dificuldades e a fé em dias melhores. Ensinam-nos que o espiritual é mais importante do que o material, que somos apenas passagem neste plano, de modo que devemos prestar a caridade a todos que necessitam, sem qualquer distinção de raça, cor, sexo, orientação sexual e religião.

Afinal, os pretos escravizados foram submetidos a toda a sorte de discriminações, pois entendiam os senhores do engenho que os negros não eram dotados de alma, vejam que tamanho absurdo. As entidades que se apresentam como Pretos e Pretas-Velhas prestam a caridade indistintamente, apresentando-se com a fala mansa, calma, passiva, são muito amorosos e dão conselhos extraordinários.

Apresentam uma forte carga religiosa católica, referindo-se à Nossa Senhora e a Jesus, usam crucifixo, denotando o traço forte da influência do Catolicismo na Umbanda, como mencionei anteriormente. Abençoam, são rezadeiros e benzedores. São verdadeiros sábios, no que diz respeito à manipulação das ervas, o que marca o traço característico da Umbanda como religião ligada à pajelança dos índios e às curas por intermédio das ervas, muito próprio também do Candomblé e dos cultos de nação.

Usam branco, ou preto e branco. Essas cores são utilizadas porque, sendo os Pretos-Velhos almas de escravos, lembram que eles só podiam andar de branco ou xadrez preto e branco, em sua maioria. Outrossim, essas cores estão ligadas à linha das Almas Benditas, como é conhecida a corrente dos Pretos-Velhos, bem como ao Orixá Obaluaiê, que possui outras denominações como Omolu, Xapanã e Sapatá.

Este Orixá é o responsável pelas doenças, mas também pelas curas. É ele quem realiza o encaminhamento dos espíritos dos mortos, quando ocorre seu desencarne, para poderem, então, fazer, tranquilamente, a passagem e continuar sua missão no mundo espiritual – preparando-se para uma nova encarnação, ou mesmo, se possuírem evolução suficiente para isso, agregando-se a uma falange de espíritos para trabalhar juntamente a um médium, prestando a caridade aos encarnados.

Obaluaiê é a transformação, representa a passagem da vida material para a vida espiritual, representa a mudança para algo melhor. Observe-se que a oferenda mais utilizada para essa entidade é exatamente a pipoca, conhecida como *deburu*, ou seja, o milho que, aquecido, se transforma em uma linda flor, ou seja, as flores de Omolu. A pipoca, tanto no Candomblé na Umbanda, é utilizada em rituais de descarrego, para desagregar energias negativas, bem como para a cura, já que está fortemente ligada a esse Orixá e à corrente dos queridos Pretos-Velhos.

Os Pretos e as Pretas-Velhas carregam uma guia, ou seja, um colar, feito de uma sementinha cinza, com uma palha dentro, conhecida como lágrima-de-nossa-senhora. Essa guia tem um forte simbolismo, já que o Orixá Obaluaiê é conhecido como o senhor das palhas, sendo sua vestimenta as palhas-da-costa. Essa palha seria usada por ele para esconder as feridas da varíola, doença que o teria acometido desde criança, mas que o tornou o senhor da cura, já que as feridas de seu corpo saltaram e se transformaram em pipocas, quando suas palhas foram sopradas por Iansã, também conhecida como Oyá, conforme contam os itans africanos.

Vejam, meus irmãos, que na Umbanda tudo tem fundamento, razão pela qual é preciso estudar mais e mais. Não há fim para quem se dedica a esse estudo, sendo que devemos ter sempre em mente que nunca saberemos tudo.

Os Pretos-Velhos são homenageados na Umbanda no dia 13 de maio, data em que foi assinada a Lei Áurea, marcando a libertação dos escravos. A maioria dos Pretos-Velhos e das Pretas-Velhas fuma cachimbos, os quais são utilizados como defumadores para remover os miasmas astrais e energias deletérias do consulente. O fumo tem uma função importantíssima na Umbanda, é instrumento de trabalho das entidades, não para mero deleite, sendo utilizado de forma sagrada e não porque o espírito é um viciado em tabaco.

Muitos Pretos e Pretas-Velhas utilizam a "pemba", que é um pequeno giz branco, feito de calcário, ou mesmo o pó de pemba, que é a pemba ralada, a qual é usada de forma magística, e serve para abençoar e realizar a limpeza espiritual do consulente. Essa mesma pemba é utilizada não só pelos Pretos-Velhos, mas também por todas as entidades, as quais riscam seus pontos. O ponto riscado é como se fosse a assinatura das entidades, fazendo constar vários desenhos, que representam os Orixás aos quais estão ligadas e sua forma de trabalho. Esse assunto será mais bem detalhado em um capítulo à parte.

Eu disse Orixás de propósito, meus irmãos, pois é importante que eu lhes esclareça esse ponto. Todos os Pretos e as Pretas-Velhas compõem a linha das Almas, logo estão sujeitos a Obaluaiê. Contudo, tanto os Pretos-Velhos como outras entidades estão ligados a um Orixá principal, que representa aquela linha de trabalho, mas estão ligados também a outros Orixás, chamados de secundários.

Cada entidade é singular, é um espírito desencarnado e, por essa razão, tem uma identidade única, que não se confunde com outra entidade que carrega, inclusive, o mesmo nome. Assim, em um mesmo terreiro, vamos encontrar, por exemplo, dois Pais Joaquim de Angola, Pretos-Velhos ou dois Caboclos Pena Branca. Tanto os Pretos-Velhos, como os Caboclos, embora carreguem o mesmo nome, apresentam semelhanças e diferenças, possuem características específicas e forma de trabalho próprios.

Meu nome é Marcelo Pereira, e quantos outros Marcelos Pereira existem no Brasil? A resposta é: vários, mas não são iguais a mim, nem eu igual a eles; possuímos características próprias, que nos tornam individuais. O mesmo ocorre com as entidades, que possuem sua individualidade, não se confundindo uma com a outra, muito embora tenham características semelhantes e carreguem o mesmo nome.

Mais uma coisa importante precisa ser esclarecida. Todos os Pretos-Velhos e Pretas-Velhas foram Pretos-Velhos e Pretas-Velhas quando encarnados? A resposta é não, pois nem todos os espíritos que se apresentam como Pretos-Velhos e Pretas-Velhas foram em alguma encarnação escravos. Podem ter tido uma vivência carnal como padres, médicos, juízes, etc.

Então, por que se apresentam como Pretos-Velhos? Meus irmãos, isso é chamado arquétipo da entidade, ou seja, como ela se apresenta, a linha de trabalho em que os espíritos se agrupam no astral para prestar a caridade. Não sabemos como isso se dá – se por determinação superior, são escolhidos para se agrupar nessa linha de trabalho ou se eles mesmos elegem-na para trabalhar. Falaremos sobre os arquétipos em outro capítulo, já que esse assunto merece um estudo mais aprofundado.

Lembrem-se, meus irmãos, no capítulo a respeito da origem da Umbanda, Zélio Fernandino de Moraes incorporou um Caboclo, índio brasileiro, sendo que um médium vidente viu claramente restos de roupas eclesiásticas, já que em sua última encarnação aquele espírito teria sido o padre Gabriel Malagrida.

Os Pretos e as Pretas-Velhas representam humildade, força de vontade, resignação, sabedoria, amor e caridade. São um ponto de referência para todos aqueles que necessitam de curam, ensinam, educam pessoas e espíritos sem luz. Não têm raiva ou ódio pelas humilhações, atrocidades e torturas às quais foram submetidos no passado. Com seus cachimbos, fala pausada e tranquilidade nos gestos, eles escutam e ajudam aqueles que precisam, independentemente de sua cor, idade, sexo e religião.

Por essa razão, se você falar com um Preto-Velho, tenha humildade e saiba escutar, não queira milagres ou que ele resolva seus problemas em um passe de mágica. Devemos entender que qualquer solução depende principalmente de uma reforma íntima, depende muito do consulente, de mudar os hábitos que não lhe trazem bons resultados, em verdade, alterar o padrão vibratório.

Os Pretos-Velhos são excelentes conselheiros, mostrando a vida e seus caminhos, são psicólogos, amigos, confidentes e mentores espirituais. Com suas mirongas, desmancham trabalhos negativos e influências de espíritos obsessores. Eles aliviam o fardo espiritual de cada pessoa, fazendo com que ela se fortaleça espiritualmente. Se a pessoa se fortalece e cresce, consegue carregar de maneira mais cômoda o peso de seus sofrimentos. Ao contrário disso, se se entrega ao sofrimento e ao desespero, enfraquece e sucumbe por terra pelo peso que carrega.

Então, cada um pode fazer com que seu sofrimento diminua ou aumente, conforme encare seu destino e os acontecimentos de sua vida. Lembrem-se: seu Ori é o senhor do seu destino.

Esta é a verdadeira história do copo meio vazio ou meio cheio. Para aqueles que são otimistas, o copo está meio cheio, já que sabem tirar o melhor da vida, em que pese as dificuldades que se apresentam, evoluem e aprendem com os próprios erros. Já para os pessimistas, o copo sempre estará meio vazio, pois encaram tudo como problemas, erram e seguem errando, sofrendo as consequências dos seus próprios equívocos.

A Sabedoria do Preto-Velho nos ensina como encarar as adversidades, vencer as dificuldades e prosperar, no sentido mais amplo da palavra, pois prosperidade não é só material, não se dá só na família, na empresa, mas também na sociedade em que vivemos e acima de tudo deve ser espiritual. Os Pretos-Velhos usam como bebida normalmente o café preto, quase sempre sem açúcar, vinho tinto e vinho moscatel.

São homenageados na segunda-feira, mesmo dia dedicado ao Orixá Obaluaiê.

A saudação aos Pretos-Velhos é: "Adorei as Almas". Alguns Pretos-Velhos usam bengalas ou cajados. A forma de incorporação dos Pretos-Velhos é compacta, sem dançar ou pular muito. A vibração começa com um "peso" nas costas e uma inclinação do tronco para frente, com os pés firmados no chão. Locomovem-se com dificuldade, com passos vagarosos, mas cadenciados. Em geral, atendem sentados em seus banquinhos ou tocos de árvore, permanecendo curvados durante a consulta, em sinal de humildade e profunda sabedoria. Essa simplicidade se expande tanto na sua maneira de ser como de falar. Usam vocabulário simples, sem palavras rebuscadas.

Alguns nomes de Pretos-Velhos e Pretas-Velhas são:

Pai Jucá ou Jacó, Pai Cambinda (ou Cambina), Pai Cipriano, Pai João, Pai Congo, Pai José D'Angola, Pai Benguela, Pai Jerônimo, Pai Guiné, Pai Joaquim, Pai Antônio, dentre outros;

Vovó Maria Congá, Vovó Cambinda (ou Cambina), Vovó Ana, Vovó Maria Redonda, Vovó Catarina, dentre outras.

Em linhas gerais, essas foram as características dessa linha de trabalho maravilhosa, da nossa amada Umbanda.

Capítulo 4

Caboclos

Os Caboclos e as Caboclas são índios brasileiros, originários de diversas tribos e lugares. Apresentam-se nos terreiros de Umbanda para trazer paz, dar exemplo de firmeza e necessidade de seguir em frente em busca dos seus ideais. São grandes curadores com seus passes, têm o poder de nos livrar de muitos males materiais e espirituais, bem como dominam a manipulação de ervas.

A morada dos Caboclos e das Caboclas é a mata, razão pela qual estão ligados a Oxóssi, Orixá principal e regente dessa linha de trabalho. A cor dos Caboclos e das Caboclas é verde, em verdadeira sintonia com a mata. Eles apreciam todas as frutas, milho, vinho tinto e água de coco. Existem falanges de caçadores, guerreiros e feiticeiros, ou seja, os pajés. Muitos deles são chefes do terreiro, ou seja, os donos da casa de Umbanda, as quais levam seu nome.

A gira de Caboclos é bem alegre, lembrando as festas da tribo. Os Caboclos são muito respeitosos, calmos no falar, mas, ao mesmo tempo, bastante firmes, nos ensinando a seguir em busca dos nossos objetivos, exatamente como eles fazem para caçar, de forma sensata e respeitosa, pois não agridem o meio ambiente e somente caçam o necessário para sua subsistência. Possuem grande elevação espiritual e trabalham dando passes e consultas, em busca da continuidade de sua elevação espiritual.

Os Caboclos e as Caboclas não necessariamente foram índios em sua última encarnação. Por vezes, foram médicos, cientistas, sábios, professores, enfim, pertenceram a diversas classes sociais, mas se aliaram a essa linha de trabalho, após o desencarne, para prestar a caridade aos encarnados, utilizando-se de seu conhecimento e do adquirido dos mesmos integrantes da sua falange.

A denominação "Caboclo", embora comumente designe o mestiço de branco com índio, tem, na Umbanda, significado um pouco diferente, e corresponde à linha de trabalho que se identifica com as índias e os índios brasileiros. São eles o braço forte da Umbanda, fazendo parte do tripé inicial, a que nos referimos no capítulo sobre a origem da Umbanda.

O Brasil é fortemente miscigenado, eis que o povo brasileiro é composto por uma imensidão de mistura de raças, decorrente da imigração de italianos, portugueses, franceses, japoneses, entre outros, além de negros e índios que aqui habitaram. A linha de Caboclos, que dá a ideia de miscigenação, representa bem a Umbanda, que é brasileira, e o brasileiro.

Outrossim, é importante observar, como exposto no capítulo sobre a origem da Umbanda, que nossa religião é miscigenada, portanto, utiliza-se de fundamentos do Espiritismo, da pajelança indígena, do Catolicismo e dos cultos de nação, ou seja, do Candomblé.

Mesmo sendo chamados de Caboclos e se identificando assim, são efetivamente índios brasileiros com uma simbologia muito importante, que corresponde ao respeito à natureza, à fauna e à flora. Para os índios, não existe a ideia de propriedade individual, a propriedade é coletiva, tudo é de todos, exatamente como falamos que é a ideia dos africanos, que se preocupam mais com o coletivo do que com o individual. A ideia de utilização e preservação é marcante nessas sociedades. Têm elas a clara concepção de que a natureza está à disposição de todos, que devem usá-la e lutar pela sua preservação.

Os Caboclos e as Caboclas são espíritos de muita luz, que assumem a forma de "índios", prestando uma homenagem a esse povo que foi massacrado pelos colonizadores. São espíritos dotados de profundo conhecimento, tanto material como espiritual.

Não podemos repetir os mesmos erros do passado, pois não é porque se apresentam com simplicidade que são espíritos sem evolução. Devemos tomar cuidado com isso, pois esse equívoco foi cometido, quando anunciada a Umbanda, por meio do Caboclo das Sete Encruzilhadas, que incorporou na pessoa de Zélio Fernandino de Moraes, passagem que já detalhamos neste livro.

A Umbanda é simplicidade, o menos é mais na nossa religião, é amor, caridade! Mensagem que também é passada pelos queridos Caboclos e Caboclas. Em seus trabalhos, realizam o desenvolvimento dos médiuns, curas com a utilização de ervas, já que dominam o mistério da pajelança, desobsessões, solução de problemas psíquicos e materiais, demandas materiais e espirituais e uma série de outros serviços caritativos.

Muitos centros espíritas, que seguem a linha Kardecista, também se utilizam dos Caboclos para realização de seus trabalhos, nas chamadas sessões de mesa branca. Os Caboclos usam em seus trabalhos ervas, indicadas para banhos de limpeza, bem como para chás, que auxiliam na cura de uma enormidade de doenças materiais e espirituais.

O trabalho desenvolvido por Caboclos e Caboclas consiste em encorajar nosso espírito e prepará-lo para conseguirmos alcançar nossos objetivos. Quando frequentamos um terreiro de Umbanda, ouvimos os Caboclos e as Caboclas dizerem, quando se despedem, que vão para a cidade da Jurema, para Aruanda ou Humaitá, e assim por diante. Quando dizem isso, afirmam que estão voltando para o plano espiritual, onde habitam, já que são espíritos desencarnados. No caso dos Caboclos, são suas "aldeias" espirituais.

Nesses locais se encontram vários espíritos aprendendo, inclusive, o manejo das energias, a utilização de ervas e todos os conhecimentos indispensáveis para a realização dos trabalhos na Umbanda, já que também faz parte da continuidade da evolução dessas entidades o estudo aprofundado, que serve como ferramenta para os trabalhos caritativos.

Os Caboclos e as Caboclas, quando incorporados, fumam charutos ou cigarrilhas e, em algumas casas, costumam usar durante as giras penachos, arcos e flechas, lanças, etc. Falam de um jeito rústico, lembrando sua forma primitiva de ser e mostrando por meio de suas danças muita beleza, própria dessa linha.

Seus "brados", espécie de gritos que soltam, muitas vezes imitando o som de pássaros, fazem parte de uma linguagem própria. Cumprimentos e despedidas são feitos usando esses sons. Batem forte no peito, indicando a coragem de enfrentar as dificuldades, mensagem que passam para os consulentes de que este é o único caminho para encarar os problemas do cotidiano.

O Orixá responsável por essa linha de trabalho, como já foi dito, é Oxóssi, mas cada Caboclo trabalha na irradiação de um ou mais Orixás. Assim, temos:

Caboclos e Caboclas de Oxum: são suaves, amorosos, características próprias do Orixá. Trabalham no auxílio das doenças psíquicas, como depressão e desânimo. Atuam fortemente no campo emocional;

Caboclos de Ogum: apresentam uma incorporação mais rápida e mais compactada ao chão, em que pese existam alguns que dançam, fazendo sinais indicativos de que estão cortando as matas, literalmente abrindo os caminhos. Suas consultas são diretas, geralmente gostam de trabalhos de ajuda profissional e de abertura de caminhos, próprios da irradiação do Orixá Ogum. Dão passes, em sua maioria, para energização, doar força física e ânimo para os consulentes;

Caboclos de Iemanjá: s sua incorporação, em geral, é mais suave, representa a grande mãe. Os consulentes sentem-se literalmente no colo da mãe, ao se consultar com uma cabocla, que trabalha na irradiação desse Orixá. Trabalham normalmente para desmanchar trabalhos, com passes, limpeza espiritual, equilíbrio mental, conduzindo as energias negativas para o mar;

Caboclos de Xangô: as incorporações são rápidas, como trovões, sendo que os médiuns sentem todo o peso do mundo, já que a irradiação desse Orixá é muito forte, compactada. Têm um campo de atuação muito forte em relação às questões de Justiça. Dão consultas rápidas e são diretos no falar, sem qualquer rodeio. Se o consulente está certo eles dirão, mas se estiver errado também apontam seus erros e a necessidade de correção deles;

Caboclos de Nanã: são mais raros, mas geralmente trabalham aconselhando, já que são portadores de um conhecimento profundo sobre as coisas da vida, nos ensinando a ter resignação em face das adversidades. Dão passes de descarrego. Sua incorporação é normalmente contida, pouco dançam, irradiam na vibração de uma Orixá bem velha, como é Nanã;

Caboclos de Iansã: são rápidos e deslocam muito o médium, dançam como se estivessem afastando os eguns (espíritos de mortos em luz) com seus braços, de modo semelhante à dança realizada pela Orixá no Candomblé. São diretos e rápidos para falar, muitas vezes pegando a pessoa de surpresa. Trabalham para empregos, assuntos de prosperidade, pois Iansã tem grande ligação com Xangô. No entanto, realizam um trabalho ótimo no que diz respeito a descarrego. Podem ainda trabalhar para várias finalidades, dependendo da necessidade;

Caboclos de Oxalá: são fortes guerreiros e, ao mesmo tempo, passam a calma do mundo inteiro para o consulente; excelentes para dar consultas e energização. Muitos são dirigentes de terreiros, por exemplo, o Caboclo Pena Branca;

Caboclos de Oxóssi: são os que mais se locomovem, são rápidos e dançam muito. São os senhores dos banhos e das defumações, não possuem trabalhos definidos, podem trabalhar para diversas finalidades. Muitos desses Caboclos são chefes de terreiros;

Caboclos de Obaluaiê: são espíritos ligados aos antigos "pajés" das tribos indígenas. Raramente trabalham incorporados, e quando o fazem, escolhem médiuns que tenham Obaluaiê como primeiro Orixá. Sua incorporação parece a de um Preto-Velho, e em algumas casas se locomovem apoiados em cajados. Movimentam-se pouco. Fazem trabalhos de magia e cura, são exímios conhecedores dos mistérios da energia e das ervas.

Por que os Caboclos e as Caboclas estalam os dedos quando incorporados? Essa é uma das coisas que vemos e geralmente não nos perguntamos, talvez por parecer algo de importância mínima. Nossas mãos possuem uma quantidade enorme de terminais nervosos, que se comunicam com cada um dos chacras de nosso corpo.

O estalar dos dedos se dá sobre o Monte de Vênus (parte gordinha da mão) e, dentre as funções conhecidas pelas entidades, está a retomada de rotação e a frequência do corpo astral, bem como a descarga de energias negativas.

Assim, o estalar de dedos auxilia na manutenção da incorporação pelo médium, mas também na descarga energética. Vale dizer que essa é a forma mais largamente utilizada por todos os Caboclos em seus passes.

O dia dedicado a Oxóssi é 20 de janeiro – sincretizado com São Sebastião.

A saudação a Oxóssi é: "Okê Arô"; e a saudação aos Caboclos é: "Okê Caboclo".

Capítulo 5

Ibeji e Erês

As Crianças, também chamadas de Ibejada, são os espíritos que incorporam em médiuns da Umbanda e em outras religiões afro-brasileiras, trazendo nomes infantis ou ligados aos Orixás e a seus atributos, como ocorre nos cultos de nação. São caracterizados como uma criança na forma de falar, nos gestos, na inocência das brincadeiras, transmitindo muita alegria. São representados em imagem tripla (Cosme, Damião e Doum) ou sincretizados na imagem dos santos gêmeos Cosme e Damião, e, em algumas regiões, chamados também de Crispim e Crispiniano. Por ocasião de sua festa, que ocorre em 27 de setembro, os terreiros distribuem doces e fazem uma mesa farta para as crianças que incorporam nos médiuns.

As cores que representam as Crianças são azul-claro e rosa. As entidades possuem diversos pontos de atuação: cachoeiras, praias, matas, lajedos e até algumas traçadas com Exus, o que resulta num Exu Mirim ou Criança da Esquerda. As oferendas são normalmente feitas em jardins, e são sempre doces, refrigerantes, além de frutas. Quando incorporam nos terreiros, são espíritos brincalhões, travessos, meigos e chorões.

São entidades de grande atuação e força espiritual. Sempre se comenta nos terreiros que quando uma criança faz um trabalho, só ela tem o poder de tirar. Também têm grande poder de cura. Essa faculdade de se apresentar e agir como criança não quer dizer que seja um espírito-criança. Pode ser, talvez, mais velho.

O Erê vem com aspecto ou forma infantil, porque é conveniente vir assim, pois do contrário, seria dificilmente reconhecido como integrante dessa falange. Trata-se apenas de um arquétipo, como já explicamos, sendo que o espírito cria afinidade com essa linha de trabalho para prestar a caridade. No decorrer das consultas, as Crianças vão trabalhando com seus elementos de ação sobre o consulente, os quais normalmente são doces e guaraná, que chamam de água de bolinha, modificando e equilibrando sua vibração, regenerando os pontos de entrada de energia do corpo humano.

Esses seres, mesmo sendo puros, não são tolos, pois identificam rapidamente nossos erros e falhas, e não têm o menor temor em literalmente "meter o dedo na ferida". Não se calam, quando em consulta, pois nos alertam sobre as condutas erradas e suas consequências. Por apresentarem aspecto infantil, podem não ser levados muito a sério, porém seu poder de ação fica oculto. São conselheiros e curadores, por isso foram associados a Cosme e Damião, curadores que trabalhavam com a magia dos elementos.

O elemento e a força da natureza correspondentes aos Erês são todos, pois eles poderão, de acordo com a necessidade, utilizar-se de quaisquer dos elementos. Eles manipulam as energias elementais e são portadores naturais de poderes somente encontrados nos próprios Orixás que os regem. Essas entidades são a real expressão da alegria e da honestidade, de forma que, apesar da aparência frágil, são verdadeiros magos e conseguem atingir seu objetivo com uma força imensa. Embora as crianças brinquem, dancem e cantem, exigem respeito para seu trabalho, pois atrás dessa vibração infantil se escondem espíritos de extraordinários conhecimentos e poderes.

Imaginem uma criança com menos de 7 anos possuir a experiência e a vivência de um homem ancião e, ainda, gozar da imunidade própria dos inocentes. A entidade conhecida na Umbanda por Erê é assim. Faz tipo de criança, pedindo como material de trabalho chupetas, bonecas, bolinhas de gude, doces, balas e as famosas águas de bolinhas – o refrigerante –, e trata todos como tio e avô.

Os "meninos" são em sua maioria mais bagunceiros, enquanto as "meninas" são mais quietas e calminhas. Alguns deles incorporam pulando e gritando, outros descem chorando, outros, ainda, estão sempre com fome. Essas características, que às vezes nos passam despercebidas, são sempre formas que eles têm de exercer uma função específica, como a de descarregar o médium, o terreiro ou alguém da assistência.

Descontrair o consulente, desarmando-o, é o modo mais eficaz de adentrar seu íntimo, descarregá-lo, retirar as mágoas do seu coração e praticar a cura, tanto material como espiritual. Os pedidos feitos a uma criança incorporada são normalmente atendidos de maneira bastante rápida. Entretanto, a cobrança que elas fazem dos presentes prometidos também é.

Poucos são aqueles que dão a importância devida às giras das vibrações infantis. A exteriorização da mediunidade é apresentada nessas giras sempre em atitudes infantis. O fato, entretanto, é que uma gira de Criança não deve ser interpretada como uma diversão, embora seja normalmente realizada em dias festivos, e, às vezes, não consigamos conter os risos diante das palavras ditas e atitudes que as crianças tomam.

Mesmo com tantas diferenças, é possível notar a maior característica de todas:, que é mesmo a atitude infantil, o apego a brinquedos, bonecas, chupetas, carrinhos e bolas, com os quais fazem as festas nos terreiros com as crianças comuns, que vão em busca de tais brinquedos e guloseimas nos dias apropriados.

Nas festas de Ibeji, que tiveram origem na Lei do Ventre-Livre, desde aquela época até nossos dias, são servidos às crianças um "aluá" ou água com açúcar (ou refrigerantes adocicados), bem como o caruru (também nas Nações de Candomblés).

As Crianças gostam de desmanchar demandas, não fazem o descarrego de forma explícita, mas com suas brincadeiras promovem a melhoria da energia do consulente, pois os espíritos obsessores deles não se aproximam.

Para vocês terem uma ideia de como é o trabalho dos Erês, tenho a honra de trabalhar com uma entidade que se identifica como Peninha, um indiozinho que trabalha na linha dos Erês. Em suas consultas, normalmente, pede para o consulente segurar suas mãos e joga o corpo para a frente e para trás, movimento que o consulente também faz, como se estivessem em um balanço, que ele chama de gangorra.

Com esse movimento, vai equilibrando o consulente e promovendo verdadeiro descarrego, limpando as energias negativas. O que parece uma brincadeira, na realidade, é um trabalho muito sério e eficiente, que as Crianças promovem em auxílio aos consulentes.

Lendas

Havia em um reino dois pequenos príncipes gêmeos, que traziam sorte a todos. Os problemas mais difíceis eram resolvidos por eles; em troca, pediam doces, balas e brinquedos.

Esses meninos faziam muitas traquinagens e, um dia, brincando perto de uma cachoeira, um deles caiu no rio e morreu afogado. Todos do reino ficaram muito tristes pela morte do príncipe. O gêmeo que sobreviveu não tinha mais vontade de comer e vivia chorando de saudades do seu irmão, pedia sempre a Orunmilá – Deus para os africanos – que o levasse para perto do irmão.

Sensibilizado pelo pedido, Orunmilá resolveu levá-lo para se encontrar com o irmão no céu, deixando na Terra duas imagens de barro. Desde então, todos que precisam de ajuda deixam oferendas aos pés dessas imagens para terem seus pedidos atendidos.

****

Outra lenda africana denota a força dos Ibejis, que enganaram a morte. Os Ibejis, Orixás gêmeos, viviam para se divertir. Tocavam sempre uns pequenos tambores mágicos. Nessa época, a Morte, chamada de Iku pelos africanos, colocou armadilhas em todos os caminhos e começou a comer todos os humanos que caíam em suas armadilhas.

Homens, mulheres, velhos, crianças, ninguém escapava da voracidade de Iku, a Morte. Iku pegava todos antes que seu tempo de morrer houvesse chegado, de modo que o terror se alastrou entre os humanos. Sacerdotes, bruxos, adivinhos, curandeiros, todos se juntaram para pôr um fim à obsessão de Iku, mas foram vencidos.

Os Ibejis, então, armaram um plano para deter Iku. Um deles seguiu pela trilha perigosa, onde Iku armava suas armadilhas mortais, e o outro seguiu o irmão, porém, mantendo-se escondido, dentro do mato.

O Ibeji, que ia pela trilha, ia tocando seu pequeno tambor com tanto gosto e maestria que a Morte ficou maravilhada, não quis que ele morresse e o avisou da armadilha.

Iku se pôs a dançar, enfeitiçada pelo tambor do menino. Quando o garoto se cansou de tanto tocar, o outro, que estava escondido no mato, trocou de lugar com o irmão, sem que Iku percebesse. Assim, um irmão substituía o outro e a música jamais cessava, sendo que Iku dançava sem fazer pausa. Ainda que estivesse cansada, não conseguia parar de dançar.

O tambor continuava soando seu ritmo irresistível, sendo que Iku já estava esgotada e pediu ao menino para que parasse a música por instantes, para que ela pudesse descansar. Iku implorava, queria descansar um pouco, já não aguentava mais dançar.

Os Ibejis, então, lhe propuseram um pacto: a música pararia, mas a Morte teria de jurar que retiraria todas as armadilhas. Sem escolha, Iku rendeu-se. Foi assim que os gêmeos venceram e salvaram os homens, conquistando a fama de muito poderosos, porque nenhum outro Orixá conseguiu ganhar aquela peleja com a Morte.

Os Ibejis são poderosos, mas o que eles gostam mesmo é de brincar.

****

Sincretismo: Cosme e Damião.
Dia da semana: domingo.
Cores: azul e rosa.
Comidas: doces.
Bebidas: refrigerante, em especial o guaraná.
Saudação: Oni Ibejada!

Os Ibeji nos Cultos de Nação

Ibeji, **Ìbejì ou Ìgbejì** é a divindade gêmea da vida, protetora dos gêmeos na mitologia iorubá, identificada no jogo do Merindilogum, ou seja, jogo de búzios, pelos odus *ejioko*, número 2. Dá-se o nome de Taiwo ao primeiro gêmeo gerado e o de Kehinde ao último. Os iorubás acreditam que Kehinde era quem mandava Taiwo supervisionar o mundo, de onde surge a hipótese de ser aquele o irmão mais velho.

Cada gêmeo é representado por uma imagem. Os iorubás colocam alimentos sobre suas imagens para invocar a benevolência de Ibeji. O animal tradicionalmente associado a Ibeji é o macaco colobo. A espécie em questão é o colobo-real, que é acompanhado de uma grande mística entre os povos africanos. Esses animais possuem coloração preta, com detalhes brancos, e pelas manhãs ficam acordados em silêncio no alto das árvores, como se estivessem em oração ou contemplação. Por esse motivo, são considerados, por vários povos, mensageiros dos deuses ou portadores da habilidade de escutar os deuses.

A mãe colobo, quando vai parir, afasta-se do bando e volta apenas no dia seguinte das profundezas da floresta trazendo seu filhote (que nasce totalmente branco) nas costas. O colobo é chamado em iorubá de *edun oròòkun*, e seus filhotes são considerados a reencarnação dos gêmeos que morrem, cujos espíritos são encontrados vagando na floresta e resgatados pelas mães colobos pelo seu comportamento peculiar.

Na África, as crianças representam a certeza da continuidade, por isso os pais consideram seus filhos sua maior riqueza. A palavra Ibeji quer dizer gêmeos. Forma-se a partir de duas entidades distintas que coexistem, respeitando o princípio básico da dualidade.

Entre as divindades africanas, Ibeji é a que indica a contradição, os opostos que caminham juntos, a dualidade. Ibeji mostra que todas as coisas, em todas as circunstâncias, têm dois lados e que a justiça só pode ser feita se as duas medidas forem pesadas, se os dois lados forem ouvidos.

Na África, o Ibeji é indispensável em todos os cultos. Merece o mesmo respeito dispensado a qualquer Orixá, sendo cultuado no dia a dia. Ibeji não exige grandes coisas, seus pedidos são sempre modestos; o que espera, como todos os Orixás, é ser lembrado e cultuado. O poder de Ibeji jamais pode ser negligenciado, pois o que um Orixá faz, Ibeji pode desfazer, mas o que um Ibeji faz nenhum outro Orixá desfaz. E mais: ele se considera dono da verdade.

Recomenda-se tratar os gêmeos de maneira sempre igual, compartilhando com muita equidade entre os dois tudo o que lhes for oferecido. Quando um deles morre com pouca idade, o costume exige que uma estatueta representando o defunto seja esculpida e que a mãe a carregue sempre.

Mais tarde, o gêmeo sobrevivente, ao chegar à idade adulta, cuidará sempre de oferecer à esfinge do irmão uma parte daquilo que ele come e bebe. Os gêmeos são, para os pais, uma garantia de sorte e de fortuna.

Existe uma confusão latente entre Ibeji e os Erês. É evidente que há uma relação, mas não se trata da mesma entidade, confundindo-se até mesmo como Orixá. Ibeji diz respeito a divindades gêmeas, sendo costumeiramente sincretizadas nos santos gêmeos católicos Cosme e Damião.

Por serem gêmeos, são associados ao princípio da dualidade; por serem crianças, são ligados a tudo que se inicia e brota: a nascente de um rio, o nascimento dos seres humanos, o germinar das plantas, etc. É a divindade que rege a alegria, a inocência e a ingenuidade da criança. Sua determinação é tomar conta do bebê até a adolescência, independentemente do Orixá que a criança carrega.

Ibeji é tudo de bom, belo e puro que existe; uma criança pode nos mostrar seu sorriso, a alegria, a felicidade, o engatinhar, o falar e os olhos brilhantes. Na natureza, é a beleza do canto dos pássaros, nas evoluções durante o voo das aves, no encanto e no perfume das flores.

Representa a criança que temos dentro de nós, as recordações da infância. Feche os olhos e lembre-se de uma felicidade, de uma travessura e você estará vivendo ou revivendo uma lenda dessa divindade, pois tudo aquilo de bom que nos aconteceu em nossa infância foi regido, gerado e administrado por Ibeji. Portanto, ele já viveu todas as felicidades e travessuras que todos nós, seres humanos, vivemos.

A palavra Erê vem do iorubá *iré*, que significa "brincadeira, divertimento". Daí a expressão *siré*, que significa "fazer brincadeiras". O Erê (não confundir com "criança", que, em iorubá, é *omodé*) aparece instantaneamente, logo após o transe do Orixá, ou seja, o Erê é o intermediário entre o iniciado e o Orixá.

Durante o ritual de iniciação, o Erê é de suma importância, pois, muitas vezes, é quem porta as várias mensagens do Orixá do recém-iniciado. O Erê conhece todas as preocupações do *iyawo* (filho), também aí chamado de *omon-tú* ou "criança-nova", que é o recém-iniciado no Candomblé.

O comportamento do iniciado em estado de Erê é mais influenciado por certos aspectos de sua personalidade do que pelo caráter rígido e convencional atribuído a seu Orixá.

Características dos Ibeji e dos Erês

Símbolos: dois bonecos gêmeos, dois cabacinhas, brinquedos.
Plantas: jasmim, maçã, alecrim, rosa.
Dia: domingo.
Cores: azul, rosa e verde, mas, na verdade, gosta do colorido em si.
Metal: estanho.
Elementos: fogo e ar.
Saudação: Oni ibejada! Bejiróó! farami só ibeji!
Domínios: parto e infância. Amor e união.
Comidas: caruru, cocada, cuscuz, frutas doces.
Animais: passarinhos.

Capítulo 6

Baianos

Os Baianos não são apenas o povo originário da Bahia, mas também representam todo o povo nordestino, povo trabalhador, simples, humilde, que não perde a alegria e a leveza de encarar a vida, em que pesem as inúmeras dificuldades que se apresentam. São verdadeiros guerreiros, lutadores e nunca perdem a fé nem a esperança. Essa linha surgiu para difundir a sabedoria do povo sertanejo.

Quando encarnados, costumavam ir à igreja, à capela católica, mas se a estiagem apertasse ou se houvesse algum problema com doenças, crianças com o bucho virado e afins, eles não hesitavam em procurar um benzedeiro. Esse jeito simples de viver reflete bem as condições de vida do povo nordestino. Na falta do atendimento médico, uma oração e um terço eram sempre lembrados, mas se fossem insuficientes, não hesitavam em recorrer ao benzedeiro, que, aliás, nunca se dizia espírita, pelo contrário, afirmava suas convicções católicas.

Muito embora a maioria dos benzedores fosse católica, naquele tempo era envolta por estereótipos místicos, considerados contraditórios com os dogmas da Igreja. Portanto, a pluralidade de culto e crença é uma tendência muito forte do povo nordestino que, embora católico, não dispensa uma boa "mandinga".

Esta linha de trabalho representa uma merecida homenagem aos povos que contribuíram para a formação sólida da nação, que, apesar do jeito simples, carregam em suas veias a inteligência da miscigenação de brancos, índios e negros. Essas entidades da Umbanda, que por esse arquétipo se identificam, conhecem profundamente as dificuldades de nosso tempo, pois também passaram por elas. São, na sua maioria, migrantes, que carregaram na mala e no peito a esperança de uma vida melhor em outras terras do Brasil.

Esses guias aceitaram a missão de ajudar os outros, porque acreditam no melhor do ser humano, bem como sabem que as piores algemas são as que os outros lançam sobre seus irmãos. Eles enxergaram na Umbanda uma forma de passarem todo o conhecimento da cultura do seu povo que receberam em seu tempo de vida. Foram grandes lutadores enquanto estiveram neste plano, de modo que adoram desfazer magias, sendo que é muito difícil haver algo com que eles não possam lidar. Tais entidades, via de regra, estão ligadas à Orixá Iansã. Muitos deles se apresentam como verdadeiros cangaceiros, assim dizendo, entidades que não se acovardam diante das injustiças.

Há casas que associam os Baianos à linha das Almas e dos Pretos-Velhos. Fica aqui a referência, muito embora não seja a doutrina que seguimos, já que as cores por eles utilizadas remetem à Iansã. Os Baianos nos ensinam que devemos lutar pelo povo com um olhar diferenciado para os mais necessitados, a fim de garantir igualdade de oportunidades na vida. Algumas casas apontam os cangaceiros como auxiliares dos Baianos, mas outros os veem como pertencentes à mesma linha.

O Baiano é uma entidade acolhedora, é um "Ser de Luz" que age na direita, mas conhece muito bem as necessidades de proteção da esquerda. É uma das linhas que têm "um pé lá e um pé cá". Nas giras, eles se apresentam com forte traço regionalista, principalmente em seu modo de falar cantado, com sotaque arrastado. Sempre muito alegres, brincalhões e amigos, apresentam-se de uma forma despachada, direta, reta e objetiva, sem rodeios ou meias palavras.

Eles são do tipo que "não levam desaforo para casa", passando a mensagem de que devemos ter coragem para enfrentar as dificuldades da vida. Possuem uma capacidade imensa de ouvir e aconselhar. Adoram conversar muito, falando baixo e mansamente, são carinhosos e passam segurança ao consulente. Inclusive, fé é a marca registrada desta linha de trabalho, referindo-se muito a santos católicos, como Nosso Senhor do Bonfim, Nossa Senhora das Candeias e Padre Cícero, chamado por eles de Padrinho. Isso apenas confirma o que já se sabia sobre a forte influência católica na Umbanda.

A Entidade pode vir na linha de Baianos e não ser necessariamente da Bahia, da mesma forma que, na linha das Crianças, nem todas as entidades são realmente crianças. Os Baianos são as mais humanas entidades dentro do terreiro, por falarem e sentirem a maioria dos sentimentos dos seus consulentes. Talvez por sua maneira enérgica de se apresentar, em seus trabalhados no terreiro, aparentam estar entre as entidades mais fortes ou dotadas de grande energia (e, na verdade, são), mas na Umbanda não existe o mais forte ou fraco, são todos iguais, só a forma do trabalho é que muda.

Muitos dizem que o Baiano tem um pé lá e um pé cá, ou seja, trabalha na direita, com energias mais sutis, bem como na esquerda, com energias mais densas, dependendo da necessidade dos consulentes. Os Baianos enfrentam os invasores (Kiumbas, obsessores) de frente, com muita coragem, chamando para si toda a carga, com falas do gênero: "Venha me enfrentar, vamos vê se tu pode comigo". Passam, assim, o recado da coragem, da força de enfrentar as dificuldades.

Preferem, evidentemente, o caminho da doutrinação e do encaminhamento, mas quando o Zombeteiro não aceita e insiste em perturbar algum médium ou consulente, os Baianos encarregam-se de "amarrá-lo", conduzindo para o local apropriado, de modo que não mais perturbe ou até que queira realmente ser ajudado.

Seu axé é identificado com uma grande energia positiva, com a alegria que transborda e inunda médiuns e consulentes. Os Baianos atendem de forma muito amigável, bem alegre. É impossível sair triste de uma gira de Baianos. Adoram contar "causos" que, na realidade, representam sua forma de trabalho, pois é por meio destes que passam conhecimentos e lições da vida. O consulente identifica-se, então, com as histórias contadas e absorve mais facilmente o recado que eles têm a passar.

A conversa desenvolve-se em um linguajar simples, de fácil compreensão. Com o sotaque nordestino carregado, indicam o melhor caminho a seguir, encorajando os consulentes a enfrentar as dificuldades e nunca desistir de seus objetivos. São benzedores e rezadeiros por excelência, algo que marca muito esse regionalismo, representado por essa linha de trabalho.

Ao participar de uma gira de Baianos, meus irmãos, escutem os conselhos sinceros e permitam que eles possam expulsar da sua vida os sentimentos ruins. Os objetos mais comuns utilizados pelos Baianos são: chapéu de couro, guia de coquinho, lenços de tecido e facas, principalmente quando são cangaceiros. Eles se apresentam nos terreiros com o mesmo jeito solto, leve e com a alegria contagiante de quando estavam encarnados. Os nomes de Baianos mais comuns são: João do Coco, Zé Baiano, Zé do Coco, Manoel do Facão, Pedro da Bahia, Simão, Maria do Rosário, Baiana do Balaio e Maria Quitéria, dentre outros.

Quando apresentados também como Cangaceiros, temos: Maria Bonita, Lampião, Corisco, Severino, Zé da Peixeira e Zé da Faca. As oferendas aos Baianos são à base de coco, por isso eles apreciam muito a cocada e também o aipim com melaço. Costuma-se celebrar os Baianos no Dia do Nosso Senhor do Bonfim, ou seja, 2 de fevereiro, denotando mais uma vez a forte marca do Catolicismo na Umbanda.

Cores (as quais se encontram também em seu fio de conta): amarelo e laranja, associadas à Orixá Iansã.

Comidas: os pratos favoritos dos Baianos são coco, cocada, farofa com carne seca e linguiça, mas eles gostam de todas as comidas, já que representam o povo sertanejo, que passou muita fome.

Bebem: água de coco, cachaça, batida de coco.

Fumam: cigarro de palha e cigarros comuns.

Trabalham: desmanchando trabalhos de magia, dando passes, etc. São portadores de fortes orações e rezas. Alguns trabalham benzendo com água, água de coco, utilizam dendê, cachaça e mel.

Apresentação: usam chapéu de palha ou de couro e falam com sotaque característico nordestino.

Saudação: É da Bahia! Salve os Baianos!

Capítulo 7

Boiadeiros

Os Boiadeiros são espíritos que em vida, em regra, trabalhavam com o gado, em fazendas, são homens e mulheres do campo, acostumados a tocar os bois com seu laço e seu cavalo. São grandes cantores, adoram entoar suas cantigas, que remetem à vida no campo, ao trabalho duro e árduo com o gado. Eles nos ensinam, com esse arquétipo, que não há outra forma para alcançar seus objetivos, a não ser por meio do trabalho duro, honesto, realizado com fé e força de vontade. Para eles, nada é impossível, desde que você se dedique satisfatoriamente e foque o objetivo a ser alcançado.

Quando em terra, trabalhando nos terreiros em que são permitidos, usam velas, pontos riscados e rezas para todos os fins. É característico do Boiadeiro o sangue quente, típico do sertanejo, e o cheiro de carne queimada pelo sol, em razão das grandes caminhadas, tocando seu gado e seu berrante. Nos cultos de nação, nos Candomblés, também encontramos os Boiadeiros e Caboclos, como já foi dito, sendo que os Boiadeiros são chamados de Caboclos Boiadeiros, ou de Couro, e Caboclos de Pena.

Não é difícil reconhecer um Boiadeiro em terra, justamente pela sua forma irreverente de dançar, apresentando uma coreografia própria, marcada por passos rápidos e ágeis, tão característicos das danças típicas e regionais. É muito bonito ver os Boiadeiros dançando. Os Boiadeiros gostam de bebidas fortes, por exemplo, cachaça com mel de abelha, que eles chamam de meladinha, mas também bebem vinho ou cerveja. Fumam cigarro, cigarro de palha e charutos. Seu prato preferido é carne de boi, bem como feijão tropeiro (feito com feijão-de-corda ou feijão-cavalo), mas também gostam muito de abóbora com farofa e torresmo. O Boiadeiro com o qual trabalho aprecia muito a fava portuguesa, feita com *bacon*.

Nas suas oferendas, sempre é bom colocar um pedaço de fumo de rolo e cigarro de palha. Nos Terreiros, apresentam-se como estivessem laçando seu gado, dançando, bradando, enfim, criando seu ambiente de trabalho e vibração, além de afastar com seu gestual característico os espíritos e as energias negativas. Com seus chicotes e laços, vão quebrando as energias negativas e descarregando os médiuns, o terreiro e as pessoas da assistência.

Os Boiadeiros são muito bons nisso, pois descarregam o ambiente e as pessoas que ali se encontram, realizando um papel muito semelhante ao dos Exus, já que são grandes protetores. Desse modo, têm facilidade de lidar com energias sutis e densas, razão pela qual também se diz que essa entidade tem um pé lá e um pé cá. Os Boiadeiros usam chapéus de boiadeiro, couro, laços, jalecos de couro, calças de bombachas, e há até aqueles que tocam berrantes em seus trabalhos.

Alguns nomes de Boiadeiros: Tião Boiadeiro, Zé Boiadeiro, Zé do Laço, Boiadeiro da Jurema, Boiadeiro do Lajedo, Boiadeiro do Rio, João Boiadeiro, entre outros.

Sua saudação: "Xetruá ou Jetruá, Boiadeiro"; "Xetro Marrumbaxêtro".

Os Boiadeiros são entidades que representam a natureza desbravadora, romântica, simples e persistente do homem do sertão, "o caboclo sertanejo". São os Vaqueiros, Boiadeiros, Laçadores, Peões, Tocadores de Viola. O Boiadeiro é o mestiço brasileiro, filho de branco com índio, índio com negro, e assim vai.

Os Boiadeiros representam a própria essência da miscigenação do povo brasileiro: nossos costumes, crendices, superstições e fé. O Boiadeiro, quando encarnado, ao raiar do dia, selava seu cavalo e levava o gado para pastar, lá permanecendo até o pôr do sol, quando trazia o rebanho de volta para o curral. Durante esse trajeto, tocava bravamente seu berrante, bem como a indispensável modinha de viola. À noite, ao voltar para casa, fazia o churrasco com os amigos e a família, estabelecia um bom papo, regado por um gole de aguardente e um bom palheiro.

Sofreram inúmeros preconceitos, como os "sem raça", sem definição de sua origem, mas, inegavelmente, conquistaram a terra do sertão com seu trabalho e luta, mas sempre respeitando a natureza. Aprenderam com o índio o uso de ervas, plantas e curas, com o negro o culto aos Orixás, mirongas e feitiços, e com o branco sua religião, a católica, bem como seu idioma.

Esta linha de trabalho representa bem uma miscigenação do índio, do negro e do branco, e a fusão de suas culturas, exatamente como é a Umbanda. Os Boiadeiros representam a força de vontade, a liberdade e a determinação que existe no homem do campo, o respeito à natureza e aos animais, sempre de maneira simples, mas com muita força e fé.

O Boiadeiro está ligado à imagem do peão boiadeiro, habilidoso, valente e de muita força física, o qual se apresenta gritando e agitando os braços, como se portasse um laço para laçar um novilho. Sua dança simboliza o peão sobre o cavalo a andar nas pastagens.

Os Boiadeiros vêm na irradiação de Iansã, pois, como ela, são exímios na condução dos eguns (espíritos desencarnados sem luz), também chamados de zombeteiros ou Kiumbas, conduzidos por eles como se fossem gado. Levam cada boi (espírito) para seu destino, e trazem os bois que se desgarram (obsessores, Kiumbas, etc.) de volta ao caminho do resto da boiada (o caminho do bem).

Os Boiadeiros são sérios, mas, ao mesmo tempo, gostam de festas, fartura e muita música, cantando toadas que falam em seus bois e suas andanças. Suas cantigas são bastante alegres e contagiantes, tocadas em um ritmo vibrante, quase hipnotizante. Essa é a forma que eles utilizam para passar seus ensinamentos e suas lições.

Possuem enorme poder espiritual e grande autoridade sobre os espíritos menos evoluídos, como os senhores Exus, sendo que tais espíritos são subjugados por eles com muita facilidade, já que têm ciência de que a prática da caridade é a única maneira de evolução.

Os Boiadeiros não têm facilidade na consulta, como ocorre com os Pretos-Velhos, nem nas receitas de remédios, como fazem os Caboclos, são eles especialistas em "dispersar a energia" aderida a corpos, paredes e objetos; preferem trabalhar na limpeza do ambiente e das pessoas, fazendo um descarrego completo.

Isso não quer dizer que não prestem consultas, muito embora sejam bem diretos, retos, objetivos e rápidos nelas. Também podem recomendar a utilização de ervas, mas o que gostam mesmo é de descarrego forte do ambiente, a limpeza e a condução dos Kiumbas.

Seu brado é alto e rápido, "Ê Boi!!!!!", com tom de ordem, como se estivessem tocando o gado, mas, na verdade, estão ordenando aos espíritos negativos que se retirem, de modo que limpam o ambiente para que a prática da caridade continue sem interferências nefastas. Outra grande função de um Boiadeiro é manter a disciplina das pessoas em um terreiro, podendo ser elas médiuns da casa ou consulentes.

A irradiação principal dos Boiadeiros é Iansã, regente dessa linha, mas eles trabalham também na irradiação de outros Orixás, chamados de secundários. Dentro dessa linha, a diversidade encontra-se na idade dos Boiadeiros. Há Boiadeiros mais velhos e mais novos, e ambos costumam dizer que pertencem a locais diferentes, oriundos das regiões Nordeste, Sul, Centro-Oeste, etc.

Capítulo 8

Marinheiros

A linha dos Marinheiros representa homens e mulheres que, quando encarnados, se relacionavam com o mar, com navios e com a pesca, como meio principal de sobrevivência. Os Marinheiros são desbravadores por excelência, aventureiros responsáveis pelo descobrimento de ilhas, novas terras e mundos. Eles têm experiência em enfrentar o mar em quaisquer condições, calmo ou revolto. Quando em terra, nos terreiros de Umbanda, apresentam-se como se estivessem desembarcando de seus navios, vindos da calunga grande, ou seja, do mar, aportando um a um, de forma bastante ordenada, com seu trejeito engraçado e divertido. Trazem a esperança de dias melhores, alegram os consulentes com suas gargalhadas, abraços e apertos de mão. São os marujos, como eles mesmos se intitulam, que vêm chegando para trabalhar sob a regência das ondas do mar.

Os Marinheiros fazem parte da linha das águas, regida pelas Orixás Iemanjá e Oxum. Trazem uma mensagem de esperança e muita força, nos dizendo que se pode lutar e desbravar o desconhecido, do nosso interior ou do mundo que nos rodeia, se tivermos fé, confiança e trabalho em grupo. É importante ressaltar que, ao representarem o povo das águas, estão ligados a esse elemento da natureza, fundamental a todos os seres humanos, já que ninguém pode sobreviver sem água. Vejam que nascemos envoltos em água, pois é esta que nos protege dentro do útero materno durante a gestação.

Depois que nascemos, ingerimos água a vida inteira, fluido indispensável ao nosso sustento, sendo certo que a maior parte do nosso corpo é composta desse elemento. Por estarem ligados às Mães d'Água, Iemanjá e Oxum, os Marinheiros estão relacionados com a geração, atributo fortemente ligado a Oxum, bem como ao desenvolvimento dos seres humanos, seja a parte física, seja a mental, já que Iemanjá é conhecida como a mãe de todas as cabeças, que cuida da sanidade mental de seus filhos, sendo chamada de Yá Ori.

Os Marinheiros trabalham no descarrego, dando consultas, realizando passes, no desenvolvimento dos médiuns e em todos os trabalhos que sejam relacionados com quebra de demandas, no que são especialistas. Em muito, seu trabalho é parecido com o dos Exus. É mais uma entidade com um pé lá e outro cá, em razão da facilidade de manipular tanto energias mais sutis quanto as mais densas.

São espíritos de pessoas que, regra geral, em vida, foram marinheiros, capitães ou pescadores, mas isso não é obrigatório, como já explicamos aqui, pois se trata apenas de arquétipos, ou seja, elementos comuns a uma linha de trabalho. Os Marinheiros, com seu jeito brincalhão e falador, desmancham demandas e desarmam os consulentes, levando todas as energias negativas para o fundo do mar. Eles são hábeis em desmanchar feitiços, cortam ou anulam todo o mal e embaraço que possam estar em um templo ou, ainda, perto de seus frequentadores, levando todas as energias negativas para o fundo do mar.

Nunca andam sozinhos e, quando em guerra, unem-se em legiões, fazendo valer o princípio de que a união faz a força, o que os torna imbatíveis nesse sentido. Podemos citar os nomes de alguns, como Maria do Cais, Chico do Mar, Zé Pescador, Martim Pescador, etc. Apresentam-se com seus bonés, calças, camisa e jaleco, nas cores branca e azul-marinho, com suas roupas características, identificando-se como marujos, capitães e pescadores. Esse povo recebe as oferendas na orla do mar, em lugar seco sobre a areia.

A gira de Marinheiro é muito alegre e possibilita que as pessoas interajam com as entidades de uma forma bastante descontraída. Os Marinheiros são sorridentes e animados, de modo que não há tempo ruim para essa falange. Se você quer se alegrar, está precisando aprender a levar a vida com mais leveza e equilíbrio, então vá em uma gira de Marinheiros.

Em suas consultas, eles são diretos e vão bem fundo na alma dos consulentes, como se estivessem mergulhando no fundo do mar e alcançando seus problemas. Metem, efetivamente, o dedo na ferida. Não quer ouvir verdades? Não vá então a essa gira, nem se consulte com um marujo. Se estiver pronto para isso, com certeza, ele irá descrever seus problemas, como se você fosse transparente como as águas.

Os Marinheiros bebem uísque, vodca, vinho, cachaça e mais o que tiver de bom gosto, mas a bebida preferida deles é o rum. Fumam charuto, cigarro, cigarrilha e outros fumos diversos. Em seus trabalhos, eles são sinceros, sentimentais e muito amigos. Quer encontrar um parceiro leal, amigo e sincero? Consulte-se com um Marinheiro e depois me fale. Eles gostam de ajudar aqueles e aquelas que estão com problemas amorosos ou à procura de alguém, de um "porto seguro".

A gira de Marinheiro em muito parece uma grande festa, por sua alegria e descontração, mas também há um grande compromisso e responsabilidade no trabalho que é feito. Os Marinheiros podem ser marinheiros ou pescadores, sendo que os primeiros são marujos ou capitães, gente acostumada a navegar. Caminham balançando-se de um lado para o outro, como se estivessem mareados. Quem nunca viu um marinheiro vai achar que ele está bêbado, mas, na verdade, não está, está mareado, pois desce do barco em terra para fazer seus atendimentos.

Enquanto balançam, dançam, giram e gesticulam, forma-se um forte campo energético que libera vibrações vindas do oceano, como uma forma de saudar o poder, tanto das águas do mar como das águas doces. Nesse gesto mora um grande fundamento dessa linha. Observem um Marinheiro em terra: ele balança para cá e para lá, parece até que vai cair, em razão de estar mareado, mas nunca cai. Demonstra com isso que na vida precisamos ter equilíbrio acima de tudo. O filho de Umbanda balança, mas não cai.

O equilíbrio que o Marinheiro nos demonstra é aquele que devemos ter na vida para enfrentar nossas dificuldades; ainda que balancemos, temos a certeza de que não vamos cair se mantivermos o equilíbrio sempre. Os Marinheiros enfrentam o mar revolto sem nunca desistir, pois o capitão jamais abandona seu navio. Equilibram-se, seguram firme a proa e conduzem o navio para águas seguras.

Assim devemos agir na vida, se o mar está revolto, ou se as dificuldades se apresentam, é preciso ter calma, manter o equilíbrio e conduzir o navio, ou seja, conduzir a vida com leveza até chegarmos a um porto seguro. Já diz o ditado que mar calmo não faz bom marinheiro. É exatamente isso, pois nas dificuldades e nas adversidades temos a grande oportunidade de crescer como pessoas e espíritos encarnados.

Os Marinheiros também sabem tirar proveito do mar calmo, divertindo-se e alegrando as pessoas, ou seja, não há alegria em viver sozinho, o ser humano é um indivíduo sociável por natureza. Para ser feliz é preciso alegrar as outras pessoas também. Sua alegria deve ser contagiante como a deles, que se divertem e fazem os demais se divertirem.

As mulheres desta linha de trabalho representam aquelas que trabalhavam nas cercanias dos portos, servindo bebidas nos bares, onde se juntavam para beber com os marinheiros, os malandros e os ciganos, conhecendo muito sobre os assuntos amorosos e as decepções dos seres humanos.

Saudação: Salve a Marujada!

Capítulo 9

Ciganos

Os Ciganos fazem parte da chamada linha do Oriente. Nessa linha, existem diversas correntes ciganas, já que o povo cigano se divide em várias tribos, de modo que encontramos um número variado de trabalhadores nos terreiros de Umbanda. Sua atuação engloba as questões de saúde, amor e conhecimento, com a utilização de métodos divinatórios, como tarô, leitura de mãos, numerologia, bolas de cristal, runas, dentre outros. Os Ciganos são detentores de princípios magísticos próprios que os fazem diferentes das demais correntes de Umbanda.

Os Ciganos se utilizam de trajes característicos que os identificam de acordo com sua cultura. A vinculação vibratória e de axé dos espíritos Ciganos tem relação estreita com as cores por eles utilizadas. Por exemplo, tenho a honra de trabalhar com o Cigano Pablo, que segue a irradiação do Orixá Ogum, razão pela qual uma das cores que ele usa é a vermelha, a qual identifica esse Orixá na Umbanda. Há Ciganas que usam o amarelo, o verde-esmeralda, e assim por diante, por meio dos quais nos passam a dica da irradiação do Orixá com que trabalham.

Os Ciganos utilizam incensos, que são seus defumadores, os quais auxiliam na limpeza do corpo astral do consulente e no equilíbrio de seus chacras. Cada Cigano tem um incenso de sua preferência, bem como pode indicar o incenso necessário para auxiliar o consulente na resolução do problema apresentado por este último. Na maioria das casas, o altar dos Ciganos é mantido separadamente do Congá, o que não quer dizer que não se possa cultuá-lo no altar principal. Isso varia de casa para casa e dependendo da doutrina que segue este ou aquele terreiro. Nesse altar são normalmente colocados a imagem do cigano e de uma cigana, seus incensos, uma taça com água e outra com vinho, além da pedra de sua preferência, para cada uma das entidades. Periodicamente, são feitas oferendas de frutas, como a maçã, mantendo-se o altar sempre iluminado com uma vela branca ou das cores por eles utilizadas. Em se tratando de Ciganas, pode ser substituído o vinho por licor doce.

Os Ciganos são festeiros por excelência, sendo que suas festas devem ser regadas a um bom vinho ou com sua bebida característica, Arak ou Sangria, por várias frutas e, muitas vezes, por um belo *puchero*,[1] comida típica desse povo. O importante é que haja bastante fartura e alegria, ingredientes indispensáveis.

Ao assistir a uma gira de Ciganos, você terá a impressão de que está em uma grande tenda cigana, onde se apresentam os Ciganos e as Ciganas dançando e cantando muito, transbordando alegria e liberdade, seus atributos principais. Os Ciganos são nômades, de modo que prezam a liberdade, dizem que os seres humanos não têm raízes, portanto, não devem ficar presos a terra.

As Ciganas normalmente trajam saias coloridas, sendo que o baralho, o espelho, o punhal, os dados, os cristais, as castanholas, o violino, o tamborim, a dança, a música, as moedas e as medalhas são importantes instrumentos magísticos de trabalho; não se deve achar que apenas são instrumentos musicais ou divinatórios.

Os Ciganos olham dentro dos olhos do consulente como se penetrassem no seu íntimo e buscassem os problemas que o afligem. Essa é uma das inúmeras formas de trabalho, sempre sutil, mas não quer dizer que esse trabalho magístico não seja poderoso.

Muitos Ciganos se utilizam de moedas antigas, fitas de todas as cores, folhas de sândalo, punhal, raiz de violeta, cristal, lenços coloridos, folhas de tabaco, tacho de cobre, de prata, cestas de vime, pedras coloridas, areia de rio, vinho, perfumes; escolhem datas certas, em dias especiais, sob a regência das diversas fases da Lua para a realização de seus rituais.

A origem dos ciganos é indiana, mas eles surgem dos mais variados lugares, com uma ascendência infinita, sendo impossível citar todas. Os mais conhecidos vieram da Espanha, Portugal, Hungria, Marrocos, Argélia, Rússia, Romênia e Iugoslávia.

Os ciganos falam a língua chamada romani ou romanês, resultado da fusão de vários dialetos, bem como algumas línguas indianas, como

---

1. Feijoada espanhola, que é também prato típico do Rio Grande do Sul, em razão da influência cultural espanhola no estado.

sânscrito, prácrito, marata e punjabi. O romani é uma língua da família indo-europeia que, pelo vocabulário e pela gramática, está ligada ao sânscrito. Os ciganos não permitem sua divulgação e tradução para os *gadjis* (não ciganos) não conhecerem seus segredos. No entanto, eles assimilaram muitos vocábulos das línguas dos países por onde passaram. Outros dialetos, como o caló, também são usados por alguns grupos. Muitos apontam que o povo cigano teria origem no noroeste da Índia, mas o fato é que não se pode considerá-lo um grupo homogêneo, mas viajante por natureza.

O povo cigano foi objeto de muito preconceito, discriminado e considerado sem pátria. Os preconceitos existentes à época eram reforçados pelos ideais racistas, reinantes em toda a Europa, no sentido de que a pele escura era sinal de inferioridade e de malvadeza. Os ciganos eram considerados inimigos da Igreja, quando na realidade esta era inimiga deles, pois incriminava as condutas ligadas ao sobrenatural, como a cartomancia e a leitura de mãos. São indicados como descendentes de Caim e, portanto, malditos. Veja o absurdo, bastando consultar Gênesis 9:25.

Espalhou-se, maldosamente, a mentira, em forma de lenda, de que eles haviam fabricado os pregos que serviram para crucificar Cristo ou, segundo outra versão, que teriam roubado o quarto prego, tornando assim mais dolorosa a crucificação do Senhor. Nem para mentir esse tipo de gente serve, pois traz duas versões completamente diferentes.

Na Sérvia e na Romênia foram escravizados, havendo caça ao povo cigano com muita crueldade e tratamentos bárbaros. Deportações, torturas e matanças foram praticadas em vários Estados, especialmente com a consolidação dos Estados nacionais.

Durante o nazismo, os ciganos foram tratados como os judeus, alguns foram para os campos de concentração, onde foram submetidos a experiências de esterilização, usados como cobaias humanas. Calcula-se que meio milhão de ciganos tenham sido eliminados durante o regime nazista.

Atualmente, os ciganos estão presentes em todos os países europeus, nas regiões asiáticas por eles atravessadas, nos países do Oriente Médio e do norte da África. Na Índia, existem grupos que conservam os traços exteriores das populações ciganas: trata-se dos Lambadi ou Banjara, populações seminômades que os "ciganólogos" definem como "ciganos que permaneceram na pátria". Nas Américas e na Austrália, eles chegaram acompanhando os deportados e os colonos.

Os primeiros ciganos chegaram ao Brasil no século XVI, trazidos pela corte real de D. João VI para divertir a comitiva, pois eram cantores, músicos e dançarinos. Kalon é o nome de uma tribo cigana que veio de Portugal e da Espanha com sua música flamenca. Os Rom vieram da Iugoslávia, Romênia e Hungria. As tribos Cósmica e Kiev vieram da Rússia, sendo certo que existem mais de 50 tribos no mundo todo.

Na Itália, inicialmente, o grupo dos Sintos representava uma grande maioria, sobretudo no Norte. Nos últimos 30 anos, esse grupo foi progressivamente alcançado e, às vezes, suplantado pelo grupo dos Rom, proveniente da vizinha antiga Iugoslávia e, em quantidades menores, de outros países do Leste europeu. Na Itália meridional já estava presente, há muito tempo, o grupo dos Rom Abruzzesi.

Não há qualquer fundamento histórico nem linguístico que permita confirmar a hipótese de algum êxodo dos ciganos do Egito, ao longo da costa africana, para ganhar, pelo sul, a península Ibérica. Ao contrário disso, os ciganos chegaram à Espanha pelo norte, após terem atravessado toda a Europa.

O povo cigano designa a si mesmo como Rom, pelo menos na Europa (Lom, na Armênia; Dom, na Pérsia; Dom ou Dum, na Síria) ou então como Manuche. Todos esses vocábulos são de origem indiana (*manuche*, ou *manus*, deriva diretamente do sânscrito) e significam "homem", principalmente homem livre. "Rom" e "Manuche" aplicam-se a dois dos principais grupos ciganos da Europa ocidental.

Os ciganos adaptaram-se facilmente às religiões dos países onde permaneceram. No mundo bizantino, tornaram-se cristãos. Já no início do século XIV, em Creta, praticavam o rito grego. Nos países conquistados pelos turcos, muitos ciganos permaneceram cristãos, enquanto outros se renderam ao Islã. Desde suas primeiras migrações em direção ao Oeste, eles diziam ser cristãos e se conduziam como peregrinos.

A peregrinação mais conhecida é a de Saintes-Maries-de-la-Mer, na região da Camargue (sul da França). A origem do culto de Santa Sara Kali permanece um mistério e foi, provavelmente, na primeira metade do século XIX que os boêmios criaram o hábito da grande peregrinação anual à Camargue.

As ciganas que não conseguiam ter filhos faziam promessas a Santa Sara, no sentido de que, se concebessem, iriam à cripta da santa, na cidade provençal de Saintes-Maries-de-La-Mer, onde fariam uma noite de vigília e depositariam em seus pés, como oferenda, um *diklô*, o lenço mais bonito que encontrassem.

Lá, existem centenas de lenços como prova de que muitas ciganas receberam essa graça. Sua história e milagres fez de Santa Sara Padroeira Universal do Povo Cigano. O Santuário de Santa Sara Kali está localizado na Igreja de *Nôtre-Dame-de-la-Mer*. Todos os anos, ciganos do mundo inteiro peregrinam às margens do mar Mediterrâneo para louvar Santa Sara, nos dias 24 e 25 de maio. Como se vê, Santa Sara Kali, além de cultuada por trazer ao povo saúde e prosperidade, também é responsável por ajudar as mulheres a engravidar. Não há como falar do povo cigano sem mencionar Santa Sara, a qual é uma referência de fé e amor. É uma mensageira de Jesus Cristo. É um farol de luz para aqueles que estão perdidos. É o perfume que segue os ciganos na liberdade das estradas. É a padroeira dos ciganos nos quatro cantos do mundo.

Existem várias versões da lenda de Santa Sara Kali, ficaremos com uma delas, narrada a seguir: Entre os anos 44 e 45, em decorrência das perseguições cristãs, pela ira do rei Herodes, alguns discípulos de Jesus Cristo foram colocados em embarcações, entregues à própria sorte. Em uma dessas embarcações estavam Maria Madalena, Maria Jacobé, Maria Salomé, José de Arimateia e Trofino, que, com Sara, uma cigana escrava, foram atirados ao mar. Milagrosamente, a barca sem rumo atravessou o oceano e aportou em Petit-Rhône, hoje Saint-Marie-de-la-Mer.

Segundo esta lenda, as três Marias, em desespero em alto-mar, sem esperanças de sobreviver, choravam e rezavam o tempo todo. Sara, ao ver o sofrimento das amigas, retirou o *diklô* (lenço) da cabeça e chamou por *Kristesko* (Jesus Cristo), fazendo um juramento ao Mestre, no qual Sara tinha fervorosa fé. A cigana prometeu que, se todos se salvassem, ela seria escrava do Senhor e jamais andaria com a cabeça descoberta, em sinal de respeito. O *diklô* é um simbolismo forte entre os ciganos. Denota a aliança da mulher casada, significando respeito e fidelidade.

No casamento, os ciganos são firmes, no sentido de que se deve escolher o cônjuge dentro do próprio grupo ou subgrupo, com notáveis vantagens econômicas. A questão ligada ao dote é fundamental, especialmente para os Rom. As meninas ciganas são prometidas em casamento desde a sua infância, sendo que os acordos são feitos pelos pais dos noivos, com o intuito de unir as famílias.

O casamento é uma das tradições mais preservadas entre os ciganos, representa a continuidade da raça, por essa razão não se permite o casamento com não ciganos. Se essa regra é desrespeitada, o transgressor é excluído do grupo, muito embora um cigano possa casar-se com uma *gadji*, isto é, uma mulher não cigana, a qual deverá, porém, submeter-se às regras e às tradições ciganas. Os noivos não podem ter nenhum tipo de intimidade antes do casamento.

A grande maioria dos ciganos no Brasil ainda exige a prova da virgindade da noiva, por meio da mancha de sangue do lençol, que é mostrada a todos no dia seguinte. Caso a noiva não seja virgem, ela pode ser devolvida para os pais, os quais terão de pagar uma indenização para os pais do noivo. No caso de a noiva ser virgem, na manhã seguinte do casamento ela se veste com uma roupa tradicional colorida e um lenço na cabeça, simbolizando que é uma mulher casada.

Durante a festa de casamento, os convidados homens sentam-se ao redor de uma mesa no chão e, com um pão grande sem miolo, recebem os presentes dos noivos em dinheiro ou em ouro, os quais são colocados dentro do pão, ao mesmo tempo que os noivos são abençoados. Geralmente, a noiva é paga aos pais em moedas de ouro, cuja quantidade é definida pelo pai da noiva.

As mulheres ciganas acreditam que o milagre mais importante da vida é o da fertilidade, da geração, porque não concebem suas vidas sem filhos, os quais representam a continuidade da sua raça. Quanto mais numerosa a prole for, mais dotada de sorte é a cigana, conforme acredita seu povo. A pior praga para uma cigana é desejar que ela não tenha filhos, e a maior ofensa é chamá-la de *Dy Chucô* (ventre seco).

Provavelmente, em virtude da importância da procriação, as mulheres ciganas desenvolveram a arte de simpatias e garrafadas milagrosas para a fertilidade. Os ciganos têm preferência para os filhos homens, em razão de darem continuidade ao nome da família, sendo que as ciganas são consideradas impuras durante os 40 dias de resguardo.

Um ritual cigano muito interessante ligado à geração consiste em preparar um pão feito em casa, parecido com uma hóstia, e um vinho para ser ofertado às três fadas do destino, as quais, segundo se acredita, irão visitar o nascido no terceiro dia, com o intuito de trazer sorte. Esse pão e vinho devem ser repartidos no dia seguinte com todas as pessoas presentes, principalmente com as crianças.

Com o intuito de espantar maus espíritos, a criança recebe um patuá assinalado com uma cruz bordada ou desenhada contendo incenso. Já o batismo, que não exige muita formalidade, pode ser realizado por qualquer pessoa do grupo, a qual dá o nome e benze a criança com água, sal e um galho verde. O batismo católico, ou seja, na igreja, não é obrigatório, muito embora seja usual.

Os ciganos preocupam-se muito com as questões ligadas à sorte, de modo que existem vários rituais para sua preservação, desde a vida uterina até a morte. Acreditam que ela deve ser alimentada, frutificar, exatamente como as flores.

As gestantes ciganas devem realizar um ritual bem simples, em reverência ao Sol e à Lua, para trazer sorte à criança que vai nascer. Aos primeiros raios de Sol, elas passam a mão em sua barriga e, aos primeiros sinais da Lua, elas repetem o gesto, desejando sorte e felicidade para o bebê. Essa é uma forma carinhosa de saudarem as forças da natureza, pedindo as bênçãos de suas luzes para a vida que já existe no útero materno.

No sétimo dia após o nascimento, o bebê é banhado com moedas e joias de ouro, além de pétalas de rosas, ritual realizado para que a criança tenha sempre em sua vida fartura, prosperidade e riqueza. A família, para o povo cigano, é seu maior patrimônio, ela é sagrada, sendo que os filhos representam uma fonte de subsistência.

O povo Sinto tem o costume, quando da morte do cigano, de queimar a *kampína* (o trailer) e os objetos pertencentes ao defunto. Os ciganos creem na vida após a morte e praticam uma série de rituais que acreditam aliviar a dor de seus antepassados falecidos. É costume colocar uma moeda no caixão da pessoa morta para que ela possa pagar o canoeiro, responsável por realizar a travessia do grande rio que separa a vida da morte.

No passado, era comum as pessoas serem enterradas com bens valiosos, costume que acabou sendo abandonado, por força do grande número de violações de túmulos. Os ciganos realizam uma cerimônia com água, flores, frutas e as comidas prediletas do falecido, na esperança de que este compartilhe tudo isso e se liberte gradativamente das coisas da terra. Esse aspecto é muito semelhante à parte do ritual realizado pelo Candomblé, o Axexê.

O povo Rom costuma realizar a chamada *pomána*, um banquete fúnebre, feito para celebrar o aniversário da morte de uma pessoa. A fartura de alimento e de bebidas, indispensáveis, denota os votos de paz e felicidade para o defunto. Oferendas nos túmulos também são realizadas pelos ciganos.

O povo cigano deixou o Egito e a Índia, passou pela Pérsia, pela Turquia, pela Armênia, chegando até a Grécia, onde permaneceu por vários séculos antes de se espalhar pelo resto da Europa. A influência trazida do Oriente, bem como a hindu, a húngara, a russa, a árabe e a espanhola, é muito forte na música e na dança cigana. Contudo, a mais marcante de todas é sem dúvida a espanhola, refletida no novo estilo baseado no flamenco.

Alguns grupos de ciganos no Brasil ainda mantêm a tradicional música e a dança cigana, de origem húngara, que consiste em um verdadeiro reflexo da música do Leste Europeu, com a presença, marcante, do violino, o mais tradicional símbolo da música cigana.

No Brasil, a música mais tocada e dançada pelos ciganos é a *Kaldarash*, própria para dançar com acompanhamento de ritmo das mãos e dos pés. Os ciganos dançam de forma elegante, transmitindo a todos serenidade e dignidade. O principal ritual é a dança do fogo, em que bailam ao redor da fogueira até o dia amanhecer, transmitindo a todos sua alegria e a proteção de sua padroeira, Santa Sara Kali, fazendo da liberdade sua religião. Essas características do povo cigano são normalmente observadas nas entidades que se apresentam nessa linha de trabalho.

A saudação dos Ciganos é: Optchá! Salve o povo cigano!

Os nomes de Ciganos e Ciganas mais conhecidos são: Pablo, Wlademir, Ramirez, Juan, Artemio, Hiago, Igor, Vítor, Esmeralda, Carmem, Salomé, Carmencita, Rosita, Madalena, Yasmin, Maria Dolores, Zaira, Sulamita, Sarita e muitos outros.

Capítulo 10

Malandros

Os Malandros têm como principal característica a malandragem, no bom sentido da palavra, ou seja, o jogo de cintura, a flexibilidade, o amor pela noite, pela música, pelo jogo, pela boêmia e, claro, uma atração e respeito muito grande pelas mulheres. Infelizmente, essa linha de trabalho é muito mal compreendida por aqueles que não a conhecem de perto.

A verdadeira malandragem, nas palavras dos Malandros, é ser honesto, trabalhador, cumprir com suas obrigações na família e na sociedade. Ser Malandro é saber ser maleável e perspicaz, usar seu jogo de cintura e requebrado de Malandro para enfrentar as situações difíceis que, certamente, não podem ser resolvidas se batermos de frente com elas. Isso quer dizer que em vários lugares de culturas e características regionais completamente diferentes, sempre haverá um Malandro.

O Malandro da região de Pernambuco dança xaxado, é reverenciado como o Mestre da Jurema Sagrada, ou seja, é um profundo conhecedor das ervas e dos poderes para a cura material e espiritual. No culto da Jurema, o Preto Zé Pilintra vem de camisa comprida branca ou xadrez, calça também branca arregaçada, pés descalços e com um lenço vermelho ou estampado no pescoço. Exatamente como quase todos os mestres, apoia-se num cajado ou bengala e usa o cachimbo, indispensável nesse ritual.

Muito embora seja um mestre juremeiro, Zé Pilintra, ou simplesmente Seu Zé, representa a marca do surgimento desta linha de trabalho, a qual migrou para o Rio de Janeiro, sendo o Malandro Carioca, uma das representações mais populares das macumbas cariocas, de onde chegou aos terreiros de Umbanda, tendo seu culto difundido em todo o Brasil.

Nessa transição do Catimbó para a Umbanda, os domínios e as atribuições de Seu Zé foram se modificando. O Zé Pilintra do Nordeste não é o mesmo do Rio de Janeiro. Alguns afirmam que o Zé, da Malandragem carioca, teria nascido no Morro de Santa Teresa e seria, inclusive, um médium que incorporava o mestre juremeiro. Outros sustentam que as versões se cruzam por conta de nomes e arquétipos dos personagens.

Realmente, a Macumba Carioca é a grande responsável pela popularidade de Seu Zé Pilintra, considerado o rei da Malandragem, das ruas e madrugadas. O Malandro do Rio de Janeiro mora na Lapa, gosta de samba e passa suas noites na gafieira, aproximou-se do arquétipo do antigo Malandro da Lapa, contado em histórias, músicas e peças de teatro. Quando os Malandros se manifestam, alguns se vestem a caráter, ou seja, terno e gravata brancos.

Contudo, há os que gostam de usar roupas leves, camisas de seda, e justificam o gosto lembrando que "a seda, a navalha não corta". Um Malandro sempre anda acompanhado de sua navalha, joga capoeira, especialmente rabos de arraia e pernadas. Alguns arrancavam os sapatos e prendiam a navalha entre os dedos do pé.

Os Malandros bebem de tudo, desde cachaça até uísque, inclusive uma boa cerveja gelada. Geralmente, fumam cigarros, mas utilizam também o charuto. São cordiais, alegres e dançam a maior parte do tempo. Quando se apresentam, usam chapéus ao estilo Panamá. São excelentes para consultas em qualquer tipo de assunto, com capacidade espiritual bastante elevada para resolvê-lo, podem curar, desamarrar, desmanchar, como podem proteger e abrir caminhos.

O arquétipo feminino da Malandragem é, sem dúvida, Maria Navalha, mas existem outras que também se apresentam com outros nomes, como a Maria do Cais. As Malandras apresentam uma manifestação muito semelhante à dos Malandros: dançam samba, bebem e fumam da mesma forma. Elas são bastante femininas, vaidosas, gostam de presentes bonitos, de flores, principalmente vermelhas, e vestem-se sempre muito bem.

Ainda que tratados muitas vezes como Exus, os Malandros não são Exus. Essa ideia existe porque há muitas casas que não fazem giras de Malandros, de modo que eles se manifestam nas giras de Exu ou, até mesmo, nas de Baianos. Os Malandros são espíritos evoluídos e conhecem muito bem as dificuldades da vida, a noite, a boêmia e as consequências da vida desregrada.

Ao contrário de que se possa pensar, Malandro não é marginal, mas cumpridor e zelador do cumprimento da Lei Divina, das Leis de Umbanda, sendo certo que, com sua experiência, vem orientar os encarnados, a fim de que não caiam nas armadilhas da vida. A esse respeito, vale a pena mencionar a citação de uma orientação passada pela entidade Malandrinho das Almas, com a qual tenho orgulho de trabalhar, que diz exatamente o seguinte:

"Malandros não devem quebrar as regras. Mas, veja, uma coisa é a regra e outra é a exceção. A exceção não nega a regra, apenas confirma a regra de que toda regra comporta uma exceção. Há exceção a essa regra, pois há regras que não comportam exceções. Assim sendo, a exceção é exceção e a regra é a regra, uma não se confunde com a outra. A exceção deve ser tratada como exceção e a regra como regra. Dessa forma, a exceção convive harmoniosamente com a regra. Na gira de Exu, os Exus são a regra e os Malandros são a exceção. Os Malandros não negam os Exus, apenas confirmam que é possível ter manifestação de Malandros na gira dos Exus. Logo, convivem harmoniosamente os Exus e os Malandros, porque trabalham juntos. O certo será sempre certo e o errado sempre errado. O certo jamais será errado e o errado jamais será certo. O certo não se confunde com o errado, está certo isso? Veja, preste bastante atenção. Às vezes, o que é certo para você é errado para o outro, e o que é certo para o outro é errado para você. O mais importante é que você não deve ficar olhando e julgando os certos e os errados dos outros. Primeiramente, você deve, acima de tudo, verificar seu certo e seu errado. Melhorar o que está certo em você e consertar o que está errado. Afinal, a evolução espiritual que todos almejam não passa de uma reforma íntima, indispensável para todo esse processo. O que é reforma íntima senão verificar seu certo e seu errado e procurar melhorar o que está certo e consertar o que está

errado? Antes de ficar apontando o dedo para os outros, dizendo o que está certo ou errado, como se fosse o dono da verdade, melhor seria verificar os seus acertos e seus erros".

Dessa pequena lição dá para vocês, meus irmãos, perceberem o grau de evolução das entidades que trabalham nessa linha maravilhosa da Umbanda.

Os Malandros respeitam, e muito, as mulheres, passam a mensagem de que não adianta ter várias, pois, certamente, a que você amar, se assim agir, não vai ficar do seu lado. Por incrível que pareça, eles passam o recado da fidelidade, já que o Malandro, mulherengo, sempre sofreu por amor, tinha várias mulheres, menos a que ele amava.

Podem-se notar o apelo popular e a simplicidade das palavras e dos termos com os quais são compostos os pontos e as cantigas dessas entidades. Assim é o Malandro, simples, amigo, leal, verdadeiro. Se você pensa que pode enganá-lo, ele o desmascara sem a menor cerimônia, na frente de todos. Malandro é Malandro e pronto. Apesar da figura do Malandro, do jogador, do arruaceiro, detesta que se faça mal ou engane os mais fracos. Salve a Malandragem!

Na Umbanda, o Malandro, que vem na linha dos Exus, apresenta-se com sua tradicional vestimenta: calça branca, sapato branco, branco e vermelho ou ainda branco e preto; seu terno é branco, sua gravata vermelha, vermelha e branca, preta ou preta e branca, com seu chapéu branco com uma fita vermelha ou preta, ou ainda com chapéu de palha e muitos, ainda, utilizam uma bengala.

O Malandro é bem brincalhão, gosta muito de dançar, aprecia bastante a presença de mulheres, gosta de elogiá-las, tratando-as com muito respeito, são as princesas ou rainhas, nas palavras desta entidade.

Tanto os Exus como os Malandros são a contradição em si mesmos, por isso são mal compreendidos. Vamos explicar melhor isso, de acordo com os ensinamentos de Malandrinho das Almas:

"O Sagrado não se mistura com o Profano. O que é Sagrado não pode ser Profano. Mas o galanteio do Malandro, o palavrão do Exu e sua gargalhada não são profanos. Sim, aos olhos dos incautos são profanos, só que na realidade são o profano que é sagrado. Verdadeira contradição. Quando o Malandro faz o galanteio, assim como os senhores Exus

dizem palavrões ou soltam uma gargalhada, o fazem com intenção sagrada e não profana, para desarmar os consulentes, bem como mais facilmente trabalhar a energia que precisa ser trabalhada, auxiliando-os no que for necessário e prestando a caridade. Assim, os Malandros, como os Exus, trabalham com o profano, que para eles é sagrado. É importante que fique bem claro isso, aquilo que parece profano não o é, é sagrado. O Malandrinho das Almas veste preto e branco, e afirma que isso se deve em razão de prestar contas ao senhor das palhas, Obaluaiê, que é o Orixá da passagem, da vida e da morte. A vida e a morte são contraditórias? Aparentemente, sim, pois para existir a morte é preciso deixar de existir a vida. O preto é contrário ao branco? Aparentemente, sim, mas na realidade não é. Se a visão não for curta, não vamos enxergar a vida e morte como opostos, contraditórios, mas sim, na realidade, como apenas a vida, que é uma só, encarnada ou desencarnada. Prossegue nos ensinando que, quando se morre, não se deixa de existir, apenas a matéria morre, mas o espírito continua sua evolução depois da morte, ou seja, ele continua sua jornada. Então a vida engloba a vida antes do encarne e depois do desencarne, tudo isso é vida. Ora, o que é o branco? Não é a junção de todas as cores, inclusive o preto? Então vida e morte e preto e branco são contradições meramente aparentes. Assim são os Malandros os senhores Exus, aparente contradição e, por esse motivo, mal compreendidos".

O Malandro também costuma ficar sério, parado num canto, exatamente como sua imagem, observando o movimento ao seu redor. Seu ponto de força é na subida de morros, esquinas, encruzilhadas e até em cemitérios, pois ele trabalha muito com as almas, assim como é da característica da linha de Pretos-Velhos e Exus.

Sua imagem costuma ficar na porta de entrada dos terreiros, pois ele também toma conta das portas, das entradas, exatamente como os senhores Exus, aliás chamados por eles de compadres. O Malandro é muito conhecido por sua irreverência, suas guias podem ser de vários tipos, desde coquinhos até o uso das cores vermelho e preto, vermelho e branco ou preto e branco.

Como é possível observar, a Malandragem é a versatilidade em espírito, tem um pé lá e outro cá, de modo que os Malandros podem se apresentar nas giras de direita ou de esquerda, manipulando com a mesma maestria as energias mais sutis e as mais densas, o que é peculiar a essa linha de trabalho.

Vamos citar alguns nomes de Malandros e Malandras: Zé Pilintra, Zé Malandro, Zé do Coco, Zé da Luz, Zé de Légua, Zé Moreno, Zé Pereira, Zé Pretinho, Malandrinho, Camisa Listrada, Maria do Cais, Maria Navalha.

Saudação: Salve a Malandragem! Acosta Malandragem! Saravá seu Zé!

Capítulo 11

Exus

É importante que se diga isso: Exu não é o Diabo, é uma entidade de luz que baixa nos terreiros de Umbanda, como todas as outras, para prestar a caridade àqueles que necessitam. Não podemos esquecer que Umbanda é a manifestação do espírito para a caridade, de modo que não haveria lugar para Exu na Umbanda se ele não se apresentasse com esse objetivo.

A palavra Exu, em iorubá, significa esfera, que remete à ideia de movimento. Para os africanos, Exu é o Orixá mais próximo dos seres humanos, responsável pela comunicação entre os dois planos, entre o Aiyê, terra, e o Orum, que seria o correspondente ao céu cristão, local onde habitam os Orixás. É ele o responsável por levar os pedidos e as oferendas feitas aos demais Orixás, e trazer as bênçãos do plano astral para o terreno.

A respeito do Orixá Exu, vamos mais adiante falar sobre cada Orixá, inclusive o senhor da comunicação. Neste capítulo, vamos tratar apenas das entidades que seguem a linha de trabalho denominada Exu.

Nos terreiros de Umbanda, manifestam-se as entidades que se apresentam como Exus, as quais não devem ser confundidas com o Orixá. As entidades são espíritos de pessoas que tiveram uma vivência carnal, desencarnaram e chegaram a um ponto da evolução espiritual que não encarnam mais. Contudo, para continuar evoluindo, mesmo os espíritos mais evoluídos devem assim proceder, devem praticar a caridade e, para tanto, utilizam-se dos aparelhos, ou seja, dos médiuns, de modo que possam continuar sua jornada espiritual.

Os Exus são muito amigos, a ponto de podermos considerá-los compadres, mas devem sempre ser tratados com bastante respeito, já que são entidades bem mais evoluídas que nós. Esses espíritos, assim como Pretos-Velhos, Crianças e Caboclos, são servidores dos Orixás, sendo que essa linha de trabalho fica subordinada à regência do Orixá Exu, como Orixá principal. Como já foi esclarecido, além da regência do Orixá principal, cada Exu segue os desígnios de um ou mais Orixás secundários, que denotam seu campo de atuação, e são determinados pelos nomes com que se apresentam, pelas cores que usam e pelo ponto riscado.

Por exemplo, para entender melhor isso, tenho a honra de trabalhar com o Exu Tranca-Ruas das Almas, que se apresenta nas giras de Umbanda das quais participo, na casa que frequento. Por ser uma entidade pertencente à linha dos Exus, ele está diretamente subordinado ao Orixá Exu. Contudo, seu nome é Tranca-Ruas, que se refere à rua, ao caminho, logo está também relacionado com o Orixá Ogum, dono dos caminhos e das estradas.

Além disso, o nome dessa entidade é Tranca-Ruas das Almas, indicando que ele está ligado à linha das Almas – sim, dos Pretos-Velhos –, mas principalmente ao Orixá Obaluaiê, senhor da vida e da morte, da doença e da cura, responsável pelo encaminhamento dos espíritos dos mortos, após seu desencarne.

Tranca-Ruas das Almas veste preto e branco, em referência às almas e ao Orixá Obaluaiê. Assim, Tranca-Ruas das Almas está ligado ao Orixá Exu, que é o regente dessa linha de trabalho, mas também aos Orixás Ogum e Obaluaiê, estes na condição de Orixás secundários.

Os Exus exercem um papel extremamente importante nos terreiros, pois além de prestarem consultas àqueles que procuram as casas de Umbanda em busca de auxílio, são os responsáveis pela segurança da casa, atuando nas portas e nas porteiras, impedindo que espíritos não evoluídos entrem no local e atrapalhem os trabalhos. São eles os verdadeiros guardiões e protetores dos seus filhos e das casas de Umbanda.

Dessa forma, esses espíritos não trabalham somente durante a "gira de Exus" dando consultas, onde resolvem problemas de emprego, pessoal, demanda, etc. de seus consulentes, mas também durante as outras giras (Caboclos, Pretos-Velhos, Crianças e Orixás), protegendo o terreiro e os médiuns, para que a caridade possa ser praticada.

Por que o Orixá Exu foi confundido com o demônio? Vamos explicar isso: os negros africanos, em suas danças nas senzalas, incorporavam alguns Exus, com suas gargalhadas, jeito maroto e extrovertido, o que acabava por assustar os brancos, que se afastavam ou agrediam os médiuns, dizendo que eles estavam possuídos por demônios.

Havia, evidentemente, incompreensão do que estavam presenciando e, por puro racismo religioso, impulsionado pela Igreja Católica, que à época perseguia tudo e todos que não se declarassem católicos, especialmente se fossem negros, foram, então, os Exus associados aos demônios, por serem brincalhões, extrovertidos e gozadores. Os Exus, na verdade, são os cobradores do carma, cumpridores fiéis da Lei de Ação e Reação. O plantio, meus irmãos, é facultativo, mas a colheita é obrigatória. Então, Exu pode fazer mal? Não, isso não existe, ele apenas devolve a colheita a quem plantou.

Quem planta vento, colhe tempestade. Quem planta coisas boas, colhe bons frutos, e sendo essa entidade zeladora e cumpridora fiel da Lei Divina, não há com ela qualquer tipo de negociação. Os Exus são os responsáveis por entregar a paga a cada um dos seres humanos, na medida do seu merecimento, sendo que afirmam que isso não é bom ou ruim, apenas consequência dos próprios atos das pessoas.

Compõem os senhores Exus a verdadeira tropa de choque do astral. Eles são designados a combater os Kiumbas, espíritos zombeteiros que insistem em atormentar a vida dos seres encarnados, trazendo-lhes toda a sorte de infortúnios. Os Exus conduzem essas entidades para locais próprios, aprisionando-as para que dali não saiam, a não ser que se arrependam e se comprometam a cumprir a Lei Divina e prestar caridade aos irmãos encarnados. Os Exus, como se vê nesta exposição, trabalham com energias muito densas e, evidentemente, são os mais próximos dos seres humanos, pois estamos em um plano bem menos elevado do que eles.

Têm os senhores Exus autorização e atribuição para descer a zonas mais densas ainda, regiões que os espíritas chamam de Umbral, para resgatar espíritos que dali queiram sair, pretendam evoluir e seguir a Lei

Divina. Nesses locais, os Exus têm o poder de desmanchar todos os feitiços que ali foram porventura realizados, livrando os seres encarnados de obsessões ou mesmo de trabalhos negativos contra eles lançados.

Há zonas do astral inferior aonde nenhuma entidade tem condições de ir, apenas os senhores Exus, que podem fazer esse trabalho pesado, penoso, mas exercido com muito amor e dedicação aos seres encarnados. É de observar que muitos Exus também trabalham na cura, por força da irradiação do Orixá secundário, ou seja, Obaluaiê. Os Exus, em sua vivência terrena, foram médicos, juízes, padres, advogados, etc., de modo que podem apresentar-se como excelentes curadores, conselheiros e amigos fiéis.

Quanta falta de conhecimento sobre esse importantíssimo trabalho realizado pelos abnegados Exus, levando a ignorância e intolerância! Não me canso de afirmar que o conhecimento é o único caminho para desconstruir o preconceito.

O dia dos Exus é segunda-feira, seu patrono é Santo Antônio, cuja data comemorativa tem também festividades. Os Exus bebem cachaça ou uísque, conforme a preferência da entidade que se apresente. Usam roupas nas cores preta e vermelha, podendo também ser preta e branca, ou conter outras cores, dependendo da irradiação à qual correspondem.

Muitos Exus usam cartolas (ou chapéus diversos), capas e, em alguns casos, até mesmo bengalas e punhais. A cartola serve para proteger o Ori, isto é, a cabeça do médium, onde está o chacra principal, contra possíveis irradiações negativas, que circulam na gira e oriundas não só das pessoas que passam pelo atendimento, mas também da assistência.

Os Exus usam capa que, na realidade, é uma espécie de proteção para a aura do médium, como também forte puxador das energias negativas e densas, que serão depositadas no ponto riscado e dali removidas ao final da gira. A bengala é utilizada com uma finalidade psíquica. Quando uma entidade trevosa se manifesta no terreiro, é preciso expulsá-la, muitas não aceitam pedidos gentis e educados para retornarem de onde não têm autorização para sair, de modo que é preciso utilizar a força psíquica ou até mesmo a bruta, física.

Aqueles que conhecemos como policiais, em especial o chamado batalhão de choque, também se utilizam de um instrumento parecido, um cassetete, além de um escudo. Observem que eles batem esse cassetete em seus escudos, ao mesmo tempo que batem suas botas no chão, fazendo um som frenético com o intuito de atemorizar, causar impacto psicológico mesmo naqueles que pretendem intimidar e fazer recuar.

Os Exus são os verdadeiros policiais do astral, utilizam-se de vários instrumentos para conter as forças negativas, ou seja, a vinda de espíritos trevosos, que ainda não estão preparados para se manifestar no plano terreno. Quando os Exus batem a bengala no chão estão usando um recurso psicológico para intimidar esses trevosos, que insistem em descumprir a Lei Divina e se manifestar ou até mesmo possuir os encarnados desarmonizados. É certo que, ao bater a bengala no chão, o Exu pode estar abrindo um portal para onde o trevoso será levado, o que consiste na utilização de um instrumento de trabalho e não um objeto de decoração.

Por que os Exus se utilizam da cor vermelha e preta ou branca e preta? A cor vermelha representa a vida. O sangue é vermelho, que é a energia vital. O fogo também é da mesma cor, e é um dos elementos purificadores. O preto representa a escuridão, a ausência de luz. O branco reflete todas as cores. É preciso uma melhor compreensão, vamos deixar essa coisa de dualismo de lado, porque isso não é correto.

Observe que, segundo o dualismo, existe o bem e o mal. Ora, se Deus, Zambi, Olorum ou qualquer outra denominação que você queira utilizar para descrever a força criadora suprema, princípio de tudo e de todos, é o criador de tudo que existe, então teria criado o bem e também o mal. Essa afirmativa levaria a essa conclusão, o que aparentemente estaria correta, mas não está.

Deus não é o criador das trevas, da escuridão, já que ele é a Luz Suprema. A escuridão, as trevas nada mais são que a ausência de Luz, ausência da pureza divina, onde se encontram aqueles que se negam, quando encarnados, e, também, desencarnados, a cumprir a Lei Maior, são rebeldes, negam-se a servir ao criador, rejeitando mesmo sua própria condição.

Esses espíritos que chamamos de caídos, Kiumbas, trevosos e outras tantas denominações, por não cumprirem a Lei Divina, não têm autorização para ascender ao plano terreno, manifestar-se em terra. São os Exus os responsáveis pela sua contenção, realizando o trabalho de policiais do astral, conforme já explicado anteriormente, prendendo e repreendendo os "marginais do astral".

Assim, os Exus usam o preto, sim, o que denota que eles têm autorização para se dirigir até as zonas mais densas e desprovidas de Luz. Exu trabalha nas trevas, mas não é um ser trevoso, é preciso que isso fique bem claro.

Podemos citar algumas denominações de Exus, apenas a título de exemplo, porque são muitas. Assim, temos: Tranca-Ruas, Caveiras, Sete Encruzilhadas, Marabô, Giramundo, Gato Preto, Veludo, Pinga Fogo, Tiriri, dentre outros.

Saudação: Laroyê Exu! Mojubá! O que traduzido quer dizer: "Salve Exu, meus respeitos!"

Muito há que se falar sobre Exu, não temos a pretensão de esgotar o assunto neste capítulo, mas se fôssemos aprofundar o estudo dessa linha de trabalho, seria necessário um livro somente para isso, de modo que preferimos apontar suas características principais.

Capítulo 12

Pombagiras

As entidades que se manifestam na Umbanda como Pombagiras são o feminino de Exu. Tudo na vida deve ter um lado feminino e masculino, é o equilíbrio que temos de ter em tudo. O termo Pombo-Gira ou Pombagira é corruptela de "Bombogira", que tem origem na divindade Pambu Njila, assim denominada na língua quimbundo, do Candomblé, da Nação Angola, do povo Bantu. Nessa nação, não se cultua Orixá, e sim Nkisi, que seria equivalente ao Orixá Exu, da Nação Alaketu, do povo da Nigéria.

É uma entidade conhecida como Exu Mulher, que trabalha os sentidos dos desejos e das transformações dos seres humanos. Dentro dos terreiros de Umbanda e Candomblé, a Pombagira é muito procurada para trabalhar os sentidos e os sentimentos femininos. Porém, essa não é a única forma de trabalho das Moças da esquerda, elas conhecem muito sobre caminhos, trabalhando no sentido de abri-los e fortalecê-los, promovendo uma renovação espiritual e reforma pessoal.

As Pombagiras representam a mulher empoderada, forte, que luta pelos seus objetivos, que não é submissa nem admite ser desrespeitada, tanto pessoalmente como em seus sentimentos. Ensinam que tanto as mulheres como os homens não devem desejar de volta o parceiro que se foi. Devem se amar primeiro e acima de tudo, pois não é possível que alguém seja amado se não amar a si mesmo.

Elas trazem, sim, o amor de volta, mas é o amor-próprio, a exigência do respeito nos relacionamentos amorosos, a não admissão dos relacionamentos abusivos. Elas jamais trariam a pessoa amada de volta, pois isso viola a Lei do Livre-Arbítrio. O amor verdadeiro é fruto da conquista, é construído e não amarrado. Demonstram que a sensualidade é possível, sem a necessidade de ser vulgar.

Quando descem em seus médiuns, ocorre uma transformação no semblante e na energia da pessoa. Prestem atenção na transformação gradativa que ocorre com a chegada delas, as moças tornam-se altivas, verdadeiramente "chiques", são espíritos de extrema beleza, acima de tudo carismáticas.

Existem Pombagiras em todos os reinos espirituais, as quais trabalham em comum acordo com os Exus e Exus Mirins, entidades que serão objeto de estudo em um capítulo em separado. Engana-se quem ainda pensa que elas foram ou são mulheres de vida fácil, as famosas meretrizes ou cortesãs.

Quando encarnadas foram poderosas, realizaram suas conquistas à custa de muito trabalho, de modo que temos em suas falanges diversas mulheres que foram mães, filhas, freiras, escravas, senhoras, operárias e, por que não, também cortesãs, enfim, foram mulheres na concepção mais ampla dessa palavra, verdadeiras guerreiras.

Que fique bem claro isto: Pombagira não é prostituta, como Exu não é o Diabo, são entidades de muita luz, que baixam nos terreiros de Umbanda para prestar a caridade aos seres encarnados. Quando manifestadas em seus aparelhos, gostam de dar risadas e gargalhadas, esbanjam alegria e felicidade, bebem de forma moderada seus champanhes, gostam de distribuir rosas para as pessoas, não escolhendo o sexo nem a idade de quem presenteiam.

As oferendas para elas são inúmeras, sempre acompanhadas de champanhe, preferencialmente *rosé*, além de bebidas fortes como gim, uísque *bourbon* e licor de anis. Algumas Pombagiras apreciam uma boa cerveja, mas, muito provavelmente, são entidades pertencentes à linha dos Malandros. Raramente bebem aguardente ou marafo.

Usam cigarrilhas e cigarros longos de filtro branco, bem como algumas utilizam belas e vistosas piteiras, portam as inseparáveis rosas vermelhas sempre em número ímpar, além de mel, espelhos, enfeites, joias, bijuterias, batons, perfumes, enfim, todo o aparato que se atribui à chamada "vaidade feminina".

Suas oferendas sempre têm muitas frutas, como figo, cerejas e maçãs, fatiadas ou inteiras; morangos e frutas vermelhas são os preferidos. O tradicional padê de Pombagira, feito com farinha de mandioca grossa crua, é preparado com mel, em vez de dendê, como se faz para os senhores Exus. Enfim, são espíritos com a real essência feminina, mas isso não impede que homens também trabalhem com elas ou mesmo as incorporem em dias de trabalhos.

Nenhum homem vai virar homossexual pelo fato de incorporar uma Pombagira, isso é um verdadeiro absurdo, já que quem é homossexual nasce assim, não se trata de opção sexual, mas de condição da pessoa humana.

Dessa maneira, não venham colocar a culpa na entidade por conta da sua conduta. Se o médium é homossexual – e não há nenhum problema nisso – assuma sua homossexualidade, não venha jogar a covardia em se assumir nas costas de uma entidade de tanta luz.

Da mesma forma, nenhuma mulher vira prostituta por conta de incorporar uma Pombagira. Quanto preconceito sofrem essas entidades, exatamente porque o ser humano não assume a responsabilidade de seus atos e quer culpar as entidades de tudo. Nenhuma entidade de luz baixa em uma pessoa embriagada. Então, meus irmãos, não tem esta: estava bêbada e incorporei a Pombagira, e ela pintou e bordou.

Como já disse em capítulos anteriores, as entidades de luz possuem elevação espiritual muito maior que a dos seres encarnados, de modo que para "incorporar" nos seus médiuns precisam baixar seu padrão vibratório, em que pese os Exus e as Pombagiras serem os mais próximos do ser humano, razão pela qual devemos estar com os preceitos em dia.

Se vocês, meus irmãos, ingerirem bebida alcoólica a ponto de ficarem embriagados, não vão incorporar um espírito de luz. A probabilidade é que recebam um Kiumba, que vai pintar e bordar, e até se passar por uma entidade de luz, por exemplo, uma Pombagira.

Tudo na vida necessita ter moderação, principalmente o médium, que se dedica a uma caminhada espiritual. É preciso orar e vigiar sempre. A conduta do médium deve se pautar por uma conduta padrão, dentro e fora do terreiro, pois ele carrega o nome da nossa amada Umbanda. Não estou dizendo que não se deve ingerir bebida alcoólica, eu mesmo adoro uma cervejinha. O fato está relacionado com o controle. A diferença do remédio para o veneno não está na dose? Então, a palavra de ordem é moderação, não só na bebida, mas também em tudo na vida.

A função das Pombagiras está relacionada à sensualidade. Isso precisa ser bem entendido. Elas freiam os desvios sexuais dos seres humanos, direcionam as energias sexuais para a construção e evitam as destruições.

A sensualidade desenfreada é um dos "sete pecados capitais" que destroem o homem: a volúpia. Esse vício é alimentado tanto pelos encarnados quanto pelos desencarnados – Kiumbas, conhecidos como *Incubus* (masculino) e *Sucubus* (feminino) –, que atuam especificamente no campo do desejo sexual, criando um ciclo ininterrupto, até mesmo tornando os encarnados escravos sexuais.

As Pombagiras são especialistas em quebrar esse ciclo e libertar os encarnados dessas obsessões, atuando nesse campo emocional. Elas são grandes magas e conhecedoras das fraquezas humanas. São, como qualquer Exu, executoras da Lei e do Carma. Ao se manifestarem, carregam em si grande energia sensual, o que não significa que elas sejam desequilibradas, tampouco vulgares, mas, sim, que elas recorrem a esse expediente para "descarregar" o ambiente desse tipo de energia negativa.

São espíritos alegres e gostam de conversar sobre a vida. São astutas, pois conhecem a maioria das más intenções. Devemos conhecer cada vez mais o trabalho dos guardiões e das guardiãs, pois eles estão do lado da Lei e não contra ela. Vamos encará-los de maneira racional, não como bichos-papões. Eles estão sempre dispostos ao esclarecimento. Por meio de uma conversa franca, honesta e respeitosa, podemos aprender muito com eles. O conhecimento, como digo sempre, é o único caminho para desconstruir o preconceito.

Pergunte a um médium sério o que ele sente ao incorporar Exu. Pergunte se sente ódio, rancor, maldade, perversidade, desejo de vingança, enfim, algo que possa estar presente em um ser monstruoso. A resposta será certamente que não sente nada disso! Ora, os Exus são chamados de compadres, e as Pombagiras de comadres ou sinhás. Quem são os compadres, se não pessoas que confiamos tanto, o ponto de entregar nossos filhos para serem por eles batizados na tradição cristã?

Observem que comportamentos negativos, como a agressividade e a sensualidade exageradas, demonstradas em determinadas incorporações, podem ser derivados do próprio médium, que está desequilibrado ou está dando a cabeça para o Kiumba. Em ambas as hipóteses, ele deve procurar tratamento, pois não tem condições de prestar caridade para quem quer que seja. Como já dito, os Kiumbas são facilmente identificados por sua conduta, palavras e conselhos nada ortodoxos.

Há estudiosos da Umbanda que apontam para a existência de Orixá Pombogira, com o que não concordamos. É preciso diferenciar Orixá de entidade, como já fizemos em capítulo anterior. Orixá é partícula do poder divino, está dentro de cada um de nós, apenas se externa após iniciação adequada no Candomblé. As entidades são espíritos de pessoas que tiveram uma vivência carnal, chegaram ao ponto de evolução em que não mais encarnam e passam a acompanhar uma pessoa desde o seu nascimento, para que a ela prestem a caridade. Essa é a minha visão.

Se fôssemos admitir a existência do Orixá Pombogira, teríamos de admitir a existência de Orixá Caboclo, Orixá Preto-Velho, etc., o que não é nada razoável e corrompe toda a estrutura do sistema que nos foi entregue pelos negros escravizados trazidos para o Brasil e da origem do Candomblé.

Saudação: Pombagira Saravá. Laroyê Exu Mulher.

São oferendadas e lembradas nas segundas-feiras, juntamente aos Exus.

Em linhas gerais, eram essas as características dessa linha de trabalho maravilhosa, da nossa amada Umbanda.

Capítulo 13

Exus Mirins

Existe uma linha pouco comentada e muito mal compreendida na Umbanda, razão pela qual, muitas vezes, é deixada "de lado" em centros e terreiros. Muitos terreiros não realizam trabalhos com essa linha, exatamente por ausência de conhecimento a seu respeito de forma mais aprofundada. É a linha de Exu Mirim.

Poucos trabalham com essas entidades, tão controvertidas e misteriosas, chegando ao ponto de, em muitos lugares, duvidar-se da existência delas. Na verdade, Exu Mirim é mais uma linha de esquerda que faz parte do ritual de Umbanda, trabalhando com Exu e Pombagira para a proteção e a sustentação dos trabalhos da casa. Não aceitar Exu Mirim é proceder como em casas que não aceitam Exu e Pombagira. O fato é que eles, sem que ninguém perceba, colocam à disposição da casa e de seus frequentadores sua proteção.

Os Exus Mirins apresentam-se como crianças travessas, brincalhonas, espertas, extrovertidas e arteiras, demonstrando sempre uma grande energia contagiante. São alegres, cativantes, brincalhões, sendo que essa é sua forma de trabalho e, sem que o consulente perceba, eles vão desmanchando tudo que há de negativo, são peritos em minguar tudo o que há de ruim. Enquanto os Erês trabalham com expansão de energia, os Exus Mirins trabalham com a absorção das energias negativas, ou seja, com sua redução. São duas linhas, a meu ver, que se complementam, uma trabalhando com a expansão e a outra com a redução energética.

Apreciam como oferendas brinquedos, gostam de bebidas e doces próprios e específicos dessa linha de trabalho. Gostam de fazer travessuras, de modo que precisamos ficar atentos nas consultas. Embora seu modo de agir seja assim, engraçado e descontraído, semelhante ao dos Erês, seu trabalho no terreiro é muito sério, já que são responsáveis por descomplicar a vida de todos, limpando até mesmo a mente da própria pessoa, quando ela se autossabota com pensamentos ruins.

Utilizando seu poder de reduzir energeticamente as coisas, conseguem esclarecer e acabar com qualquer assunto que prenda ou impeça a pessoa de viver em paz, ser feliz e progredir. Adoram desmanchar trabalhos feitos, colocando um fim a esse mal de forma muito hábil. São ótimos em achar e revelar trabalhos ou forças "negativas", exatamente como os Erês, já que nada pode ficar escondido deles, "desocultando-as" e acabando com essas atuações. Nada fica oculto para Exu Mirim, ele tem o poder de descobrir tudo.

Aproximam-se da linha dos senhores Exus, à medida que se tornam responsáveis por devolver a energia negativa para aqueles que a enviaram, cumprindo a Lei de Ação e Reação. Embora pareçam, eles não são crianças, mas dotados de grande capacidade de trabalho caritativo. A vibração que emanam é gigantesca, e traz limpeza e proteção espiritual. São pequenos e, em suas palavras, entram em qualquer local, assim como os Erês ingressam em lugares onde nenhuma outra entidade pode ingressar.

Da mesma forma que não se deve subestimar o poder do Erê, não se deve fazê-lo em relação aos Exus Mirins. São excelentes trabalhadores, realizando trabalhos magníficos de limpeza astral, cura, quebras de demandas, etc. Utilizam-se de elementos magísticos comuns à linha de esquerda, como pinga (normalmente misturada ao mel ou à groselha), cigarro, cigarrilhas e charutos, vela bicolor vermelha e preta, etc.

O poder magístico do Exu Mirim é capaz de "desenrolar" nossa vida, levando todas as nossas complicações pessoais e "enrolações" para bem longe. É importante que se diga: assim como Exu não é o Diabo, Pombagira não é prostituta, os Exus Mirins não são trombadinhas. São entidades de luz, que baixam nos terreiros de Umbanda para prestar a caridade. Se assim não fosse, não poderiam atuar na Umbanda, realizando esse maravilhoso trabalho caritativo.

Quando há total harmonia com o Exu Mirim ou a Pombagira Mirim, é possível levar uma vida mais otimista, com uma visão mais positiva dos acontecimentos, como se para tudo houvesse uma explicação sensata. Para esse lindo trabalho, eles estão sob a regência do Orixá Exu, como Orixá principal e regente dessa linha, mas, como ocorre com outras entidades, também trabalham na irradiação de um ou mais Orixás secundários. Trazem nomes simbólicos, análogos aos dos "Exus", na forma diminutiva, demonstrando seu campo de atuação, energias, forças e Orixás a quem respondem.

Assim, temos Exus Mirins ligados ao campo-santo: Caveirinha, Covinha, Calunguinha, Porteirinha. Também ligados ao fogo: Pimentinha, Labareda, Faísca, Malagueta e Brazinha. E ligados à água: Lodinho, Ondinha, Prainha, entre muitos outros. Chegamos ao ponto de termos Exus Mirins atuando em cada uma das Sete Linhas de Umbanda.

Apesar de serem bem "agitados", sua manifestação deve se dar sempre dentro do bom senso, afinal, em uma casa de luz, uma verdadeira casa de Umbanda, eles sempre se manifestam para a prática do bem, sob o comando direto de Exus e Pombagiras guardiões da casa.

Nunca podemos esquecer que a Umbanda é a manifestação do "espírito para a caridade", não importando a forma ou o jeito de realização desta. Guardadas as devidas proporções, podemos dizer que os Exus e as Pombagiras estão para os Exus Mirins como os Pretos-Velhos estão para os Erês. É necessário também ressaltar que eles não são filhos de Pombagiras e Exus, mas fazem parte desse grupo chamado de "Esquerda", que trabalha pela proteção das pessoas, fortalecendo ainda mais suas ações.

Para alguns estudiosos da Umbanda, Exu Mirim seria um encantado, isto é, um ser que nunca teve qualquer vivência carnal. Com o devido respeito aos que pensam assim, não concordamos com esse entendimento, pois compreendemos que Exu Mirim é uma entidade como qualquer outra que trabalha na Umbanda, não havendo nenhuma razão para ser diferente.

Outrossim, o culto aos encantados é realizado pela Jurema Sagrada, que não pode ser confundida com Umbanda. O arquétipo de Exu Mirim é uma forma que o espírito se apresenta para trabalhar, como ocorre com o Caboclo, o Preto-Velho etc. Para aqueles que tiverem respeito, com certeza em Exu Mirim encontrarão uma linha de trabalho tão forte, interessante e querida como todas as outras.

A cor predominante para as Pombagiras Mirins é o vermelho, já para os Exus Mirins são vermelho e preto.

Saudação: Mojubá Exu Mirim! Mojubá Pombagira Mirim! Saravá Pombagira Menina!

Capítulo 14

Oxalá

Orixalá, Obatalá, Oxalá, Òrìàlá e Bàtálá são denominações que identificam este Orixá. O nome Orixalá, que significa Orixá dos Orixás, surgiu com os negros escravizados trazidos para o Brasil. Esse nome foi contraído para o termo hoje amplamente conhecido como Oxalá. Essa relação de importância advém de a organização de divindades africanas ser uma maneira simbólica de se codificar as regras do comportamento.

Nos preceitos, estão todas as matrizes básicas da organização familiar e tribal, das atitudes possíveis e dos diversos caminhos para uma mesma questão. É certo que para um mesmo problema vamos encontrar diferentes soluções, conforme o Orixá que se consulte, sendo que não existe um acordo social para se dizer que um está certo e o outro errado. Dizemos isso, porque é importante esclarecer que Oxalá não tem mais poderes que os outros Orixás, nem é hierarquicamente superior, embora mereça o respeito de todos por representar o patriarca, o chefe da família, pai de todas as cabeças de todos os seres humanos, responsável pela criação dos homens. Os mais velhos merecem todo o nosso respeito, de modo que assim ocorre com Oxalá.

O povo africano tinha como regra que cada membro da família teria sua função própria e o direito de se relacionar de igual para igual com todos os outros membros, o que é confirmado pelas lendas dos Orixás, as quais demonstram a independência que cada um mantém em relação aos demais.

Oxalá, porém, é o que traz consigo a memória de outros tempos, as soluções já encontradas no passado para casos semelhantes, merecendo, portanto, o respeito de todos, em uma sociedade que cultuava, ativamente, seus ancestrais. Ele representa o conhecimento empírico, nesse caso colocado acima do conhecimento especializado de cada Orixá.

Contudo, é de se observar que os jesuítas tentavam introduzir os negros nos cultos católicos. A repressão pura e simples era muito eficiente, mas não bastava. Eram constantes as revoltas. Em alguns casos, perceberam que o sincretismo era a melhor saída, e tentaram convencer os negros que seus Orixás também tinham espaço na cultura branca, que as entidades eram praticamente as mesmas, apenas com outros nomes.

Alguns escravos chegaram a acreditar nessa história. Outros se aproveitaram da quase obrigatoriedade da prática dos cultos católicos, para, ao realizá-los, efetivarem verdadeiros cultos de Umbanda, apenas mascarados pela religião oficial do colonizador.

Esclarecida essa questão, não negamos as funções únicas e importantíssimas de Oxalá perante a mitologia iorubá. Oxalá é considerado o princípio gerador, o responsável pela existência de todos os seres do Orum e do Aiyê. Sua cor é o branco, porque ela é a soma de todas as cores.

Por causa de Oxalá, a cor branca está associada ao Candomblé e aos cultos afro-brasileiros em geral, e não importa qual o santo cultuado em um terreiro, nem o Orixá de cabeça de cada filho de santo. É comum que todos se vistam de branco, prestando homenagem ao Pai de todos os Orixás e dos seres humanos.

Pode o filho de santo usar roupas com as cores do seu Eledá (primeiro Orixá de cabeça) e dos seus *Ajuntós*, sendo que em alguns terreiros isso é reservado aos *Egbomis*, isto é, àqueles que já completaram seus sete anos de iniciação, dependendo da orientação da cúpula espiritual dirigente do terreiro.

Segundo as lendas, Oxalá é o pai de todos os Orixás, excetuando-se Logum Edé, que é filho de Oxóssi e Oxum, e Iemanjá, que tem uma filiação controvertida, sendo mais citados Ododuá e Olokum como seus pais, mas efetivamente, Oxalá nunca foi apontado como seu pai.

O campo de atuação preferencial de Oxalá é a religiosidade dos seres, aos quais ele envia o tempo todo suas vibrações estimuladoras da fé individual e irradiações geradoras de sentimentos de religiosidade.

Fé! Eis o que melhor define o Orixá Oxalá. Sim, amamos nossos irmãos na fé em Oxalá. Nosso amado Pai da Umbanda é o Orixá irradiador da fé, em nível planetário e multidimensional. Oxalá é sinônimo de fé. Para os adeptos da Umbanda Sagrada, ele é o responsável pelo trono da Fé que, assentado na Coroa Divina, irradia a fé em todos os sentidos e a todos os seres. É o Orixá associado à criação do mundo e da espécie humana.

No Candomblé, apresenta-se de duas maneiras: moço – denominado Oxaguiã –, e velho – chamado Oxalufã. Os símbolos do primeiro, Oxaguiã, são uma espada, um escudo e um pilão. Do segundo, Oxalufã, é uma espécie de cajado em metal, chamado opaxorô.

A cor de Oxaguiã é o branco, levemente mesclado com azul, sendo que a de Oxalufã é somente branco. O dia consagrado para ambos é a sexta-feira.

Oxalá é considerado e cultuado como o mais respeitado de todos os Orixás do Panteão Africano, justamente em razão da sua idade – Orixá ancião e dotado de grande conhecimento, como já foi explicado. É um Orixá calmo, sereno, pacificador, o criador dos seres humanos, pai de todas as cabeças, portanto, respeitado por todos os Orixás e todas as nações. A vibração de Oxalá habita em cada um de nós e em toda parte de nosso corpo.

A imagem de Jesus Cristo é figura obrigatória, em lugar de honra, em todos os centros, terreiros ou tendas de Umbanda, em local elevado, geralmente destacada com iluminação intencionalmente preparada, de modo a conformar uma espécie de aura de luz difusa à sua volta.

Homenageia-se Oxalá na representação daquele que foi o "filho dileto de Deus entre os homens". Entretanto, permanece, no íntimo desse sincretismo, a herança da tradição africana: "Jesus foi um enviado; foi carne, nasceu, viveu e morreu entre os homens"; Oxalá coexistiu com a formação do mundo; Oxalá já era antes que Jesus o fosse.

De uma forma ou de outra, eu, particularmente, sou devoto de Oxalá e de Jesus Cristo. Afinal, quando faço minhas orações e meus pedidos, firmo minhas velas, os dirijo aos dois. Aqueles que preferem se dirigir a um só, respeitamos. Não podemos esquecer que a Umbanda é miscigenada, como é o povo brasileiro, com forte influência católica. Oxalá, assim como Jesus, proporciona aos filhos a melhor forma de praticar a caridade.

Características de Oxalá

A cor de Oxalá é a branca. Seu fio de contas é composto de contas e miçangas brancas e leitosas, além de firmas brancas. Em se tratando de Oxaguiã, as contas são de cor branca e azul-clara.

As ervas de Oxalá são o tapete-de-oxalá (boldo), saião, colônia, manjericão branco, rosa branca, folha de algodoeiro, sândalo, malva, patchouli, alfazema, folha do cravo, neve-branca, folha de laranjeira, alecrim, hortelã, etc.

Suas flores são os lírios brancos e todas as flores que sejam dessa cor, sem espinhos. O dia da semana é sexta-feira. A saudação é: Epa Babá. Epi Babá. Exê Uêpa Babá. O elemento da natureza é o ar.

A bebida é água mineral. Há quem ofereça vinho branco, mas prefiro não oferecer, em virtude de Oxalá ter interdição em relação ao álcool. Os animais são pomba branca, caramujo e ibi, um caracol africano. As comidas são canjica, acaçá, mungunzá. Para Oxaguiã, bolas de inhame pilado são as preferidas.

Números: 10 e 16 (Oxalufã) e 8 (Oxaguiã).
Data comemorativa: 25 de dezembro.
Sincretismo: Jesus (Oxaguiã, Menino Jesus de Praga; Oxalufã, Senhor do Bonfim).
Interdições: vinho de palma, dendê, carvão, roupa escura de cor vermelha, cachaça e bichos de cores escuras.

Os filhos de Oxalá são pessoas tranquilas, que conseguem manter a calma sempre, inclusive, em momentos difíceis. São pessoas respeitadas, sem que façam grande esforço para isso, já que são dotadas de carisma natural. São amáveis e pensativas. Podem, por vezes, chegar a ser autoritárias, mas isso acontece com as que têm Orixás guerreiros ou autoritários no adjunto.

Os filhos desse Orixá são muito dedicados, caprichosos, mantendo tudo sempre bonito, limpo, com beleza e carinho. São muito respeitosos, mas exigem igualmente ser respeitados. São excelentes em argumentação, tendo uma queda para trabalhos que impliquem organização. São centralizadores, reservados, mas raramente orgulhosos.

O defeito mais comum dos filhos de Oxalá é a teimosia, principalmente quando têm certeza de suas convicções, de modo que será muito difícil convencê-los de que estão errados ou de que existem outros caminhos para a resolução de um problema.

No Oxalá mais velho (Oxalufã), a teimosia pode representar uma certa *ranhetice* e intolerância, enquanto no Oxalá novo (Oxaguiã) encontramos o amor pelo debate e pela argumentação. Para Oxalá e seus filhos, a ideia e o verbo são sempre mais importantes que a ação, não sendo raro encontrá-los em carreiras em que a linguagem (escrita ou falada) seja o ponto fundamental.

Os filhos de Oxalá tendem a apresentar um porte majestoso, principalmente na maneira de andar e não na constituição física. Não apresentam, contudo, porte compacto e forte, como os filhos de Xangô. Essa maneira de caminhar e se portar dá lugar a alguém com tendência a ficar curvado, como se o peso de toda uma longa vida caísse sobre seus ombros. Mesmo em se tratando de alguém muito jovem, normalmente se percebe isso quando se trata de um filho de Oxalufã.

Os aspectos "negativos" do Orixá devem ser conhecidos por seus filhos, para poderem trabalhá-los e ter, como consequência, uma vida plena. Assim, os filhos de Oxalá devem evitar ser tão teimosos, trabalhar sua teimosia natural, etc.

Lendas de Oxalá

Águas de Oxalá

Nas proximidades do dia em que seriam realizadas, no reino de Oyó, as comemorações em homenagem ao Rei Xangô, para as quais todos os Orixás foram convidados, inclusive Oxalufã, este, antes de seguir viagem, consultou seu Babalawo. O Babalawo disse ser melhor que ele não fosse, mas Oxalá insistiu.

Levando em conta a insistência de Oxalá em seguir viagem, o Babalawo, então, lhe orientou que deveria levar três mudas de roupas brancas, limo da costa e sabão da costa, bem como que não deveria fazer o que lhe pedissem no caminho; não reclamar de nada, acontecesse o que acontecesse; e, em nenhuma hipótese, revelasse sua real identidade, a quem quer que fosse. Essas recomendações deveriam ser seguidas a fim de evitar que Oxalá perdesse sua vida.

Oxalá deixou de oferendar Exu, acreditando que isso não seria necessário, denotando arrogância e falta de humildade com essa conduta. Oxalá passou a caminhar pela mata quando encontrou Exu, disfarçado de um velho senhor, que tentava levantar um tonel de azeite de dendê, sem conseguir, tendo lhe pedido ajuda. Oxalá, desobedecendo ao que o Babalawo havia recomendado, prontamente ajudou o senhor idoso, que era Exu disfarçado, o qual, propositadamente, derramou o dendê sobre Oxalá e gargalhou. Oxalá banhou-se no rio, trocou de roupa e continuou sua jornada.

Seguindo seu caminho, novamente, encontrou-se com Exu, disfarçado de um idoso, que agora tentava erguer um saco de carvão às costas, tendo pedido auxílio de Oxalá para tanto. Oxalá, mais uma vez, desobedecendo ao que o Babalawo havia recomendado, prontamente ajudou o senhor idoso, ou seja, Exu disfarçado, o qual, propositadamente, repetiu o feito, derramando agora o carvão sobre Oxalá, o qual teve de se banhar, mais uma vez, no rio e trocar de roupa.

Oxalá prosseguiu sua jornada até Oyó, sendo que nas proximidades desse reino se encontrou com Exu, o qual derramou um tonel de melado, exatamente como ocorreu com o carvão e o azeite de dendê, repetindo-se a história.

Nos verdes campos de Oyó, Oxalá encontrou um cavalo fugitivo dos estábulos de Xangô, reconhecendo-o como sendo o que havia presenteado a seu filho, de modo que dele se apoderou para restituir ao seu dono. Contudo, antes de chegar à cidade, foi abordado pelos guardas que acharam que ele estava tentando furtar o animal. Oxalá foi preso, maltratado, torturado, sendo que dessa vez resolveu seguir a recomendação do Babalawo e não dizer a ninguém qual seu verdadeiro nome, permanecendo calado todo o tempo.

Em razão de estar mantido preso inocentemente em terras do Senhor da Justiça, Oyó viveu por longos sete anos a mais profunda seca. As mulheres tornaram-se estéreis e muitas doenças assolaram o reino. Xangô, desesperado com essa situação, resolveu consultar um Baba-

Iawo para saber o que acontecia, vindo a ser informado de que a vida estava aprisionada em seus calabouços, ou seja, um velho sofria injustamente como prisioneiro, pagando por um crime que não cometeu.

Diante dessa resposta, Xangô foi até a prisão e lá encontrou Oxalá, todo sujo e maltratado. Imediatamente o levou ao palácio, chamou todos os Orixás, sendo que cada um carregava um pote com água da mina. Um a um, os Orixás foram derrubando suas águas em Oxalá para lavá-lo.

O rei de Oyó mandou seus súditos vestirem-se de branco, bem como determinou que todos permanecessem em silêncio, já que era preciso, respeitosamente, pedir perdão a Oxalá. Xangô também se vestiu de branco e carregou o velho rei nas suas costas. Aqui há uma certa controvérsia: se seria Xangô ou Ayrá, bem como se este último, Ayrá, seria um caminho de Xangô ou um servo dele. De qualquer forma, Oxalá foi levado para as festas em sua homenagem e todo o povo saudava Oxalá, e todo o povo saudava Xangô.

Este Itan revela bem a teimosia de Oxalá, e nos traz a mensagem de que não devemos ser teimosos e desrespeitosos com os mais velhos, por mais sábios que sejamos. Vejam, Oxalá era muito sábio, mas desrespeitou os conselhos de um Babalawo. Ficou, então, incumbido Exu de trazer a paga por esse desrespeito, dando cumprimento fiel à Lei de Ação e Reação.

Este Itan também nos ensina que as aparências enganam, de modo que precisamos ser cautelosos nos nossos julgamentos. Vejam que os guardas de Xangô acharam que Oxalá estava furtando o cavalo do rei, mas, na verdade, ele o estava levando até o reinado, recuperando-o, já que havia se perdido.

Itan da Criação do Mundo

Oxalá, "O Grande Orixá" ou "O Rei do Pano Branco", foi o primeiro a ser criado por Olorum, o Deus supremo. Ele tinha um caráter bastante obstinado e independente, sendo que foi encarregado por Olorum de criar o mundo com o poder de sugerir (àbà) e o de realizar (àse). Para cumprir sua missão, Olorum entregou-lhe o "saco da criação". Em que pese o gigantismo do poder que lhe fora confiado, isso não o dispensava, entretanto, de se submeter a certas regras nem de respeitar diversas obrigações, como os outros Orixás.

Oxalá seguiu seu caminho, apoiado num grande cajado de estanho, seu òpá osorò ou opaxorô, sendo que ao ultrapassar a porta do Orum encontrou Exu, que, entre suas múltiplas obrigações, tinha a de fiscalizar as comunicações entre os dois mundos. Oxalá havia deixado de fazer a Exu as oferendas que lhe foram indicadas, razão pela qual Exu fez como que Oxalá sentisse uma sede imensa, não tendo outro recurso senão o de furar com seu opaxorô a casca do tronco de um dendezeiro. Com isso, um líquido refrescante escorreu dele, ou seja, o vinho de palma. Ele bebeu tanto que acabou se embebedando e caiu adormecido.

Oduduá, criado por Olorum depois de Oxalá, viu o Grande Orixá adormecido, razão pela qual pegou o "saco da criação", dirigiu-se à presença de Olorum para mostrar-lhe seu achado e lhe contar em que estado se encontrava Oxalá. Olorum determinou que então Oduduá deveria criar o mundo. Oduduá saiu então do Orum e se encontrou diante de uma extensão ilimitada de água. Deixou cair a substância marrom contida no "saco da criação", ou seja, terra, de modo que se formou um montículo que ultrapassou a superfície das águas.

Na sequência, ele colocou uma galinha ali, cujos pés tinham cinco garras, a qual começou a arranhar e espalhar a terra sobre a superfície das águas. Conforme ciscava, cobria as águas, e a terra ia se alargando cada vez mais, o que em iorubá se diz *ilè nfè*, expressão que deu origem ao nome da cidade de Ilê-Ifé.[2] Oduduá aí se estabeleceu, seguido pelos outros Orixás, e tornou-se assim o rei da terra.

Oxalá acordou e não mais encontrou ao seu lado o "saco da criação", razão pela qual retornou a Olorum. Este, como castigo pela sua embriaguez, proibiu o Grande Orixá, assim como os outros de sua família, os Orixás Funfun, ou "Orixás brancos", de beber vinho de palma e mesmo usar azeite de dendê.

Olorum confiou-lhe, entretanto, como consolo, a tarefa de modelar no barro o corpo dos seres humanos, aos quais ele, Olorum, insuflaria a vida com o sopro da vida. Por essa razão, Oxalá também é chamado de Alamorere, o "proprietário da boa argila".

---

2. Antiga cidade africana localizada onde hoje é a Nigéria, na África Ocidental.

Oxalá, então, pôs-se a modelar o corpo dos homens, mas não levava muito a sério a proibição de beber vinho de palma e, nos dias em que se excedia, os homens saíam de suas mãos contrafeitos, deformados, capengas e corcundas. Alguns eram retirados do forno antes da hora, saíam mal cozidos e suas cores tornavam-se pálidas: eram os albinos.

Este Itan, novamente, reforça a ideia de que devemos ser respeitosos, cumprir as regras e deixar a teimosia de lado. Em razão desta lenda, Oxalá é o pai de todas as cabeças, quer dizer, todos os seres humanos são filhos de Oxalá, além do Orixá de frente que carregam.

Iemanjá, a filha de Olokum, foi escolhida por Olorum para ser a mãe dos Orixás. Como ela era muito bonita, todos a queriam para esposa; então, o pai foi perguntar a Orunmilá com quem ela deveria se casar.

Orunmilá mandou que ele entregasse um cajado de madeira a cada pretendente, sendo que eles deveriam passar a noite dormindo sobre uma pedra, segurando o cajado para que ninguém pudesse pegá-lo. Na manhã seguinte, o homem cujo cajado estivesse florido seria o escolhido por Orunmilá para marido de Iemanjá.

Os candidatos assim o fizeram, sendo que, no dia seguinte, o cajado de Oxalá estava coberto de flores brancas, e assim ele se tornou pai dos Orixás.

Iemanjá é a mãe de todas as cabeças, juntamente a Oxalá, que é o pai.

Oxaguiã é a qualidade de Orixá Funfun, de Oxalá, jovem e guerreiro, cujo templo principal encontra-se em Ejibô.[3]

É conhecido como *Elééjìgbó*, rei de Ejibô. Uma característica desse Orixá era o gosto descontrolado que tinha pelo inhame pilado, chamado *iyán*, que lhe valeu o apelido de "Orixá-Comedor-de-Inhame-Pilado", o que se exprime em iorubá pela frase Oxaguiã. Diz-se que ele foi o inventor do pilão para facilitar a preparação de seu prato predileto.

Também, quando um *elégùn*, pessoa iniciada no Candomblé, desse Orixá é possuído por ele, traz sempre na mão, ostensivamente, um pilão com alusão à sua preferência alimentar. Esse detalhe é conhecido no Brasil pelas pessoas consagradas a Oxaguiã que, quando estão em transe, durante suas danças, agitam com a mão o pilão simbólico. A festa que lhe oferecem todos os anos chama-se "o Pilão de Oxaguiã".

---

3. Cidade e área de governo local no estado de Oxum, na Nigéria.

Capítulo 15

Ogum

Orixá masculino, Ogum é o arquétipo do guerreiro. É muito popular no Brasil, sendo associado à luta e à conquista, características do nosso povo, que nunca desiste, é persistente e batalhador. É o Orixá que, após Exu, seu irmão, está mais próximo dos seres humanos. É sincretizado com São Jorge, em São Paulo, ou com Santo Antônio, na Bahia. De qualquer forma, ambos são tradicionais guerreiros dos mitos católicos, lutadores destemidos.

Estabelece-se facilmente uma relação entre Ogum e os militares, em razão das características de Orixá guerreiro, o que implicou o sincretismo com São Jorge. Há os que afirmam que se alguém, em meio a uma batalha, repetir determinadas palavras (que são do conhecimento apenas dos iniciados), Ogum aparece imediatamente em socorro daquele que o evocou.

Essas palavras, contudo, não podem ser usadas em outras circunstâncias, somente em caso de real necessidade. Segundo esse mesmo relato, o Orixá Ogum é aquele que nunca deixa seus filhos sem resposta, mas não deve ser chamado inutilmente ou sem rigor. É Orixá das contendas e da guerra, e seu nome traduzido para o português significa luta, batalha, briga.

Ogum é filho de Iemanjá e irmão mais velho de Exu e Oxóssi, por quem nutre um enorme sentimento, um amor de irmão verdadeiro. Foi Ogum quem deu as armas de caça e ensinou Oxóssi a caçar.

O sangue que corre no nosso corpo é regido por Exu, mas também por Ogum, o qual é considerado um Orixá impiedoso e cruel, temível guerreiro, que brigava sem cessar contra os reinos vizinhos. Contudo, é importante dizer que ele sabe ser dócil e amável, características que não podem ser utilizadas em uma guerra. Ele representa a vida em sua plenitude. Sabe ser duro quando deve ser, e amável quando as circunstâncias assim o permitem.

Quando irado é implacável, destruidor e vingativo, mas quando apaixonado, sua sensualidade não se contenta em esperar nem aceitar a rejeição. Ogum sempre ataca pela frente, de peito aberto, como o clássico guerreiro, nunca por trás, como faria um traiçoeiro ou traidor, algo repugnante no seu entendimento.

Ogum, na conformidade dos Itans, não se preocupava com o reino de seu pai, Oduduá, já que não gostava de ficar quieto no palácio. Não se interessava pelo exercício do poder já conquistado, mas, sim, pela luta. Ogum, portanto, é aquele que gosta de iniciar as conquistas, mas não sente prazer em descansar sobre os resultados delas. É figura imparcial, responsável por executar a justiça ditada por Xangô.

Ogum é o Orixá do ferro, divindade que brande a espada e forja o ferro, por isso, Orixá da metalurgia, transformando-o em instrumento de luta. Orixá do progresso, sendo que em dias atuais não seria mais o Orixá do ferreiro, mas dos especialistas em computação, programação de dados e pesquisas revolucionárias que trazem o progresso para o ser humano.

O poder de Ogum expande-se muito além das lutas históricas, sendo o padroeiro de todos os que manejam ferramentas, ou seja, ferreiros, barbeiros, militares, soldados, trabalhadores agricultores e, hoje em dia, mecânicos, motoristas de caminhão e maquinistas de trem, além de pesquisadores e estudiosos antes mencionados. É o Orixá que cuida dos conhecimentos práticos, sendo o patrono da tecnologia.

Ogum não é apenas o que abre os caminhos nas matas e derrota os exércitos inimigos, ele também é aquele que abre os caminhos para a implantação de uma estrada de ferro, instala uma fábrica em uma área não industrializada, promove o desenvolvimento de um novo meio de transporte, luta não só contra o homem, mas igualmente contra o desconhecido.

É o símbolo do trabalho, da atividade criadora do homem sobre a natureza, da produção e da expansão, da busca de novas fronteiras, do esmagamento de qualquer força que se oponha à sua própria expansão. Ogum é o representante no panteão africano não só do conquistador, mas também do trabalhador manual, do operário que transforma a matéria-prima em produto acabado. É o dono do *obé* (faca), razão pela qual, nas oferendas rituais, vem logo após Exu, porque sem as facas que lhe pertencem não seriam possíveis os sacrifícios.

Ogum é o dono das estradas de ferro e dos caminhos. Ele também protege as portas de entrada de casas e templos (um símbolo de Ogum sempre visível é o *màrìwò*, mariô – folhas do dendezeiro desfiadas, colocadas sobre as portas das casas de Candomblé como símbolo de sua proteção). Ogum também é considerado o "Senhor dos Caminhos". Ele protege as pessoas em locais perigosos, dominando a rua com o auxílio de Exu. Se Exu é dono das encruzilhadas, assumindo a responsabilidade do tráfego, de determinar o que pode ou não pode passar, Ogum é o dono dos caminhos em si, das ligações que se estabelecem entre os diferentes locais.

Ogum foi casado com Iansã, que o abandonou para seguir Xangô. Casou-se também com Oxum, mas vive só, batalhando pelas estradas e abrindo caminhos.

Características de Ogum

Cor: na Umbanda, em regra, é a vermelha, mas há casas que o cultuam utilizando o azul-marinho. Os fios de contas seguem essas cores.

Ervas: peregum (verde), são-gonçalinho, quitoco, mariô, lança-de--ogum, coroa-de-ogum, espada-de-ogum, canela-de-macaco, erva-grossa, parietária, mutamba, alfavaquinha, bredo, cipó-chumbo. Em algumas casas: aroeira, pata-de-vaca, carqueja, losna, comigo-ninguém-pode, folhas de romã, flecha-de-ogum, cinco-folhas, macaé, folhas de jurubeba.

Símbolos: espada, ferramentas, ferradura, lança e escudo.
Pontos da Natureza: estradas e caminhos.
Flores: crista-de-galo, cravos e palmas vermelhas.
Essência: violeta.
Pedras: granada, rubi, sardio, lápis-lazúli, topázio azul.
Metal: ferro, aço e manganês.
Saúde: coração e glândulas endócrinas.
Dia da Semana: terça-feira.
Elemento: fogo.

Saudação: Ogum Iê!
Bebida: cerveja branca.
Animais: cachorro e galo vermelho.
Comidas: inhame, chamado em alguns lugares de cará; feijão-mulatinho com camarão e dendê; manga-espada.
Número: 3, corresponde ao *Odu Etáogundá*, três búzios abertos no Merindilogum, o jogo de búzios.
Data comemorativa: 23 de abril (São Jorge) ou 13 de junho (Santo Antônio).
Sincretismo: São Jorge ou Santo Antônio.

Todo Ogum é aplicador natural da Lei e todos agem com a mesma inflexibilidade, rigidez e firmeza, pois não se permitem uma conduta alternativa. Onde estiver um Ogum, lá estarão os olhos da Lei, mesmo que seja um "caboclo" de Ogum.

São avessos às condutas liberais dos frequentadores das tendas de Umbanda, sempre atentos ao desenrolar dos trabalhos realizados, tanto pelos médiuns quanto pelos espíritos incorporados.

Dizemos que Ogum é, em si mesmo, os atentos olhos da Lei, sempre vigilante, marcial e pronto para agir onde lhe for ordenado.

Características dos Filhos de Ogum

Não é difícil reconhecer os filhos de Ogum, os quais têm um comportamento extremamente coerente, arrebatado e passional, em que as explosões, a obstinação e a teimosia logo surgem claramente. São conquistadores, não gostam de fixar-se num mesmo lugar, adoram temas e assuntos novos, consequentemente são apaixonados por viagens, mudanças de endereço e de cidade.

Os filhos de Ogum não gostam, nem se sentem bem nos trabalhos rotineiros e maçantes, que não exigem de si superação de obstáculos e a busca de objetivos. Apreciam as novidades tecnológicas, são curiosos. São dotados de grande capacidade de concentração e foco em seus objetivos, denotando uma coragem incomensurável.

Não perdoam facilmente as ofensas dos outros. Não são muito exigentes na comida, no vestir, tampouco na moradia, com raras exceções. São amigos camaradas daqueles em quem confiam, porém, estão sempre envolvidos com demandas. São divertidos, sensuais, despertam o interesse das mulheres, de modo que têm seguidos relacionamentos sexuais, não se fixando em um único relacionamento com uma única pessoa, até realmente encontrarem seu grande amor.

São pessoas determinadas, dotadas de espírito de competição, líderes natos e com capacidade suficiente para enfrentar qualquer missão, que desempenham com maestria. Têm capacidade de se arrepender quando verificam que agiram de modo errado; tornam-se abertos a novas ideias e opiniões, desde que sejam coerentes e precisas.

Os filhos de Ogum são práticos, inquietos, diretos e sinceros, nunca "falam por trás" de alguém, não gostam de traição, dissimulação ou injustiça, principalmente com os mais fracos. É missão importante do filho de Ogum que conhece seu lado negativo equilibrá-lo, equilibrar seu gênio impulsivo com sua garra, evitar julgamentos precipitados, de modo que a vida se torne muito mais próspera.

Se conseguisse esperar ao menos 24 horas para decidir, evitaria muitos reveses e injustiças, muito embora, por mais incrível que pareça, seja calculista e estrategista. Contar até dez nunca é demais antes de tomar qualquer decisão ou dizer qualquer palavra, isso lhe pouparia muito remorso. O maior defeito do filho de Ogum é a impulsividade, sendo que sua maior qualidade é sempre ser um vencedor, não há caminho que não possa ser desbravado por ele.

Está sempre em busca do que as outras pessoas consideram impossível, o que não existe na sua opinião, já que nada é impossível para um filho de Ogum. Ama o desafio, já que quanto maior o obstáculo, mais este desperta sua garra para ultrapassá-lo.

Como soldados guerreiros que são, os filhos de Ogum perseguem de forma obstinada um objetivo, sendo que quando o atingem, seguem à procura de um novo, pois esse já perdeu a graça. Têm um enorme senso de justiça. Não admitem a injustiça, principalmente se for contra os mais fracos, os quais costuma proteger. São dotados de capacidade de liderança, de modo que mandam com habilidade, mas também são cumpridores fiéis daquilo que lhes for determinado, desde que exista uma relação de respeito mútuo.

Por ser Ogum o Orixá do Ferro e do Fogo, seus filhos gostam muito de armas, facas, espadas e das coisas feitas em ferro ou latão. São francos, transparentes e cristalinos, até, por vezes, com assustadora agressividade. Não são de fazer rodeios, vão direto ao ponto, dizem o que precisam dizer, doa a quem doer. Não admitem fraqueza e falta de garra.

Conceito de honra é um ponto elevado dos filhos de Ogum, sendo incapazes de perdoar as ofensas sérias de que são vítimas. Não são apegados às coisas materiais, preferem o sabor das conquistas do que o gosto pelas coisas conquistadas.

Os filhos de Ogum adoram o esporte, estão sempre agitados e em movimento, tendem a ser musculosos e atléticos, principalmente na juventude, tendo grande energia nervosa que necessita ser descarregada em qualquer atividade que não implique desgastes físicos. Sua vida amorosa tende a ser muito variada, sem grandes ligações perenes, mas superficiais e rápidas.

Cozinha Ritualística

Inhame com Dendê e Mel

Lave um inhame, coloque no forno e deixe cozinhar por cerca de 15 minutos. Com uma faca (*obé*) bem afiada, corte-o na vertical. Na banda esquerda, passe dendê e, na direita, mel. É costume se colocar sete palitos no lado esquerdo, fazendo os pedidos do que quer tirar de sua vida, ou seja, coisas negativas. No lado direito, colocam-se sete moedas, fazendo os pedidos das coisas boas que deseja para sua vida, como caminhos abertos, emprego, etc.

Paliteiro de Ogum

Cozinhe um inhame com casca. Espete palitos por toda a superfície. Pode regar com dendê ou mel, colocando em um alguidar. Peça caminhos abertos, emprego, mudanças que desejar.

Feijão-mulatinho

Cozinhe o feijão-mulatinho (ou cavalo) e tempere-o com cebola refogada no dendê. Coloque em um alguidar e enfeite com sete camarões fritos no dendê.

Lenda de Ogum

Como Ogum Virou Orixá

Ogum lutava bravamente contra os reinos vizinhos, colecionando um rico espólio, além de numerosos escravos, o que entregava a Oduduá, seu pai, rei de Ifé. Em uma das guerras em que Ogum se envolveu, ele tomou a cidade de Irê e matou o rei, Onirê, e o substituiu pelo próprio filho, conservando para si o título de rei. Ele é saudado como *Ogum Onirê!* – "Ogum, Rei de Irê!". Contudo, Ogum foi autorizado a usar apenas uma pequena coroa, *"akorô"*. Daí ser chamado, também, de Ogum Alakorô – "Ogum dono da pequena coroa".

Ogum voltou a guerrear por muitos anos, deixando seu filho tomando conta de Irê, sendo que ao retornar, após longa ausência, ele não reconheceu o lugar. Ocorre que no dia em que chegou, celebrava-se uma cerimônia, na qual todo mundo devia guardar silêncio completo.

Ogum tinha fome e sede, sendo que viu as jarras de vinho de palma, mas não entendia por que estavam vazias. Ninguém respondia às suas perguntas, mantinham-se em silêncio completo, o que lhe pareceu sinal de total desprezo. Ogum, cuja paciência é curta, em um acesso de cólera, quebrou as jarras com golpes de espada e cortou a cabeça das pessoas. O filho de Ogum, visualizando essa situação, dirigiu-se ao pai e lhe ofereceu seus pratos prediletos, ou seja, caracóis e feijão, regados com dendê, tudo acompanhado de muito vinho de palma. Ele esclareceu que as pessoas não o cumprimentaram, nem responderam aos seus chamados seguindo a Lei que ele mesmo havia determinado, ou seja, o silêncio, naquele dia.

Ogum mostrou-se extremamente arrependido por seu repugnante ato de fúria, lamentou seus atos de violência e disse que já vivera bastante, que viera agora o tempo de repousar, de modo que baixou, então, sua espada e desapareceu sob a terra. Ogum tornara-se um Orixá.

É por isso que se diz que Ogum nunca deixa seus filhos sem resposta, como ele foi deixado um dia. Este Itan mostra que devemos ter calma, ser pacientes e nunca fazer julgamentos precipitados, pois podemos cometer sérias injustiças, como aconteceu com Ogum.

Capítulo 16

Oxóssi

Oxóssi é um dos muitos Odés, ou seja, caçadores, que vivem nas florestas, sempre acompanhado dos seus instrumentos, o arco e a flecha, chamado Ofá, e um rabo de boi, chamado eruexim. É irmão de Ogum e de Exu. Ele é o rei de Ketu, filho de Oxalá e Iemanjá. É apontado como caçador de elefantes, animal associado à realeza e aos antepassados. Vive na mata, onde moram os espíritos, e está relacionado com as árvores e os antepassados. As abelhas lhe pertencem e representam os espíritos dos antepassados femininos.

Imita os gritos dos animais com perfeição. É o irmão predileto de Ogum, de quem recebeu suas armas de caçador, bem como com quem aprendeu a caçar. Em algumas caracterizações, especialmente no culto de nação, isto é, no Candomblé, veste-se de azul-turquesa ou de azul e vermelho. Usa um elegante chapéu de abas largas, enfeitado de penas de avestruz, nas cores azul e branco. Usa dois chifres de touro na cintura, um arco e uma flecha de metal dourado.

O rum de Oxóssi, ou seja, sua dança ritualística, simula o gesto de atirar flechas para a direita e para a esquerda, conduta típica de um caçador que persegue sua caça, deslizando devagar; às vezes, pula e gira sobre si mesmo. É considerado o rei da floresta e da caça, domina a fauna e a flora, gera progresso e riqueza ao homem; por isso, é considerado símbolo de fartura e abundância de alimentação. Tem estreita relação com Ossanhe, que é a divindade das folhas, a qual sabe todos os encantamentos destas para seu uso medicinal.

Os filhos de Oxóssi são normalmente dotados de qualidades relacionadas com a caça, como concentração, atenção, determinação, para atingir os objetivos e uma boa dose de paciência.

Oxóssi está presente em nossas vidas em todas as refeições, pois é ele o responsável pela provisão do alimento. É responsável também pela lavoura, pela agricultura, permitindo bom plantio e boa colheita para todos.

Segundo Pierre Verger, o culto a Oxóssi é bastante difundido no Brasil, mas praticamente esquecido na África. Isso se deve ao fato de que Oxóssi foi cultuado basicamente no Ketu, onde chegou a receber o título de rei. Essa nação, porém, foi praticamente destruída no século XIX pelas tropas do então rei do Daomé. Os filhos consagrados a Oxóssi foram vendidos como escravos no Brasil, Antilhas e Cuba. Dessa forma, no Brasil, o Orixá tem grande prestígio e força popular, além de um grande número de filhos.

As características de caçador explicam sua aceitação tão ampla no Brasil, pois se identifica com diversos conceitos dos índios brasileiros.

A Oxóssi tem ligação com Oxum, com quem teria mantido um relacionamento, o qual deu origem a Logum Edé, filho de ambos, que tanto vive nas matas a caçar, como nos rios de água doce.

Características de Oxóssi

Cor: verde na Umbanda e azul-claro no Candomblé.

Fios de contas: são da mesma cor.

Ervas: alecrim, guiné, vence-demanda, abre-caminho, peregum (verde), taioba, espinheira-santa, jurema, jureminha, mangueira, desata-nó, erva-de-oxóssi, erva-da-jurema, alfavaca, caiçara e eucalipto.

Símbolo: arco e flecha.

Pontos da Natureza: as matas.

Pedras: esmeralda, amazonita, turquesa, quartzo verde, calcita verde.

Metal: bronze e latão.

Dia da semana: quinta-feira.

Saudação: Okê Arô.

Bebida: vinho tinto, água de coco, caldo de cana e aluá.

Animais: tatu, veado, javali, faisão, dentre outros tipos de caça.

Comidas: axoxô é a comida tradicional, feita com milho com fatias de coco. Também podem ser oferecidas frutas, carne de caça, taioba, feijão-fradinho torrado na panela de barro e papa de coco.
Número: 6.
Data comemorativa e sincretismo: dia 20 janeiro, eis que sincretizado com São Sebastião.
Incompatibilidades: mel, cabeça de animais e ovo.

Oxóssi é o caçador por excelência, mas sua caçada não deve ficar limitada aos animais, é muito mais ampla do que isso, ou seja, também é um caçador de conhecimentos. É o cientista, estrategista e doutrinador, que traz o alimento da fé e o saber aos espíritos fragilizados. Por esse motivo, também é conhecido como caçador de almas.

Características dos Filhos de Oxóssi

Os filhos de Oxóssi são ambientalistas por natureza, dotados de grande noção de preservação da fauna e da flora. Estas fornecem nosso sustento, mas devem ser respeitadas e preservadas para a garantia do sustento das gerações futuras.

Eles são geralmente pessoas joviais, rápidas e espertas, tanto mental como fisicamente. Estão sempre muito atentos, pois são dotados de uma capacidade incrível de concentração e atenção. São obstinados, como Ogum, agem com uma firme determinação para alcançar seus objetivos, mas, diferentemente deste, são dotados de uma marcante paciência para aguardar o momento correto para agir, como faz o caçador, o qual fica aguardando o instante certo para atingir sua caça.

Os filhos de Oxóssi também são reservados, preferem ficar observando a interagir, já que somente agem no momento certo, como o caçador, que não atira uma flecha em vão. Esse espírito aventureiro e caçador pode levar seus filhos a saírem de casa muito cedo, em busca de oportunidades na vida e de sua independência, sendo certo que adoram ficar sozinhos. Nada pior do que um ruído para afastar a caça, alertar os animais da proximidade do caçador. Apresentam forte necessidade de independência e de rompimento de laços.

Os filhos do caçador trazem em seu inconsciente o gosto por ficar calados, a necessidade do silêncio, bem como desenvolvem a observação, tão importantes para seu Orixá. Quando em perseguição a um objetivo, mantêm-se de olhos bem abertos e ouvidos atentos. Diferentemente de Ogum, sua luta é fundada na necessidade de sobrevivência, e não no desejo de expansão e conquista.

Os filhos desse Orixá não são constantemente violentos, mas sua violência é canalizada e represada para o movimento certo, no momento exato, e haja violência quando ocorre essa explosão. São reservados, guardando quase exclusivamente para si seus comentários e sensações, sendo muito discretos quanto ao seu próprio humor e disposição. Não gostam de fazer julgamentos sobre os outros, respeitando como sagrado o espaço individual de cada um.

Os filhos desse Orixá preferem trabalhos e funções que possam ser desempenhados de maneira independente, sem ajuda nem participação de muita gente, não gostando do trabalho em equipe. São extremamente responsáveis, dotados de forte sentido de dever. Afinal, é sobre eles que recai o peso do sustento da tribo.

Podem ser paternais, mas mantêm distância do lar, trazendo as provisões ou trabalhando para que elas possam ser compradas, sem que mantenham muito contato com cada membro da família. Diz-se que é comum os filhos de Oxóssi relutarem em manter casamentos ou relacionamentos emocionais muito estáveis. Eventualmente, quando isso acontece, dão preferência a pessoas igualmente independentes, já que o conceito de casal para ele é o da soma temporária das individualidades que nunca se misturam.

Os filhos desse Orixá são bastante coerentes com as pessoas com as quais lidam, bem como com a realidade material, de modo que são pouco sonhadores, têm os pés ligados a terra. São pessoas ricas em iniciativa e vivem cercados de novas descobertas ou atividades. São generosos, grandes amigos e hospitaleiros, contudo, têm o costume de mudar de residência em busca de novos meios de subsistência, em detrimento, muitas vezes, de uma vida doméstica harmoniosa e calma.

O filho de Oxóssi é um cara normalmente solitário, misterioso, discreto, introvertido, não gosta muito de papear, principalmente se for da sua vida pessoal. Possui extrema sensibilidade, o que se revela em suas qualidades artísticas, na sua criatividade ímpar e no seu gosto depurado. Sua estrutura psíquica é muito emotiva e romântica.

Cozinha Ritualística

Axoxô
É a comida mais comum de Oxóssi. Cozinha-se milho vermelho somente em água e, após esfriar, coloca-se em um alguidar e enfeita-se por cima com fatias de coco (pode-se cozinhar com o milho um pouco de amendoim).

Quibebe
Descasca-se e corta-se um quilo de abóbora em pedaços. Numa panela, faz-se um refogado com duas colheres de manteiga e uma cebola média picadinha, até que esta fique transparente ou levemente corada. Acrescenta-se dois ou três tomates cortados em pedaços miúdos, uma pimenta malagueta socada e a abóbora picada. Põe-se um pouco de água, sal e açúcar. Tampa-se a panela e cozinha-se em fogo lento até que a abóbora esteja bem macia. Ao arrumar na travessa que vai à mesa, amassa-se um pouco.

Pamonha de Milho-verde
Ralam-se 24 espigas de milho-verde não muito fino. Escorre-se o caldo e mistura-se o bagaço com um coco ralado (sem tirar o leite do coco), tempera-se com sal e açúcar. Enrolam-se pequenas porções em palha de milho e amarra-se bem. Cozinha-se em uma panela grande, em água a ferver com sal, até que desprenda um bom cheiro de milho verde.

Lendas de Oxóssi

Como Oxóssi Virou Orixá
Odé era um grande caçador, mas um dia saiu para caçar sem consultar o oráculo nem cumprir os ritos necessários. Caminhando pela floresta, deparou-se com uma serpente, que era Oxumaré, a qual lhe disse que não devia matá-la, mas ele não se importou, matou a cobra,

cortando-a em pedaços, levou-a para casa, onde a cozinhou, comeu e foi dormir.

No outro dia, foi encontrado morto por sua esposa, Oxum. Saindo de seu corpo e indo para a mata havia um rastro de uma cobra. Oxum tanto se lamentou e chorou que Ifá o fez renascer como Orixá, com o nome de Oxóssi.

Orixá da Caça e da Fartura

Odùdùwa (Oduduá), rei de Ifé, realizava, como todo ano, a festa da colheita dos inhames. Naquele ano, a colheita havia sido farta, de modo que todos estavam muito contentes e realizavam uma grande festa, comendo inhame e bebendo vinho de palma em grande fartura. Inesperadamente, um grande pássaro pousou sobre o palácio do rei e passou a entoar gritos malignos e lançar farpas de fogo, buscando destruir tudo e todos. Mais tarde, ficaram sabendo que isso aconteceu pelo fato de não terem oferecido uma parte da colheita às feiticeiras Ìyamì Òsóróngà.

O rei então pediu ajuda a seu povo para que pudessem enfrentar esse pássaro maligno, que a tudo ameaçava destruir. Primeiramente, apresentou-se Osotadotá, o caçador das 50 flechas, em Ilarê, que, arrogante e cheio de si, errou todas as suas investidas, desperdiçando suas 50 flechas. Na sequência, apresentou-se, das terras de Moré, Osotogi, com suas 40 flechas. O guerreiro, que estava bêbado, também desperdiçou todas as suas investidas contra o grande pássaro.

Apresentou-se, ainda, para a grande façanha de matar o pássaro, das distantes terras de Idô, Osotogum, o guardião das 20 flechas. Este, um verdadeiro fanfarrão, apesar da sua grande fama e destreza, atirou em vão 20 flechas contra o pássaro encantado e nada aconteceu.

Por fim, todos já sem esperança resolveram convocar, da cidade de Ireman, Òsotokànsosó, caçador de apenas uma flecha. Sua mãe sabia que as èlèye (Ìyamì) viviam em cólera e nada poderia ser feito para apaziguar sua fúria a não ser uma oferenda, uma vez que três dos melhores caçadores falharam em suas tentativas.

Foi assim que a mãe de Òsotokànsosó foi consultar Ifá, sendo orientada a preparar oferendas com *ekùjébú* (grão muito duro), também um frango òpìpì (frango com as plumas crespas), èkó (massa de milho envolta em folhas de bananeira) e seis *kauris* (búzios). Esses elementos deveriam ser colocados sobre o peito de um pássaro sacrificado, em uma estrada, sendo que durante a oferenda deveria recitar o seguinte: "Que o peito da ave receba esta oferenda".

Assim foi feito, sendo que nesse exato momento seu filho disparava sua única flecha em direção ao pássaro, o qual abriu sua guarda para receber a oferenda realizada pela mãe do caçador, de modo que recebeu, também, a flecha certeira e mortal de Òsotokànsosó.

Todos que ali presenciaram tal façanha, ou seja, a morte do pássaro, começaram a dançar e gritar de alegria: "Oxóssi! Oxóssi!" (caçador do povo). A partir desse dia, todos conheceram o maior guerreiro de todas as terras, ao qual foram atribuídas as honras e o título que carrega até hoje, ou seja, Oxóssi.

Capítulo 17

Xangô

Xangô é um Orixá muito popular no Brasil, divindade da Justiça, sendo que alguns têm a impressão de que seja ele hierarquicamente superior aos demais deuses, porque, miticamente, é um rei, alguém que cuida da administração, do poder e, principalmente, da Justiça, que representa a autoridade constituída no panteão africano.

No norte do Brasil, diversos cultos atendem pelo nome de Xangô. Em Pernambuco e Alagoas, a prática do Candomblé recebeu o nome genérico de Xangô, talvez porque naquelas regiões existissem muitos filhos de Xangô entre os negros trazidos de África. Outrossim, também vamos encontrar o uso impróprio na expressão Xangô de Caboclo, que se refere obviamente ao que chamamos de Candomblés de Caboclo.

Essa impressão de superioridade não resiste a um estudo mais aprofundado, já que cada Orixá é responsável por um campo próprio e representa uma das forças da natureza, sendo todos igualmente indispensáveis e importantes. Xangô é um Orixá pesado, íntegro, indivisível, irremovível. Com tudo isso, fica evidente que um certo autoritarismo faz parte da sua figura e das suas lendas. As decisões tomadas pelo patrono da Justiça são sempre consideradas sábias, ponderadas, hábeis e corretas. É ele quem decide sobre o bem e o mal.

Na África, se uma casa fosse atingida por um raio, seu proprietário deveria pagar altas multas aos sacerdotes de Xangô, pois se considerava que ele incorreu na cólera desse Orixá e foi por ele castigado. Xangô é considerado a divindade dos raios e dos trovões, o que divide apenas com Iansã, sua preferida mulher. Após o incidente envolvendo a casa dessa pessoa, os sacerdotes de Xangô compareciam ao local para revirar os escombros, bem como cavar o solo em busca das pedras de raio, formadas pela queda do trovão, concentradoras do seu axé.

Xangô é um Orixá imparcial, sendo que a queda de um raio na casa de alguém representa a sentença de um processo judicial, em que todos os prós e os contras foram pensados e pesados exaustivamente, de modo que o castigo foi aplicado. O axé de Xangô está concentrado nas formações de rochas, nos terrenos rochosos à flor da terra, nas pedreiras, nos maciços. Suas pedras são inteiras, duras de se quebrar, fixas e inabaláveis, como o próprio Orixá.

É incontestável a figura de Oxalá como patriarca da Umbanda, mas é inegável a semelhança de Xangô com Zeus, o deus principal da rica mitologia grega. O símbolo de Xangô é uma espécie de machado estilizado com duas lâminas, o Oxé, que indica que o poder de Xangô corta em duas direções opostas, representando a Justiça, que corta igualmente em ambos os lados. O Orixá da Justiça nunca poderia olhar apenas para um lado, defender os interesses olhando apenas um ponto de vista.

Em um litígio, seu poder pode voltar-se contra qualquer um dos contendores, inclusive seu filho, se ele estiver errado e sendo injusto, sendo essa a marca de independência e imparcialidade da Justiça por ele aplicada.

Segundo Pierre Verger, seu símbolo se aproxima demais do símbolo de Zeus, encontrado em Creta. Zeus é uma divindade ligada à força e à Justiça, detendo poderes sobre os raios e os trovões, demonstrando nas lendas a seu respeito uma intensa atividade amorosa.

Na cerimônia chamada *Ajerê*, os iniciados de Xangô devem carregar na cabeça uma jarra cheia de furos, dentro da qual queima um fogo vivo, demonstrando por meio dessa prova que o transe não é simulado.

Nanã é, como Orixá, a figura que melhor se entende e predomina sobre os espíritos de seres humanos mortos, eguns, sendo que Xangô é que mais os detesta ou os teme. Há quem diga que, quando a morte se aproxima de um filho de Xangô, o Orixá o abandona, retirando-se de sua cabeça e de sua essência, entregando a cabeça de seus filhos a Obaluaiê sete meses antes da morte destes, tal o grau de aversão que tem por doenças e coisas mortas.

Desse tipo de afirmação discordam diversos babalorixás ligados ao seu culto, mas praticamente todos aceitam como preceito que um filho iniciado com o Orixá na cabeça não deve entrar em cemitérios nem acompanhar enterros.

Tudo o que for relacionado com o Direito pertence a Xangô, ou seja, os estudos, as demandas judiciais, contratos, documentos, etc. Um dos pontos fracos de Xangô é a sensualidade devastadora, bem como o prazer, sendo apontado como uma figura vaidosa e de intensa atividade sexual em muitas lendas e cantigas, além do seu apetite insaciável, especialmente por acarajé.

Xangô teve três esposas, ou seja, Obá, a mais velha e menos amada; Oxum, que era casada com Oxóssi, por quem Xangô se apaixonou e fez que ela o abandonasse; e Iansã, que vivia com Ogum e o deixou para morar com ele.

Xangô é apontado como o terceiro Aláàfin Oyó, filho de Oranian e Torosi, sendo que teria reinado sobre a cidade de Oyó (Nigéria), tendo destronado o próprio meio-irmão, Dada-Ajaká, por meio de um golpe militar.

Segundo a mitologia, Xangô, ao ser vencido por seus inimigos, refugiou-se na floresta, sempre acompanhado da fiel Iansã, onde se enforcaram. Seu corpo desapareceu debaixo da terra, num profundo buraco, do qual saiu uma corrente de ferro, a cadeia das gerações humanas, de modo que ele assim se transformou em Orixá. É apontado como filho de Oxalá, tendo Iemanjá como mãe.

Xangô é o monarca por natureza, chamado pelo termo Obá, que significa rei. Ele é a ideologia, a decisão, a vontade, a iniciativa, a rigidez, a organização, o trabalho, a discussão pela melhora, o progresso social e cultural, a voz do povo, o levante e a vontade de vencer de forma justa, correta e igualitária. É o espírito nobre das pessoas, o chamado "sangue azul", o poder de liderança. Para Xangô, a justiça está acima de tudo e, sem ela, nenhuma conquista vale a pena.

Características de Xangô

Cor: na Umbanda marrom; no Candomblé, vermelho e branco. Seu fio de contas segue essas cores.

Ervas: erva-de-são-joão, erva-de-santa-maria, beti cheiroso, negramina, elevante, cordão-de-frade, jarrinha, erva-de-bicho, erva-tostão, caruru, para-raio, umbaúba e, em algumas casas, xequelê.

Símbolo: machado, que corta dos dois lados.
Pontos da Natureza: as pedreiras.
Flores: cravos vermelhos e brancos.
Pedras: meteorito, pirita, jaspe.
Metal: estanho.
Dia da semana: quarta-feira.
Elemento: fogo.
Saudação: Kaô Kabecile, Opanixé Kaô.
Bebida: cerveja escura.
Animais: tartaruga e carneiro.
Comidas: ajebó, amalá.
Número: 12.
Data comemorativa: 24 de junho.
Sincretismo: São João Batista e São Jerônimo.
Incompatibilidades: caranguejo e doenças.

Xangô é o Orixá da Justiça e seu campo preferencial de atuação é a razão, despertando nos seres o senso de equilíbrio e equidade, já que só conscientizando e despertando para os reais valores da vida a evolução se processa num fluir contínuo.

Características dos Filhos de Xangô

Se um objeto representa um Orixá, é a pedra que melhor representa Xangô e seus filhos. Seus filhos têm, em regra, um físico forte, com uma camada considerável de gordura e uma discreta tendência para a obesidade, que pode se manifestar, menos ou mais claramente, conforme os *Ajuntós*. Contudo, é de se observar que essa tendência é acompanhada certamente por uma estrutura óssea bem desenvolvida e firme como uma rocha. Alguns se apresentam com um tipo atarracado, com tronco forte e largo, ombros bem desenvolvidos e extremamente marcados em oposição à pequena estatura. Até as mulheres, filhas de Xangô, em geral apresentam ombros largos, ossatura desenvolvida, porte decidido e passos pesados, sempre lembrando sua consistência de pedra.

 Os filhos de Xangô costumam ter um comportamento "mulherengo" quando são heterossexuais. São tidos como grandes conquistadores, fortemente atraídos pelo sexo oposto e a conquista sexual assume papel importante em sua vida. São, acima de tudo, muito honestos e sinceros em seus relacionamentos mais duradouros, porque para eles sexo é algo vital, insubstituível, mas o objeto sexual em si não é merecedor de tanta atenção, após satisfeito o desejo.

 Os filhos de Xangô apresentam uma enorme autoestima, uma clara consciência de que são importantes, dignos de respeito e atenção, principalmente, que sua opinião será decisiva sobre quase todos os tópicos, o que os torna um pouco egocêntricos. São inflexíveis e não aceitam o questionamento de suas atitudes pelos outros, especialmente se o assunto já foi objeto de discussão e decisão, o que para eles está encerrado e não se deve rediscutir, aliás, essa é uma palavra que não existe em seus dicionários. Dão a última palavra em tudo, muito embora saibam ouvir.

 Os filhos de Xangô, em razão desse temperamento, não gostam nada de ser contrariados, o que acarreta rompantes de violência. Diz-se à boca pequena que os filhos de Xangô, quando irados, jogam pedras e cospem fogo. Claro que é no sentido figurativo, mas é quase isso. Nesse momento, resolvem tudo de forma demolidora e rápida, mas, feita a lei, retornam a seu comportamento mais usual.

 Em resumo, o arquétipo dos filhos de Xangô está próximo do déspota esclarecido, aquele que tem o poder, exerce-o inflexivelmente, não admite dúvidas em relação a seu direito de detê-lo, mas julga a todos segundo um conceito estrito e sólido de valores claros e pouco discutíveis. São variáveis no humor, mas incapazes de, conscientemente, cometer uma injustiça, fazem escolhas movidos por paixões, interesses ou amizades.

Os filhos de Xangô são extremamente enérgicos, autoritários, gostam de exercer influência sobre as pessoas e dominar a todos, já que são líderes por natureza, justos, honestos e equilibrados, porém quando contrariados, ficam possuídos de ira violenta e incontrolável, conforme apontamos.

Cozinha Ritualística

Caruru
Ferva camarão seco, descasque-o e passe na máquina de moer. Descasque amendoim torrado, alho e cebola, e passe também na máquina de moer. Misture todos esses ingredientes moídos e refogue-os no dendê, até que comecem a dourar. Junte quiabos lavados, secos e cortados em rodelas bem finas. Misture com uma colher de pau, junte um pouco de água e de dendê, em quantidade suficiente para cozinhar o quiabo.

Se precisar, ponha mais água e dendê enquanto cozinha. Prove e tempere com sal a gosto. Mexa o caruru com colher de pau durante todo o tempo que cozinha. Quando o quiabo estiver cozido, junte os camarões frescos cozidos e peixe frito (este em lascas grandes), dê mais uma fervura e sirva, bem quente.

Ajebó
Corte quiabos em rodelas bem fininhas em uma gamela e vá batendo-os como se estivesse ajuntando com as mãos, até que crie uma liga bem homogênea.

Rabada
Cozinhe a rabada com cebola e dendê. Em uma panela separada, faça um refogado de cebola, dendê, separe 12 quiabos e corte o restante em rodelas bem fininhas, junte a rabada cozida. Com o fubá, faça uma polenta e com ela forre uma gamela, coloque o refogado e enfeite com os 12 quiabos, enfiando-os no amalá de cabeça para baixo.

Lenda de Xangô

A Justiça de Xangô

Xangô teve seu exército praticamente exterminado pelo inimigo, que cumpriu as ordens de seus superiores. Tal fato provocou a ira de Xangô, que subiu em uma montanha e, com um movimento rápido, bateu com seu machado em uma pedra, provocando faíscas, que mais pareciam raios. Quanto mais ele batia, mais os raios ganhavam força e mais inimigos eram com eles abatidos. Foram tantos raios que quase todos os inimigos foram vencidos pela força do seu machado, de modo que mais uma vez Xangô saiu vencedor.

Os ministros de Xangô pediram, então, que aqueles que não foram mortos pelos raios e que acabaram ficando prisioneiros fossem sacrificados, exatamente como teria ocorrido com os seus soldados, que haviam sido aprisionados. Xangô não concordou com isso, sentenciando que seu ódio e o dos ministros não poderia ultrapassar os limites da Justiça, já que os aprisionados eram guerreiros que estavam apenas cumprindo ordens, sendo que seus líderes que deveriam pagar.

Xangô, então, ergueu novamente seu machado em direção aos céus, provocando inúmeros raios, os quais foram direcionados contra os líderes, destruindo-os completamente. Em seguida, libertou todos os prisioneiros, os quais, admirados com a Justiça de Xangô, passaram a segui-lo e fazer parte de seus exércitos.

Este Itan mostra o quanto é justo e pode ser piedoso nosso Pai Xangô. Por essa razão, não peça Justiça a Xangô, pois ele a fará, inclusive contra você, se achar que você foi injusto. Deve-se pedir a Xangô que combata as injustiças feitas contra você, meu irmão, minha irmã. Peça *Maleme*, ou seja, a clemência de Xangô, que sabe perdoar os bons de coração.

Capítulo 18

Obaluaiê

Obaluaiê é também conhecido como Omolu, é um Orixá originário do Daomé.[4] Encontramos outras divindades que se confundem com ele, com o nome de Sapatá e Xapanã. É um Orixá sombrio, misterioso, tido pelo povo iorubá como severo e terrível, caso não seja devidamente cultuado. Em que pese essa fama, deve ser reconhecido como pai bondoso e fraternal para aqueles que fazem por merecer, em razão de serem humildes, honestos e leais.

Nanã emprestou o barro para que fossem feitos os seres humanos, sendo que, com o desencarne, o barro deve ser devolvido, razão pela qual os candomblecistas não aceitam a cremação, devendo os corpos dos iniciados ser enterrados, isto é, devolvidos a terra, exatamente como diz o ditado: "da terra vieste e para a terra voltarás".

Já Obaluaiê é um dos Orixás responsáveis pelo encaminhamento dos espíritos dos mortos, sendo que a matéria pertence à Nanã e deve a ela ser devolvida.

Para a maioria dos devotos do Candomblé e da Umbanda, os nomes Omolu e Obaluaiê são praticamente sinônimos, referentes a um mesmo arquétipo e correspondentes a uma mesma divindade. Já para alguns Babalorixás, porém, há de se manter certa distância entre os dois termos, uma vez que representam caminhos diferentes do mesmo Orixá.

Com a mistura de Orixás, ou seja, vários Orixás parecidos acabaram sendo cultuados como apenas um, promovida pela diáspora africana, Obaluaiê é constantemente confundido com o Vodum Sapatá, da Nação Djêje e, especialmente, com o Orixá Omolu. Esse equívoco,

---
4. Reino do Daomé, onde é hoje a República do Benim (África Ocidental).

apontam os estudiosos sobre o tema, ocorre, principalmente, em razão de os dois Orixás terem domínios sobre a cura e as doenças, bem como pelo fato de os dois usarem xaxará.

Outro dado responsável por essa confusão é o fato de Obaluaiê ser chamado de Omo Olú, ou seja, filho da Olú, o que não pode ser confundido com o Orixá Omolu, que recebe esse nome com o significado de "filho do senhor", ou seja, Omo quer dizer filho e Olú significa senhor, justamente porque Omolu é filho do próprio Oxalá.

Em razão da diáspora, foram adicionadas palhas em suas vestimentas, já que houve a mistura de cultos do Vodum Sapatá e do Orixá Omolu, que originalmente usam palhas, diferentemente de Obaluaiê, que em seu culto original não usa.

Obaluaiê é um dos mais temidos Orixás, responsável pelas doenças, mas também pela cura e, consequentemente, pela saúde, considerada como um todo. Assim como sua mãe Nanã, ele tem profunda relação com a morte. Apresenta-se com o rosto e o corpo cobertos pela palha-da-costa, o que é explicado em alguns itans como sendo o instrumento para esconder as marcas da varíola, sendo que, em outras, já curado, elas servem para não cegar as pessoas, que não poderiam olhá-lo de frente, por ser ele o próprio brilho do sol. Seu símbolo é o Xaxará – um feixe de ramos de palmeira enfeitado com búzios.

Para algumas doutrinas, Obaluaiê seria a forma jovem do Orixá, enquanto Omolu é a forma mais velha. Essa distinção se aproxima da que existe entre as formas básicas de Oxalá, ou seja, Oxaguiã, a forma jovem, e Oxalufã, a mais velha. Efetivamente, esse Orixá detém o controle de todas as doenças, especialmente as epidêmicas, sendo que faz parte da essência básica vibratória, ou seja, do seu poder magístico, o poder de causar a doença, como o de possibilitar a cura do mesmo mal.

As indicações bibliográficas que indicam ser esse Orixá ligado à varíola são por demais limitantes, pois ele detém o controle sobre todas as demais doenças, não somente esta. A varíola era apenas a epidemia mais devastadora e perigosa que conheciam os habitantes da comunidade original africana, onde surgiu Omolu ou Obaluaiê, o Daomé. Trata-se, então, só de um dado histórico que deve ser adequadamente analisado.

Obaluaiê é sombrio como Iroco e Oxumaré, seus irmãos, bem como Nanã, sua Mãe. É uma divindade da cultura Jeje, posteriormente assimilada pelos iorubás. É certo que os Orixás do povo iorubá são extrovertidos, de temperamento passional, alegres, humanos e cheios de pequenas falhas, que os identificam com os seres humanos, sendo que as figuras daomeanas estão mais associadas a uma visão religiosa, em que distanciamento entre deuses e seres humanos é bem maior.

A palavra que define isso é que os Voduns (divindades do Jeje) impõem o medo, de modo que devem ser cultuados para que nada de ruim possa acontecer. Já os Orixás (divindades do Ketu) são deuses, amorosos, que se relacionam com os seres humanos, de forma muito próxima, mas são respeitados, queridos e amados pelos seus feitos históricos e por sua atuação efetiva em prol da vida dos seus adeptos.

São visões diferentes, como não podia deixar de ser, pois são nações e cultos distintos, mas que por vezes aparecem misturados, exatamente como é o brasileiro, miscigenado.

Para o povo Jeje, quando há aproximação do Vodum, há de se temer, pois alguma tragédia está para acontecer, pois os "Orixás" (na realidade Voduns) do Daomé são austeros no comportamento mitológico, graves e consequentes em suas ameaças. Enxergam Omolu ou Obaluaiê como o responsável por impor um castigo. Ele castiga com violência e determinação, sendo difícil uma negociação ou um aplacar, o que é mais comum nos Orixás do povo iorubá.

Pierre Verger, nesse sentido, sustenta que a cultura do Daomé é muito mais antiga que a iorubá, o que pode ser sentido em seus mitos. A antiguidade dos cultos de Omolu ou Obaluaiê e Nanã, frequentemente confundidos em certas partes da África, é indicada por um detalhe do ritual dos sacrifícios de animais que lhe são feitos.

Esse ritual é realizado sem o emprego de instrumentos de ferro, indicando que essas duas divindades faziam parte de uma civilização anterior à Idade do Ferro e à chegada de Ogum, até porque Nanã tem quizila com Ogum e, por essa razão, não se podem usar facas feitas de ferro, o que será mais bem esclarecido quando falarmos dessa Orixá feminina.

Vamos esclarecer o sentido da palavra Obaluaiê: Obá quer dizer rei e Àiyé, *aiê* ou *Ayé* é terra, de modo que esse Orixá é o rei da terra, é filho de Nanã, mas foi criado por Iemanjá, que o acolheu quando a mãe o rejeitou, por ser manco, feio e coberto de feridas.

Isso precisa ser mais bem entendido, para que não se tenha uma visão errada sobre o Orixá Nanã. Na época, era costume tribal que quando uma criança nascesse com deficiências ou doenças graves, como era o caso de Obaluaiê, deveria ser abandonada em um rio ou no mar à própria sorte, onde certamente viria a óbito. O que Nanã fez foi exatamente o que recomendava o costume tribal da época, não porque não amasse seu filho.

Obaluaiê é uma divindade da terra dura, seca e quente, seu próprio nome indica isso, conforme já esclarecemos. Muitas vezes nos referimos a ele como "o velho", com todo o prestígio e poder que a idade representa no Candomblé. Esse Orixá representa o próprio Sol, não podendo ser olhado de frente. Seu Xaxará, de palha-da-costa, serve para expulsar a peste, o mal e encaminhar os eguns, já que ele tem o domínio sobre os espíritos dos mortos.

A doença pode indicar necessidade de que o filho se inicie neste Orixá. Não é raro ver pessoas acometidas pela varíola sendo consagradas a Omolu.

Comanda inúmeras legiões de espíritos, que atuam fortemente na cura, os quais, em vida, foram cientistas, médicos, enfermeiros. etc., sendo responsáveis por preparar os desencarnados para uma nova encarnação, bem como auxiliar na cura das nossas doenças, ou seja, auxiliando os encarnados.

O Orixá, senhor da terra e da vida, é também guardião das almas, as quais ainda não se libertaram da matéria. Dessa forma, no momento do desencarne, são eles, os falangeiros de Omolu, bem como o próprio Obaluaiê, que vão ajudar a desatar todos os fios de agregação astral-físico, chamados por alguns de cordão de prata, que ligam o perispírito ao corpo material.

Os falangeiros desse Orixá, dentre outras funções, são diretamente responsáveis pelos locais de pré e pós-morte física, tais como hospitais, cemitérios, necrotérios, etc., justamente em razão dessa característica que tem de auxiliar no encaminhamento dos espíritos.

Características de Obaluaiê

Cor: preto, vermelho e branco.

Fio de Contas: contas e miçangas pretas, vermelhas e brancas leitosas ou apenas pretas e brancas.

Ervas: canela-de-velho, erva-de-bicho, erva-de-passarinho, barba-de-milho, barba-de-velho, cinco-chagas, fortuna, hera, sete-sangrias, quitoco, zínia.

Símbolo: cruz.

Pontos da Natureza: cemitério, grutas, praia.

Flor: monsenhor-branco.

Folhas:

Ewé igbolé: ervão, gervão-roxo, gervão-azul, chá-do-brasil ou verônica.

Ewê réré (Cássia): conhecida como cássia-do-nordeste, cássia-macranta, cássia-macranthera, fedegoso, fedegoso-do-rio, macranthera e habu.

Atorinã: abugueiro.

Ewê lará: conhecido popularmente como mamona, mamoneira, carrapateira, carrapato e rícino.

Ewê odã: erva-silvina ou erva-fetos.

Afon: clitoria ternatea (ervilha azul).

Tamandê: arnica-brasileira, também conhecida como arnica-falsa, arnica-da-serra ou candeia.

Pedras: obsidiana, ônix, olho de gato.

Metal: chumbo.

Dia da semana: segunda-feira.

Elemento: terra.

Saudação: Atôtô (significa: "Silêncio, Respeito").

Bebida: água mineral ou vinho tinto.

Animais: galinha-d'angola, caranguejo, peixes de couro, cachorro.

Comidas: feijão-preto, carne de porco, deburu (pipoca), abadô (amendoim pilado e torrado); latipá (folha de mostarda); e Ibrê (bolo de milho envolvido na folha de bananeira).

Número: 13.
Data comemorativa e sincretismo: 16 de agosto – São Roque; 17 de dezembro – São Lázaro.
Incompatibilidades: sapo e claridade.

Características dos Filhos de Obaluaiê

Os filhos desse Orixá apresentam características semelhantes às de sua dança, já que nela Obaluaiê esconde dos espectadores suas chagas, deixando claro, contudo, o sofrimento que o abate em razão da doença, de modo que aqueles que têm esse Orixá em sua coroa possuem uma forte tendência a ficar reclamando e chamando atenção dos outros para suas doenças e seus problemas pessoais. São efetivamente hipocondríacos.

Pierre Verger define os filhos de Omolu como pessoas incapazes de se sentir satisfeitas quando a vida corre tranquila para elas. Parece indicar que são as pessoas que reclamam de tudo a todo tempo. "Oh, vida! Oh, azar! Oh, doença!", e assim por diante. Alguns fazem questão de chamar atenção para si, expondo seus problemas. Contudo, são pessoas boníssimas, já que, em alguns casos, se sentem capazes de se integrar ao bem-estar dos outros, fazendo completa abstração de seus próprios interesses e necessidades vitais.

No Candomblé, como na Umbanda, tal interpretação pode ser demasiado restritiva. A marca mais forte de Omolu ou Obaluaiê não é a exibição de seu sofrimento, mas o convívio com ele, a superação que isso traz, a possibilidade de enfrentar os problemas, ainda que as circunstâncias sejam todas desfavoráveis.

É preciso cuidado, já que seus filhos possuem uma tendência autopunitiva muito forte, que pode revelar-se como uma grande capacidade de somatização de problemas psicológicos, ou seja, a transformação de traumas emocionais em doenças físicas reais, já que seguem rígidos conceitos morais que os afastam do cotidiano, das outras pessoas em geral e, principalmente, dos prazeres.

Há aqueles que chegam ao ponto de desenvolver uma insatisfação não só contra a vida, mas também contra si mesmos, já que o Orixá em questão foi estigmatizado pela marca da doença, conforme narram inúmeros Itans nesse sentido. Outros podem apresentar-se menos negativistas, mas com um apego ao mundo material de forma exagerada, nutrindo um sentimento de que todos estão contra eles, de que todas as riquezas lhes são negadas, gerando um comportamento obsessivo em torno da necessidade de enriquecer e ascender socialmente, adquirindo mais e mais bens materiais.

Os filhos desse Orixá, muitas vezes, se apaixonam por figuras extrovertidas e sensuais, como as filhas de Iansã, e as envolventes, como as filhas de Oxum, as quais ocupam, naturalmente, o centro do palco, reservando ao cônjuge de Obaluaiê um papel mais discreto. Assim como os filhos de Ossanhe, os filhos de Obaluaiê são normalmente solitários, os quais, embora tenham um grande círculo de amizades, preferem manter um relacionamento superficial com o mundo, apresentando-se como pessoas amargas e melancólicas, guardando sua intimidade para si mesmos.

Eles ocultam sua individualidade com uma máscara de austeridade, mantendo até uma aura de respeito. Em razão da experiência inerente a um Orixá velho, são pessoas irônicas, sendo que seus comentários são secos e diretos, mas muito precisos, já que vão ao ponto sem medo de colocar o dedo na ferida. Ademais, são pessoas humildes, simpáticas e caridosas. Têm considerável resistência, são capazes de esforços prolongados, mas são, por essência, pessimistas, com tendências autodestrutivas que prejudicam sua vida.

Seguem objetivos determinados, de forma combativa e obstinada, mas quando são desiludidos reprimem suas ambições, adotando uma vida de humildade, de pobreza voluntária, quase de mortificação. São lentos, firmes como uma rocha, como é o Orixá, que é um dos mais velhos no panteão, faltando-lhes espontaneidade e capacidade de adaptação, de modo que não aceitam, facilmente, mudanças.

Cozinha Ritualística

Feijão-preto
Cozinha-se o feijão-preto só em água e depois refoga-se com cebola ralada, camarão seco e azeite de dendê.

Olubajé
(*Olu* – aquele que, *ba* – aceita, *jé* – comer; ou ainda aquele que come). O Olubajé não é uma comida específica, mas, sim, um banquete oferecido a Obaluaiê. São oferecidos pratos de aberém, ou seja, milho cozido enrolado em folha de bananeira, carne de bode e pipocas. Seus "filhos" devidamente "incorporados" e paramentados oferecem tais comidas aos convidados e aos assistentes desta festa.

É uma oferenda coletiva para os Orixás da Terra e suas ligações, ou seja, Omolu ou Obaluaiê, Nanã e Oxumaré. Trata-se de uma cerimônia aguardada durante todo o ano com muito entusiasmo, pois é nesta oferenda que os iniciados ou simpatizantes vão agradecer por mais um ano livres de doenças, e pedir por mais um período de saúde, paz e prosperidade.

A celebração oferece aos participantes um vasto cardápio de "comidas de santo", e, após todos comerem, participam de uma limpeza espiritual, que evoca a proteção dessas divindades. É uma das cerimônias mais importantes do Candomblé, e relembra a lenda da festa que ocorria na terra de Obaluaiê, com todos os Orixás, na qual ele não podia entrar, conforme o Itan que se menciona a seguir.

Lendas de Obaluaiê

As Feridas de Obaluaiê São Transformadas em Pipoca
Obaluaiê retornou à aldeia onde nascera, onde acontecia uma festa com a presença de todos os Orixás. Ele não podia entrar na festa, em razão de sua aparência, de modo que ficou espreitando pelas frestas do terreiro. Ogum, ao perceber a angústia do Orixá, cobriu-o com uma roupa de palha, com um capuz que ocultava seu rosto doente, bem como o convidou a entrar e aproveitar a alegria dos festejos. Em que pese estar envergonhado, Obaluaiê entrou, sendo que ninguém se aproximava dele,

mas Iansã, como não poderia ser diferente, tudo acompanhava com o rabo do olho.

Ela entendia a triste situação de Obaluaiê e tinha pena dele, de modo que esperou que ele estivesse bem no centro do barracão para chegar perto do convidado e soprar suas roupas de palha com seu vento. Neste momento de encanto e ventania, as feridas de Obaluaiê pularam para o alto, transformadas em uma chuva de pipocas, que se espalharam pelo barracão. Obaluaiê, o Deus das doenças, transformou-se em um jovem belo e encantador.

Obaluaiê e Iansã Igbalé tornaram-se grandes amigos e reinaram juntos sobre o mundo dos espíritos dos mortos, partilhando o poder único de abrir e interromper as demandas dos mortos sobre os homens.

Xapanã, Rei de Nupê

Xapanã é Orixá originário de Tapa, território dos Nupês, o qual levava seus guerreiros para uma expedição aos quatro cantos da Terra. Dizem que se uma pessoa fosse ferida por suas flechas ficaria cega, surda ou manca.

Xapanã chegou ao território de Mahi, no norte de Daomé, com sua tropa, matando e dizimando todos os seus inimigos, bem como tudo o que encontrava à sua frente, motivo pelo qual os mahis foram consultar um Babalaô e este lhes ensinou o que fazer para aplacar a ira de Xapanã: deveriam tratá-lo com pipocas, pois isso iria tranquilizá-lo, o que, de fato, aconteceu. Ele, então, tornou-se amável.

Xapanã ficou tão contente com o agrado que lhe foi feito, bem como com a oferenda realizada, que mandou construir um palácio onde foi viver e não mais voltou para o território dos Nupês. Foi assim que Mahi prosperou e tudo se acalmou.

As Duas Mães de Obaluaiê

Obaluaiê é filho de Oxalá e Nanã, conforme contam alguns Itans, o qual nasceu com chagas, uma doença de pele que fedia e causava medo aos outros. Acabou sendo abandonado por Nanã, na beira do mar, a qual morria de medo da varíola, doença que havia matado muitas pessoas.

Iemanjá, passeando pelas areias, encontrou um cesto contendo uma criança, que estava quase morta, pois seu corpo estava sendo comido pelos caranguejos. Por essa razão, os iniciados no Candomblé não comem o caranguejo, em especial os filhos de Obaluaiê. Esse animal foi amaldiçoado, de modo que não andaria para a frente, apenas de lado.

Iemanjá reconheceu Obaluaiê como sendo filho de Nanã, pegou-o em seus braços e o criou como se fosse seu filho. O tempo passou e a criança cresceu, tornou-se um forte guerreiro, feiticeiro e caçador. Passou a se cobrir com palha-da-costa, não para esconder as chagas com as quais nasceu, mas, sim, porque seu corpo brilhava como a luz do sol.

Certo dia, Iemanjá apresentou seu filho Xapanã a Nanã, dizendo:

– Xapanã, meu filho, receba Nanã, sua mãe de sangue. Nanã, este é Xapanã, o nosso filho.

E assim Nanã foi perdoada por Omolu e este passou a conviver com suas duas mães.

Capítulo 19

Oxumaré

Oxumaré é o filho mais novo e também o preferido de Nanã, irmão de Omolu. Apontam os Itans que seria uma divindade muito antiga, tendo participado da criação do mundo, enrolando-se ao redor da terra, de modo a reunir a matéria e dar forma ao nosso planeta.

É irmão de Ossanhe, Ewá e Obaluaiê (Omolu), sendo que todos têm laços estreitos com os mistérios que envolvem a morte e o renascimento, conhecidos como a "família da palha". Seu símbolo é a grande cobra que morde a própria cauda, representando a continuidade do movimento e do ciclo vital, bem como o símbolo do infinito. Em razão disso, no Candomblé não se mata cobra, a qual pertence a Oxumaré, o que em essência é o movimento, a fertilidade, a continuidade da vida.

O arco-íris é outro símbolo de Oxumaré, o qual representa a comunicação entre o céu e a terra, tarefa que desempenha essa divindade. Ele é o responsável por levar a água dos mares e dos rios para o céu, a qual retorna em forma de chuva, em um movimento interminável, que se repete, exatamente como o infinito e a cobra mordendo sua cauda.

A existência do arco-íris é a prova cabal de que a água está sendo levada para os céus em forma de vapor, onde se aglutinará em forma de nuvem, passará por nova transformação química, recuperando o estado líquido e voltará a terra sob essa forma, recomeçando tudo de novo: a evaporação da água, novas nuvens, novas chuvas, etc.

Tem a função de garantir a comunicação com o mundo sobrenatural, em especial os antepassados, como os homens, razão pela qual é associado ao cordão umbilical. O cordão umbilical do recém-nascido, que tem como Oxumaré seu Orixá principal, é enterrado geralmente com a placenta, aos pés de uma palmeira, a qual se torna propriedade de seu filho, cuja saúde dependerá da boa conservação dessa árvore.

Oxumaré é uma divindade muito cultuada no Brasil, mas há casas de Umbanda que não a cultuam, bem como existem muitas confusões a respeito desse Orixá, principalmente nos sincretismos e nos cultos mais afastados do Candomblé tradicional africano.

O próprio nome já gera confusão, eis que se aproxima, foneticamente, do Orixá feminino Oxum, a senhora da água doce, mas que nada tem a ver com ela. Alguns doutrinadores da Umbanda costumam dizer que Oxumaré seria uma das diferentes formas de Oxum, mas isso não encontra qualquer sustentáculo ou fundamento no Candomblé tradicional. São divindades completamente distintas nos quesitos de culto e origem. O único Orixá feminino que se aproxima de Oxumaré é Ewá, considerada sua irmã gêmea, que tem os mesmos domínios que ele.

Oxumaré tem o poder de impedir que a terra se desagregue, enrolando-se em volta dela, é o responsável por reger a multiplicidade da vida, o transcurso de múltiplos e variados destinos. Esse Orixá representa a riqueza e a fortuna, um dos benefícios mais apreciados no mundo dos iorubás. Em alguns pontos, confunde-se com o Vodum Dan da região dos mahi, principal Orixá da nação Jeje.

É fato que tanto na África como no Brasil foi imposta à população negra uma ruptura com sua cultura originária. Os colonizadores do nosso país agiam com repressão física, mas não só isso, de modo que alguns doutrinadores sustentam que o sincretismo teria sido uma forma de impor, também, essa quebra cultural. É claro que o sincretismo encontrou um entrave muito grande em se tratando da divindade Oxumaré e da cobra que o representa, já que é um animal peçonhento, perigoso e pecador, de acordo com a mitologia católica.

Esse Orixá é a divindade da tese e da antítese, sendo que seus domínios se estendem a todos os movimentos regulares, que não podem parar, como a alternância entre chuva e bom tempo, dia e noite, positivo e negativo. Alguns afirmam que teria um caráter bastante agressivo e violento, o que levaria a morder a própria cauda, o que geraria um movimento interminável, já que enquanto não largar o próprio rabo, não parará de girar, sem controle. Esse movimento representa a rotação da Terra e a translação em torno do Sol, sempre repetitivo.

Mas não é só. Aí podemos incluir todo e qualquer movimento, o dos planetas e astros do universo, regulados pela força da gravidade ou pela sua ausência, bem como pelos princípios que fazem com que estes pareçam imutáveis, eternos, ou pelo menos muito duradouros, em comparação com o tempo de vida médio da criatura humana sobre a Terra.

Vejam que se a ação de Oxumaré parasse de uma vez, o universo simplesmente deixaria de existir, entraria em colapso, sendo substituído imediatamente pelo caos. Em razão disso, sustenta-se no Candomblé que se deve cuidar muito bem desse Orixá para que ele não perca suas forças, vindo a acarretar o fim do mundo.

Enquanto o arco-íris traz a boa notícia do fim da tempestade, da volta do sol, da possibilidade de movimentação livre e confortável, a cobra é particularmente perigosa para uma civilização das selvas, já que ela está em seu hábitat característico.

Pierre Verger acrescenta que Oxumaré está associado ao misterioso, a tudo que implica o conceito de determinação além dos poderes dos homens, do destino, enfim: é o senhor de tudo o que é alongado.

Características de Oxumaré

Cor: na nação Jeje, suas cores são amarelo e preto de miçangas rajadas. Já no Candomblé Ketu, suas cores são o verde e amarelo intercalados. Porém, essas cores definem apenas o fio de contas, pois todas as cores do arco-íris lhe pertencem.

Ervas: as mesmas de Oxum.
Símbolos: cobra e arco-íris.
Pontos da Natureza: próximo da queda da cachoeira.
Flores: amarelas.
Pedras: ágata, topázio, esmeralda e diamante.
Metal: latão, ouro e prata mesclados.
Dia da semana: terça-feira.
Elemento: água.
Saudação: Arroboboi!
Bebida: água mineral.
Animal: cobra.
Comida: batata-doce em formato de cobra, bertalha com ovos.

Número: 14.
Data comemorativa: 24 de agosto.
Sincretismo: São Bartolomeu.
Incompatibilidades: sal e água salgada.

Atribuições

Oxumaré rege a renovação contínua, em todos os aspectos e em todos os sentidos da vida de um ser. Sustentam alguns que onde o amor cede lugar à paixão ou é substituído pelo ciúme, cessa a irradiação de Oxum e inicia-se a irradiação de Oxumaré, que é diluidora tanto da paixão como do ciúme.

Características dos Filhos de Oxumaré

Os filhos de Oxumaré, conforme contam os Itans, em sua maioria, no início da vida, passam por muitas dificuldades, quase miseráveis, porém, mais tarde, dão a grande volta em seu caminho, tornando-se ricos, poderosos e, muitas vezes, orgulhosos.

Contudo, isso é fato, nunca se negam a ajudar quando alguém realmente precisa deles. Não é raro ver um filho de Oxumaré, literalmente, tirar sua própria camisa para auxiliar quem precisa dele. Nessa fase, estão no arco-íris, a fase mais doce e sincera que possuem.

Os filhos desse Orixá, estando calmos, são pessoas tranquilas para conviver, mas se são tomados pela raiva, representam, nesse estado, o lado negativo e mais perigoso da serpente, a falsidade e a perversidade. A vida apresenta constantes mudanças, de amigos, de romances, de cidades, de casas, etc. Eles apreciam as mudanças e, não raros, as fazem de forma radical.

Lendas de Oxumaré

Como Oxumaré se Tornou Rico

Oxumaré exercia as funções de Babalaô da corte de um rei muito rico e poderoso, o qual, contudo, não o remunerava adequadamente, de modo que vivia na pobreza. Inconformado com isso, Oxumaré foi consultar Ifá, para saber como poderia ganhar mais dinheiro e deixar a miséria em que vivia. Então, lhe foi recomendado que fizesse uma oferenda e ficaria rico.

Oxumaré não pestanejou, preparou tudo conforme lhe foi recomendado. Assim que começou o ritual, foi chamado ao palácio. Como não atendeu, pois não poderia interromper aquilo que havia iniciado, o rei, então, suspendeu seus salários.

Acreditava que iria morrer de fome, tamanha a miséria em que se encontrava, já que nada mais recebia do rei. Entretanto, foi surpreendido quando a rainha do reino vizinho o chamou para tratar de seu filho doente e, como Oxumaré o salvou, a rainha pagou-lhe muito bem. Com medo de perder o adivinho, o rei lhe deu ainda mais riquezas, e assim se cumpriu a promessa de Ifá.

Orixá do Arco-íris

Conta um Itan que Xangô viu Oxumaré passar, usando seu traje colorido e reluzente pelo brilho do seu ouro. Xangô sabia que Oxumaré não deixava ninguém se aproximar dele, razão pela qual preparou então uma armadilha para capturá-lo. Convocou Oxumaré para uma audiência em seu palácio, e assim que este entrou na sala do trono, os soldados o chamaram para a presença de Xangô e fecharam todas as janelas e portas, aprisionando-o no local.

Oxumaré ficou apavorado, pois não tinha como fugir, já que todas as portas e janelas estavam trancadas pelo lado de fora. Xangô tentava tomar Oxumaré em seus braços, mas ele escapava; vendo que não conseguiria se livrar, suplicou a Olorum, que o atendeu.

Xangô imobilizou Oxumaré e este se transformou em uma cobra, a qual foi imediatamente largada por Xangô, que ficou com nojo e medo. O réptil rastejou até uma fresta entre a porta e o chão e dali saiu, escapando de Xangô.

Assim que Oxumaré e Xangô se transformaram em Orixás, o primeiro ficou responsável por levar água da terra para o palácio do segundo no Orum, mas Xangô foi expressamente proibido de se aproximar de Oxumaré.

Oxumaré Serve a Oxum e Xangô

Xangô e Oxum resolveram viver juntos, só que algo dificultava essa convivência, já que a casa de Oxum era o rio e a de Xangô ficava acima das nuvens. Para resolver eventual problema de comunicação entre os dois, falaram com Oxumaré, que aceitou servir como mensageiro entre eles.

Conforme combinado metade do ano, por meio do arco-íris, Oxumaré levaria as águas de Oxum para o Orum, de modo que não chovesse e a terra ficaria seca. Nos seis meses em que fosse cobra, deixaria esse serviço, de modo que Xangô desceria até Oxum, o que justifica a ocorrência dos temporais e da estação das chuvas.

Capítulo 20

Logum Edé

Logum Edé é filho de Oxóssi e Oxum. Também é chamado de Logunedé, resultante da aglutinação dos dois termos, *Logum* e *Edé*. A tradução de seu nome quer dizer "senhor guerreiro de Edé". A mãe desta divindade, sem dúvida, é Oxum, mas há uma certa confusão no que concerne à sua paternidade, que é atribuída a Oxóssi Ibualamo, Ogum e até mesmo Obatalá.

É fácil entender esses equívocos, na medida em que se tem conhecimento de que Erinlé ou Inlé, que é seu verdadeiro pai, também ostenta o título de Ibualamo, que significa "água profunda", pois essa divindade reside no fundo do Rio Erinlé, que é afluente do Rio Osun, na Nigéria. Também se aponta para o fato de Logum Edé ter forte ligação com Ogum e Obatalá, com quem conviveu, após ser abandonado e resgatado por Oyá, tenha contribuído para essa confusão.

Não é correto afirmar que Logum Edé seria um ser andrógino ou hermafrodita, ou seja, metade homem e metade mulher, metade Oxum e metade Erinlé ou, ainda, que seis meses seria homem e seis meses seria mulher. Conforme os Itans, ele vivia seis meses na mata com Erinlé e seis meses no rio com Oxum, de modo que aprendeu a caçar e pescar, bem como os atributos de seu pai e de sua mãe.

Logum Edé é um Orixá masculino, não carrega os axés de Oxum e Erinlé. Ele carrega apenas seu próprio axé, resultante da fusão dos axés de seu pai e de sua mãe. Veja que você não é metade seu pai e metade sua mãe. Na condição de filho de seus pais, carrega características dos dois, que o identificam com eles, mas você é um ser único e independente de ambos.

Muitos dos filhos desse Orixá que são homossexuais utilizam essas histórias para tentarem justificar sua condição sexual. Logum Edé, assim como todos os outros Orixás, não interfere na condição sexual de seu filho.

Ser ou não homossexual – e não há nenhum preconceito a respeito – é condição da pessoa humana, ela nasce com essa característica, não se torna homossexual, de modo que o Orixá não tem qualquer interferência na orientação sexual de seus filhos. Falo isso porque conheço Zeladores de Logum Edé que são heterossexuais, casados e têm filhos.

O culto a Logum Edé tem seus templos originais localizados em Ibadan e Ilesa. Esse Orixá é apontado como um corajoso e poderoso caçador, com coragem relacionada à de um leopardo. Seu culto é ligado ao de Oxum, tratando-se de um Orixá de extremo bom gosto. Os objetos relacionados a essa divindade devem permanecer junto aos assentamentos de Oxum e, sempre quando agradados, devemos agradar a sua mãe.

É um Orixá muito vaidoso, um verdadeiro príncipe, um "Lord", sendo considerado o mais elegante de todos os Orixás. Como todos os caçadores, é o regente da caça, pesca, e via de consequência do progresso e da fartura. É considerado um Orixá que tem como elemento a água, podendo ser cultuado no rio, sendo conhecido por morar dentro dele ou na sua beira, assim como seus pais, que eram os próprios rios Osun e Erinlé.

Existem muitas histórias que apontam que Logum Edé teria passado a viver com Oyá quando criança. Oxum teria escondido a gravidez e abandonado Logum Edé na mata quando ele nasceu, já que nessa ocasião morava com Xangô, o qual não admitia que, em seu palácio, habitasse outro homem, nem mesmo que fosse uma criança. Abandonado, teria sido socorrido por Oyá, que, ao ouvir o choro do infante Orixá, o acolheu. Outra versão aponta que Logum Edé teria fugido do palácio de Xangô e foi encontrado por Oyá, que se apaixonou pela criança e levou-a para viver consigo, já que Oxum não lhe dava muita importância e atenção.

Outro Itan aponta que Logum Edé teria entrado no Rio Obá, sendo que esse Orixá tinha desavenças com Oxum, pois esta fez com que Obá cortasse a própria orelha para servi-la a Xangô, razão pela qual tentou matar o infante Orixá afogado. Em virtude disso, Oxum teria suplicado a Olodumarê para que seu filho fosse resgatado, tendo sido atendida, mas pelo descuido a criança foi deixada aos cuidados de Oyá.

De uma forma ou de outra, é inegável e comum a todos os mitos que Logum Edé foi criado por Oyá, que o amou como um filho. Em função disso, afirma-se que Logum Edé tem duas mães, ou seja, Oyá e Oxum, tendo forte ligação com esses dois Orixás femininos.

Logum Edé é conhecido como um Orixá feiticeiro, conhecedor das altas e variadas magias, aprendidas com Obatalá, com quem conviveu bastante tempo, tendo forte laço com esse Orixá, o qual é o único que consegue apaziguar sua ira. Afirmam os estudiosos do assunto que essa amizade teria ocorrido, provavelmente, após Oyá também o abandonar para viver com Xangô. Por essa razão, dizem que Logum Edé "não se dá" com Xangô, já que ele teria lhe tirado suas duas mães.

De seu pai, Erinlé, Longum Eedé herdou o dom da caça, pois Erinlé é da família dos Odés, ou seja, caçadores, bem como seus símbolos são o Ofá, ou seja, o arco e flecha, a lança e o oguê, este último feito de chifre de búfalo ou de boi. Logum Edé tem as características de seu pai, de modo que é um Orixá guerreiro e caçador, que se utiliza da estratégia como sua melhor arma, de forma que só entra num duelo para ganhar. Em virtude disso, é temido pelos inimigos por causa de sua bravura, inteligência e coragem.

Foi Iansã quem atribuiu a ele o título de príncipe dos Orixás, ao qual faz jus, com seu charme e delicadeza encantadores. É amigo íntimo de Ewá: seriam eles os Orixás que se complementam, considerados o par perfeito.

Tem o domínio das matas e das águas doces, já que passa seis meses na água, com sua mãe, e os outros seis meses no mato, caçando e pescando com seu pai. Logum Edé tem seu ponto de força no encontro entre os rios e as florestas, nas barrancas, nas beiras de rios, no vapor fino sobre as lagoas, que se espalha nos dias quentes pelas florestas. Ele representa o encontro de naturezas distintas sem que ambas percam suas características.

Seu próprio domínio está situado nas margens de rios, córregos e cursos d'água em geral, desde que tenham vegetação, ou seja, o encontro dos dois reinados. Na verdade, esse Orixá tem livre acesso aos dois reinados, sendo conhecedor do mistério de ambos, de modo que tem facilidade para adaptação aos mais diversos ambientes, agindo e comportando-se de diferentes formas, dependendo da circunstância.

Logo, esse Orixá é muito respeitado, amado príncipe das matas e dos rios, bem como de tudo que alimenta os homens, como as plantas, os peixes e outros animais, sendo considerado então o dono da riqueza e da beleza masculina.

Logum Edé nunca se casou em razão de seu caráter infantil, sendo que sua companhia predileta é Ewá, que também vive, como ele, solitária e no limite de dois mundos diferentes. Esse Orixá é igualmente responsável pela fertilização das terras, assim como sua mãe, por meio da irrigação, contribuindo, assim, com a agricultura.

Ele possui muita riqueza e sabedoria, não admitindo a imperfeição em suas oferendas e rituais. É um Orixá de aparência doce e calma, mas, quando contrariado, torna-se muito enfurecido, exatamente como o pai. Logum Edé é muito generoso, de modo que se importa com o sofrimento dos outros, distribuindo riquezas e caças para os que não têm.

Características de Logum Edé

Cor: azul-celeste com amarelo.
Fio de Contas: contas e miçangas de cristal azul-celeste e amarelo.
Ervas: as mesmas de Oxum e Oxóssi.
Símbolo: Abebê e Ofá.
Pontos da Natureza: margens dos rios que ficam na mata.
Flores: as mesmas de Oxum e Oxóssi.
Pedras: turquesa e topázio.
Metal: latão e ouro.
Dias da semana: quinta-feira e sábado.
Elementos: água e terra.
Saudação: Lossi Lossi Logum Edé.
Bebidas: as mesmas de Oxum e Oxóssi.

Animal: cavalo-marinho.
Data comemorativa: 19 de abril.
Sincretismo: Santo Expedito.
Incompatibilidades: cor vermelha ou marrom, cabeça de bicho e abacaxi.

Lendas de Logum Edé

Logum Edé é Salvo das Águas

Oxum havia proibido o Orixá infante Logum Edé de brincar nas águas dos rios, as quais eram traiçoeiras para uma criança de sua idade. Contudo, Logum Edé era curioso e vaidoso, exatamente como seus pais, e desobedeceu ao que sua mãe lhe havia determinado, nadando rio adentro, para bem longe da margem, no rio Obá.

Obá, ao visualizar o infante, com o intuito de vingar-se de Oxum, com quem mantinha antigas querelas, começou a afogar Logum Edé. Oxum clamou a Olodumarê que não deixasse seu filho morrer, no que foi atendida.

Em razão disso, a Oxum foi atribuída a missão de proteger os pescadores e todos que vivessem das águas doces. Há Itans que, diferentemente desta versão, apontam que Iansã teria sido a responsável por salvar Logum Edé da água e acabou por criá-lo, na companhia de Ogum.

Logum Edé: o Orixá da Magia e da Boa Sorte

Oxóssi, o grande caçador, estava caminhando pela mata, na companhia de Oxum, dona da beleza, da riqueza e portadora dos segredos da maternidade, quando avistaram um menino que estava perdido e chorando, o qual foi imediatamente amparado e acolhido por Oxum. Desde então, Oxum e Oxóssi cuidaram e protegeram o menino como se fosse filho deles, já que não encontraram os responsáveis pela criança.

Oxóssi o vestiu com roupas de caça e ornamentou-o com pele de animais, proveniente de suas caçadas. Ensinou-lhe a arte da caça, como manejar e empunhar o arco e a flecha, os princípios da fraternidade para com as pessoas, a magia do plantio e da colheita, a ter paciência, a arte e a leveza, a astúcia e a destreza de um verdadeiro caçador.

Oxum, por sua vez, ensinou ao infante Orixá o dom da beleza, da elegância, da vaidade, a arte da feitiçaria, o poder da sedução, bem como a viver e sobreviver sobre o mundo das águas doces, seus segredos e mistérios. Recebeu o nome de Logum Edé, o príncipe das matas e o caçador sobre as águas.

Aprendeu a ser justo e bondoso, herdando a riqueza de Oxum e a fartura de Oxóssi, adquirindo princípios de um e de outro, tornando-se herdeiro, até os dias de hoje, de tudo que seu pai Oxóssi carrega e sua mãe Oxum tem.

Logum Edé Ganha Domínio dado por Olorum
No início dos tempos, cada elemento da natureza pertencia a um determinado Orixá, que guardava os segredos sobre ele como um tesouro. Oxum e Oxóssi constantemente discutiam sobre os limites de seus respectivos reinados, os quais eram muito próximos, chegando a se tocar, como se observa o que ocorre em relação ao leito dos rios e às matas.

Oxóssi ficava irritado quando o volume das águas aumentava, sendo que os rios transbordavam da sua margem para inundar e invadir a floresta. Oxum, em resposta a esse reclamo, dizia que a água era necessária para a irrigação e a fertilização da terra, sem a qual as matas não sobreviveriam, missão esta que havia recebido de Olorum.

Oxóssi não aceitava as justificativas e retrucava dizendo que sua caça iria desaparecer com a inundação. Olorum decidiu então pôr fim a essa querela, separando bruscamente esses reinados, para tentar apaziguar esses Orixás. Com o feito, a floresta de Oxóssi passou a sentir os efeitos da ausência das águas e a vegetação começou a secar, pois a terra deixou de ser fértil. Os animais não encontravam mais comida, nem água para beber. A mata começou a morrer e a caça a se tornar escassa.

Oxóssi, contudo, não se abateu, isto é, não cedeu e jamais admitiria que Oxum estava certa. Oxum, por sua vez, sentia-se muito só, pois não tinha mais a companhia das plantas e dos animais da floresta, mas também não dava o braço a torcer, pois podia contar com a companhia de seus filhos peixes.

Oxóssi andou pelas matas e não encontrou o que caçar, viu que elas estavam morrendo, de modo que foi consultar Olorum e pedir ajuda para salvar seu reinado, que estava definhando. Ele disse a Oxóssi que isso estava ocorrendo por conta da falta de água e nada poderia fazer, pois a separação dos dois reinados foi necessária para que a querela se findasse.

A única salvação era a reconciliação. Oxóssi, então, colocou seu orgulho de lado e foi procurar Oxum, propondo-lhe uma trégua. Como de costume, ela não aceitou a proposta de imediato, queria que Oxóssi pedisse desculpas, bem como reconhecesse suas qualidades.

Oxóssi compreendeu que os dois reinos não podiam viver separados, unindo-se novamente, com a permissão de Olorum. Dessa união nasceu o Orixá Logum Edé, o qual tinha a missão de abrandar os ímpetos de seus pais.

Logum Edé sempre ficou entre os dois, fixando-se nas margens das águas, onde havia uma vegetação abundante. A intervenção desse Orixá é importante para evitar as cheias, bem como a estiagem prolongada, tornando-o responsável por manter o equilíbrio da natureza, entre as águas e as matas.

Conta outro Itan que as terras e as águas estavam no mesmo nível, não havendo limites definidos, de modo que Logum Edé transitava livremente por esses dois domínios, embora tropeçasse ao passar de um reinado para o outro, o que o deixava irritado.

Certo dia, após ter ficado seis meses vivendo na água, pretendeu fazer a transição para o reinado de seu pai, mas não conseguiu, pois a terra estava muito escorregadia. Em razão disso, dirigiu-se ao fundo do rio, onde passou a cavar freneticamente, com a intenção de suavizar a passagem da água para a terra. Tanto cavou que acabou por ferir as mãos, os pés e a cabeça. Logum Edé, então, resolveu criar as margens dos rios e córregos, onde passou a dominar. Por esse motivo, suas oferendas são bem aceitas nesse local.

Outro Itan destaca o amor de Oxóssi por seu filho. Certo dia, Oxóssi estava caçando nas matas e avistou um pássaro em cima de uma árvore, mirou e atirou sua flecha. Oxóssi acertou o pássaro, como não podia ser diferente, contudo, atingiu também a colmeia de abelhas, onde ele estava pousado.

Logum Edé, que se encontrava embaixo dessa árvore, foi atingido e atacado pelas abelhas enfurecidas. Oxóssi, vendo seu filho todo picado, aos prantos passou a pedir ajuda, sendo que o infante Orixá estava à beira da morte, quando surgiu Omolu, o qual prontamente atendeu a suas súplicas. Em razão disso, Oxóssi disse que a partir daquele dia nunca mais comeria mel e que, por gratidão, dividiria toda a sua caça com Omolu, em forma de respeito e carinho.

Por esse motivo, o mel é quizila de Oxóssi. E em suas comidas usam-se melaço, melado ou açúcar cristal, dependendo da doutrina de cada casa.

Capítulo 21

Ossanhe, Osayin ou Ossain

Osanyin, Ossaniyn, Ossain, Ossanhe ou Ossanha são várias denominações para o mesmo Orixá. A importância desse Orixá é inegável, eis que é o detentor da magia e do poder das plantas e das folhas, imprescindíveis nos rituais e obrigações feitas tanto no Candomblé quanto na Umbanda, muito embora não seja muito cultuado nesta última.

No Candomblé Jeje, é equivalente ao Vodum chamado de Agué, da caça e das florestas, o qual conhece todos os segredos das folhas. No Candomblé bantu, em Angola, é equivalente ao Nkisi Katendê, senhor das insabas (folhas). Ossanhe, Oxumaré, Obaluaiê e Ewá são filhos de Nanã com Oxalá.

A ferramenta dessa divindade, chamada de Opere ou Avivi, é composta por uma haste central com um pássaro na ponta, sendo que do meio dessa haste saem sete pontas. As folhas têm grande poder de cura, da medicina natural, de modo que esse poder pertence a esse Orixá, que guarda na sua floresta a magia da cura para todas as doenças do corpo e do espírito.

Essa divindade é um Orixá masculino, do ar livre, que governa toda a floresta, juntamente a Oxóssi. Ossanhe é considerado o dono do mistério das folhas, do seu emprego medicinal e de sua utilização mágica, não dividindo esse poder com nenhum outro Orixá, em que pese cada um tem sua folha respectiva. É dono da força, do poder, do axé, do fundamento, da vitalidade das folhas e das ervas, sendo que todos os Orixás a ele devem se socorrer para encantar as ervas, que sem encanto pouco ou quase nada podem representar.

É o Orixá do contato íntimo e misterioso com a natureza. Para o Candomblé tradicional, não são consideradas adequadas as folhas cultivadas em jardins ou estufas, havendo preferência pelas plantas selvagens, que crescem livremente, sem a intervenção do homem.

As matas, que fazem parte das roças de Candomblé, consagradas a Ossanhe, não são jardins cultivados de forma tradicional, mas, sim, locais onde as plantas crescem de maneira natural e selvagem, nos quais só os sacerdotes (mão de Ofá) podem entrar. Ossanhe é figura de extrema importância, pois praticamente todos os rituais utilizam, de modo direto ou indireto, o sangue escuro que vem dos vegetais em forma de folhas, infusões, para uso externo, ou mesmo na forma de bebida ritualística.

Antes de os Zeladores de Santo ingressarem no reino de Ossanhe para fazer as colheitas das ervas sagradas para os banhos e as defumações devem pedir permissão para a colheita das ervas, pois, caso contrário, elas não estarão revestidas de axés e magias necessários para a finalidade que serão empregadas.

Costuma-se deixar, junto à planta cortada, uma oferenda de algumas moedinhas e um pedaço de fumo de corda com mel, apreciados por esse Orixá, de modo que a permanência da vibração básica da folha esteja assegurada, mesmo depois de ela ter sido afastada da planta e, portanto, do solo que a vitalizava.

Uma vez colhidas, se as folhas forem utilizadas na preparação de banhos, devem ser quinadas, isto é, esfregadas, espremidas e trituradas com as mãos, sem o auxílio de qualquer instrumento, com pensamentos positivos e vibrando na energia do que se pretende alcançar, de modo a imantar adequadamente as ervas, acordando-as com os cânticos respectivos.

Não importa de que Orixá você seja filho, deve sempre saudar Ossanhe ao utilizar uma planta para fins ritualísticos, pois a capacidade de retirar dela sua força energética básica, ou seja, acordar a planta e retirar seu encantamento, continua sendo segredo dessa divindade.

A pessoa que vai realizar a colheita de uma planta deve guardar preceito, isto é, abster-se da ingestão de qualquer bebida alcoólica e de manter relações sexuais na noite que precede a colheita. As folhas devem ser colhidas na floresta ou na área consagrada a Ossanhe, sendo que antes de penetrar nesse local o iniciado deve pedir licença a Oxóssi e a Ossanhe, acender cuidadosamente uma vela na entrada para não provocar um incêndio.

É preciso ter em mente que sempre que queimamos uma floresta, desmatamos, cortamos árvores, ou mesmo arrancamos folhas desnecessariamente, estamos violando a natureza, ofendendo seriamente essa força natural que denominamos Ossanhe.

Tanto o Candomblé como a Umbanda são cultos à natureza, de modo que devemos respeitá-la e preservá-la, nunca poluindo os ambientes naturais. É por esse motivo que devemos respeitar nossas florestas, bosques, matas, enfim, todo espaço onde exista uma planta.

Ossanhe habita as florestas e as matas fechadas, mas é preciso ter em mente que toda planta carrega, em sua essência, o axé desse Orixá.

Características de Ossanhe

Cores: verde e branco.

Fio de Contas: contas e miçangas verdes e brancas.

Ervas: manacá, quebra-pedra, mamona, pitanga, jurubeba, coqueiro, café (alfavaca, coco-de-dendê, folha-do-juízo, hortelã, jenipapo, lágrimas-de-nossa-senhora, narciso-de-jardim, vassourinha, verbena).

Símbolo: ferro com sete pontas, com um pássaro na ponta central (representa uma árvore de sete ramos com um pássaro pousado sobre ela).

Pontos da Natureza: lareiras de matas.

Flores: flores-do-campo.

Pedras: morganita, turmalina verde e rosa, esmeralda, amazonita.

Metal: estanho.

Saúde: problemas ósseos, reumatismo, artrite.

Dia da Semana: quinta-feira.

Elemento: terra.

Saudação: Ewê Assá, Ewê Assáo Eruéje.

Bebida: suco de hortelã, suco de goiaba, enfim, sucos de qualquer fruta.

Animais: pássaros.

Comidas: banana frita, milho cozido com amendoim torrado, canjiquinha, pamonha, inhame, bolos de feijão e arroz, farofa de fubá, abacate.

Número: 14.
Data comemorativa: 5 de outubro.
Sincretismo: São Benedito.
Incompatibilidades: ventania e jiló.

Lendas de Ossanhe

Ossanhe Recusa-se a Cortar as Ervas Miraculosas

Ossanhe foi um escravo vendido a Orunmilá. Certo dia, ele foi à floresta e lá conheceu Aroni, o gnomo de uma perna só, que dominava os segredos das ervas. Aroni ficou amigo de Ossanhe e ensinou-lhe todo o segredo das plantas.

Orunmilá, desejoso de fazer uma grande plantação, ordenou a Ossanhe que roçasse o mato de suas terras. Ao realizar o trabalho, diante de uma planta que curava dores, Ossanhe exclamava: "Esta não pode ser cortada, é a erva para as dores". Já diante de outra planta que curava hemorragias, dizia: "Esta estanca o sangue, não deve ser cortada". Em frente a uma planta que curava a febre, dizia: "Esta também não, porque refresca o corpo". E assim por diante ele procedia.

Orunmilá, que era um babalawo muito procurado por doentes, manifestou seu interesse pelo poder curativo das ervas e determinou que Ossanhe ficasse junto dele nos momentos de consulta, que o ajudasse a curar os enfermos com o uso das ervas miraculosas. A partir desse dia, Ossanhe passou a ajudar Orunmilá a receitar e acabou sendo conhecido como o grande médico que é.

Ossanhe dá uma Folha para cada Orixá

Ossanhe é filho de Nanã e irmão de Oxumaré, Ewá e Obaluaiê, senhor das folhas, único detentor da ciência da cura, por meio do encantamento das ervas, do seu poder magístico e misterioso.

Todos os Orixás dependiam de Ossanhe para curar qualquer moléstia, qualquer mal do corpo ou mesmo do espírito, de modo que iam à casa de Ossanhe oferecer seus sacrifícios, em troca, ele lhes dava preparados mágicos, ou seja, banhos, chás, infusões, pomadas, abô, beberagens. Essas poções ou preparados mágicos curavam as dores, as feridas, os sangramentos, as disenterias, os inchaços e fraturas, as pestes, febres, órgãos corrompidos, limpava a pele purulenta e o sangue pisado, livrava o corpo de todos os males.

Ossanhe recebera de Olodumarê o segredo das folhas. Ossanhe sabia que algumas delas traziam a calma ou o vigor. Outras, a sorte, a glória, as honras ou, ainda, a miséria, as doenças e os acidentes. Os outros Orixás não tinham poder sobre nenhuma planta. Eles dependiam de Ossanhe para manter sua saúde ou para o sucesso de suas iniciativas.

O Orixá Xangô, de temperamento impaciente, guerreiro e impetuoso, entendeu que estava em desvantagem, de modo que tentou se apoderar desse poder de Ossanhe. Combinou com sua esposa, Iansã, que ela deveria provocar uma tempestade bem forte nos dias em que Ossanhe pendurava, num galho de *Iroko*, uma cabaça, contendo suas folhas mais poderosas.

No dia combinado, Iansã fez o vento soprar, levando o telhado das casas, arrancando árvores, quebrando tudo por onde passava e, por fim, soltando a cabaça do galho onde estava pendurada, a qual rolou para bem longe, espalhando todas as folhas. Os Orixás, aproveitando-se do ocorrido, correram e se apoderaram cada um de uma ou mais folhas. Ossanhe, então, lhes disse que nada adiantaria as folhas, pois as tinham, mas não sabiam os encantamentos necessários, de modo que elas, sem estes, não serviam para muita coisa.

Os Orixás pediram desculpas pelo transtorno provocado, sendo que Ossanhe aceitou as desculpas e cada Orixá ficou com sua folha, mas o encantamento permaneceu em poder do "senhor do segredo". Dessa forma, Ossanhe reina soberano sobre o axé das folhas, muito embora as tenha concedido a cada Orixá, os quais deverão reverenciá-lo quando da utilização da erva e do seu encantamento.

Cada Orixá tem sua folha, como diz o ditado, *Kosi Ewe Kosi Orixá* – "Sem folhas, não há Orixá" –, mas o encantamento destas pertence exclusivamente a Ossanhe, o qual deve ser sempre lembrado e reverenciado.

Capítulo 22

Iroco e Orunmilá

Iroco, Orixá que representa o tempo e rege a ancestralidade, foi a primeira árvore plantada na Terra, por onde desceram todos os Orixás do Orum para o Ayê, razão pela qual é considerado líder de todos os espíritos das árvores sagradas. Contam os Itans que, quando os Orixás queriam descer à Terra, utilizavam-se dessa árvore, que fazia ligação entre o Orum e o Ayê.

No Brasil, Iroco é um Orixá muito respeitado nas casas tradicionais da nação Ketu. É um Orixá raramente manifestado, pois possui poucos filhos iniciados. Para alguns doutrinadores do assunto, tem fortes ligações com os Orixás chamados *Iji*, de origem daomeana, ou seja, Nanã, Obaluaiê e Oxumaré.

Outros estudiosos apontam que está estreitamente ligado a Xangô, além das *ajés*, as senhoras do pássaro. Em um caso ou em outro, o culto a Iroco é cercado de cuidados, mistérios e muitas histórias. No Brasil, Iroco habita principalmente a gameleira-branca. Na África, sua morada é a árvore *iroko* (*Milicia excelsa*), que não existia no Brasil.

Há histórico da existência, no Brasil, aponto exemplares desta árvore nos seguintes locais:
- Serra da Barriga, no antigo Quilombo dos Palmares/AL;
- Terreiro de Pai Carlos de Iroko, em Nova Iguaçu/RJ;
- Terreiro do Gantois, em Salvador/BA;
- Ilê Obá Nila, no Rio de Janeiro/RJ;
- Terreiro Caxuté, em Valença/BA;
- Casa Branca do Engenho Velho, em Salvador/BA;
- matas do Ilê da Oxum Apará, fundado e cuidado pelo babalorixá Jair de Ogum, em Itaguai/RJ – é o único Ilê no Brasil a ter três pés de iroko plantados;

- área interna do Departamento de Polícia Técnica de Salvador, em frente ao IML, que apesar de não ser atualmente um centro espiritual, essa árvore é tida como sagrada no lugar e cuidada rigorosamente pelos filhos de santo, que, constantemente, visitam o local.

Certamente, existem outras árvores plantadas no Brasil que nosso estudo não permitiu catalogar, de modo que deixamos registradas nossas escusas pela omissão.

Originalmente, Iroco não era considerado um Orixá que pudesse ter filhos iniciados em seu mistério. Para os iorubás, a árvore iroko é a morada de espíritos infantis conhecidos ritualmente como abiku, e tais espíritos são liderados por Oluwere.

É costume se fazer oferendas a Oluwere, aos pés de iroko, quando as crianças se veem perseguidas por sonhos ou qualquer tipo de assombração, de modo a afastar o perigo de morte das crianças da aldeia, que podem ser levadas pelos espíritos abiku. Esse ritual é repetido durante sete dias e sete noites.

O culto a Iroco é muito popular em terras iorubás e é sempre baseado na troca. A cada pedido feito, deve ser pago assim que for atendido, pois, se não for cumprido o prometido, ou Iroco ficar insatisfeito, ele costuma perseguir aqueles que lhe devem. Iroco está ligado à longevidade, à durabilidade das coisas, pois é a respectiva árvore que pode viver por mais de 200 anos.

Tempo ou *Loko* é um Orixá originário de Íwerè, região que fica a leste de Oyó, na Nigéria. Um ditado diz: "O tempo dá, o tempo tira, o tempo passa e a folha vira", muitas vezes precisamos que o tempo nos seja favorável, necessitamos de tempo curto ou longo, conforme as circunstâncias, de modo que com o bom uso do tempo muitas coisas se modificam, ou podemos modificá-las.

Iroco é um Orixá de temperamento estável, de caráter firme, mas, em alguns casos, pode até ser violento. É na gameleira-branca que se vê acentuado o caráter reto e firme do Orixá, pois suas raízes são fortes, firmes e profundas. Iroco foi associado ao vodum daomeano *Loko*, dos negros de dinastia Jeje, e, ainda, ao Nkise Tempo, dos negros bantus, representantes da nação Angola.

Iroco é o Orixá dos bosques nigerianos, sendo muito temido na Nigéria, já que ninguém se atrevia a entrar num bosque sem antes reverenciá-lo. No Brasil, seu assentamento fica na gameleira-branca e aí também são feitas suas oferendas. Sua cor é o branco e usa palha-da-costa em sua vestimenta. As comidas ritualísticas desse Orixá são o ajabó, o caruru, o feijão-fradinho, o deburu, o acaçá, o ebô e outras.

Na frente das grandes casas de Candomblé, principalmente em Salvador, existe uma grande árvore, com raízes que saem do chão, e são envoltas com um grande Alá (pano branco). Essa árvore é o iroko, que é tida como a árvore guardiã da casa de Candomblé, pois representa força e poder.

Orunmilá/Ifá

Segundo afirmam os estudiosos, somente Orunmilá e Exu têm acesso direto a Olorum (Deus criador de tudo e de todos), de modo que para qualquer pedido chegar até Ele, deverá ser feito por intermédio de Orunmilá ou de Exu.

É de se observar, ainda, que somente Orunmilá e Exu possuem um culto individual, em que são feitas adorações específicas para eles. Inclusive, são os únicos que podem possuir um sacerdote específico para seu culto. Tal fato somente é possível em razão dos poderes que lhes foram concedidos por Olorum. Os demais Orixás são totalmente dependentes de Ifá e Exu, ao passo que estes não dependem de nenhum dos Orixás. Assim, o culto à Ifá e a Exu não depende do culto aos Orixás, entretanto, o culto aos Orixás depende totalmente de Ifá e Exu. Como se diz: nada se faz sem Exu.

Orunmilá, traduzido do iorubá, quer dizer *Orun* – céu; *mi* – comigo; *lá* – fala. Assim, temos: "o céu fala comigo" – é o dono do oráculo. Orunmilá é o senhor dos destinos, é quem rege o plano onírico, ou seja, dos sonhos. É aquele que tudo sabe e tudo vê, em todos os mundos que estão sob a tutela de Olorum.

Ele tem conhecimento do passado, do presente e do futuro de todos os habitantes da Terra e do Orum. Sabe do destino de cada um, bem como dos caminhos que regem cada ser. É responsável e detentor dos oráculos, foi quem acompanhou Oduduá na criação e fundação de *Ilé Ìfé*, de modo que é chamado de: a) Eléri *Ìpín* – "o testemunho de Deus"'; b) *Ibìkéjì Olódúmarè* – "o vice de Deus"; c) *Gbàiyégbòrún* – "aquele que está no céu e na terra"; d) Òpitan Ìfé – "o historiador de Ìfé".

Afirma-se que Olorum passou e confiou, de maneira especial, toda a sabedoria, todo o conhecimento possível, imaginável e existente entre todos os mundos habitados e não habitados à Orunmilá, fazendo com que, dessa forma, o tornasse seu representante em qualquer lugar onde estivesse.

Orunmilá participou da criação da Terra e do homem, sendo o responsável por auxiliar este na solução dos seus problemas cotidianos, bem como encontrar seu caminho e seu real destino, de acordo com seu ori. Olorum ensinou a ele todos os conhecimentos básicos e complementares referentes a todos os Orixás, de modo que estes dependem de Orunmilá, devem consultá-lo em busca da solução para os diversos problemas.

Nunca é demais lembrar o Itan que conta a vinda de Oxalá à Terra para efetuar a criação do mundo, sendo certo que, por maior que fosse esse Orixá, jamais deveria deixar de consultar o oráculo, isto é, Orunmilá, e de seguir suas orientações, o que acabou não fazendo, de modo que não conseguiu cumprir com sua obrigação, caindo nas travessuras aplicadas por Exu.

É Orunmilá quem fala e representa, de maneira completa e geral, todos os Orixás, auxiliando, por exemplo, um consulente no que ele deve fazer para agradar ou satisfazer determinado Orixá, obtendo com isso um resultado satisfatório.

Orunmilá é conhecedor do destino de todos os homens e de tudo o que têm vida na Terra, pois estava presente no ato da criação de tudo que existe, bem como do homem, no momento de sua encarnação, instante exato em que Ifá determina os destinos e os caminhos a serem cumpridos por aquele determinado espírito. Por esse motivo, Orunmilá tem as respostas para todas as perguntas. Ele tem a solução para todo e qualquer problema que lhe é apresentado, e, por isso também, possui o remédio para todas as doenças, por mais impossível que pareça ser a cura.

Deveríamos, como regra, consultar Ifá em todas as decisões importantes em nossas vidas, pois assim, seguramente, erraríamos menos.

Os iorubás consultam Ifá antes de um casamento, de um noivado, do nascimento e até mesmo na hora de dar o nome à criança, antes da conclusão de um negócio, antes de uma viagem, etc.

É Orunmilá que tem a vida e a morte em suas mãos, em razão da sua proximidade com Olorum, podendo ele ser a única entidade com poderes para suplicar, pedir ou implorar a mudança do destino de uma pessoa. Se Olorum é o ser supremo dos iorubás, o nome que dão ao absoluto, Orunmilá é sua emanação mais transcendente, mais distanciada dos acontecimentos do mundo terreno.

Dizem que ele estava instalado em um lugar chamado Òkè Igèti, antes de se fixar em Òkè Itase, uma colina em Ifé, onde mora Àràbà, a mais alta autoridade em matéria de adivinhação, pelo sistema chamado Ifá. É também chamado Àgbónmìrégún ou Èlà. É o testemunho do destino das pessoas.

Os Babalawos (pais do segredo) são os porta-vozes de Orunmilá. A iniciação de um Babalawo não envolve a perda de consciência, conforme ocorre com a dos Orixás. É uma iniciação totalmente intelectual, que consiste em passar um longo período de aprendizagem, de conhecimentos precisos, em que a memória, principalmente, entra em jogo. Deve estudar e aprender uma quantidade de Itans (histórias) e de lendas antigas, classificadas nos 256 Odus (signos de Ifá), cujo conjunto forma uma espécie de enciclopédia oral dos conhecimentos do povo de língua iorubá.

Cada indivíduo nasce ligado a um Odu, ou seja, caminho ou destino, que dá a conhecer sua identidade profunda, servindo-lhe de guia por toda vida, revelando-lhe o Orixá particular, ao qual deverá ser eventualmente dedicado.

Lenda de Iroco

Iroco Castiga a Mãe que não lhe Dá o Filho Prometido

A primeira árvore a ser plantada foi iroko, mais antiga que o mogno, que o pé de obi e o algodoeiro, sendo que nela residia seu espírito, o qual era capaz de muitas mágicas e magias.

Iroco divertia-se assombrando as pessoas, bem como usava uma tocha para assustar os caçadores à noite. Realizava muitas mágicas, para o bem e para o mal, e, por isso, era temido por todos, havendo a crença de que não pudesse ser olhado de frente, pois quem ousasse fazê-lo enlouqueceria até a morte.

Contam os historiadores que, em certa ocasião, as mulheres da aldeia não conseguiam engravidar, razão pela qual resolveram se socorrer dos poderes mágicos da árvore sagrada. Fizeram um círculo, ao redor do iroko, mantendo as costas viradas para o tronco, de modo que não o olhassem diretamente, pedindo que ele lhes possibilitasse a geração de filhos.

Iroco indagou das mulheres o que receberia em troca, caso os pedidos fossem atendidos, as quais prometeram milho, inhame, frutas, cabritos e carneiros. Uma das mulheres, chamada Olurombi, era esposa do entalhador e seu marido não tinha nada que pudesse oferecer, sendo que, no desespero, sem pensar adequadamente, prometeu dar a Iroco o primeiro filho que tivesse.

Nove meses depois, o choro de várias crianças alegrou a aldeia, que ficou repleta de recém-nascidos. As jovens mães, felizes e gratas, foram cumprir o que haviam prometido a Iroco, depositando em seus pés todas as oferendas conforme haviam combinado. Olurombi não pôde cumprir sua promessa, já que ela e o marido se apegaram ao menino prometido. No dia da oferenda, Olurombi ficou de longe, segurando nos braços trêmulos, temerosa, o filhinho tão querido, mas não o entregou.

O tempo passou, Olurombi mantinha a criança longe da árvore e, assim, o menino crescia forte e sadio. Certo dia, Olurombi passava nas proximidades de iroko, quando, no meio da estrada, bem na sua frente, saltou o temível espírito da árvore.

Disse Iroco:
– Tu me prometeste o menino e não cumpriste a palavra dada. Transformo-te então num pássaro, para que vivas sempre aprisionada em minha copa – e transformou Olurombi em um pássaro e ele voou para a copa do iroko para ali viver para sempre.

Olurombi nunca retornou, sendo que seu marido a procurou por toda a parte e não a localizou, de modo que manteve o menino em casa, longe de todos. Todos os que passavam perto da árvore ouviam um pássaro que cantava, dizendo o nome de cada oferenda feita a Iroco.

Certo dia, o artesão passava perto dali quando escutou o pássaro, que cantava assim: "Uma prometeu milho e deu o milho; outra prometeu inhame e trouxe inhames; uma prometeu frutas e entregou as frutas; outra deu o cabrito e outra, o carneiro, sempre conforme a promessa que foi feita. Só quem prometeu a criança não cumpriu o prometido". Ouvindo isso, o marido de Olurombi entendeu tudo imediatamente, de modo que tinha de salvar sua mulher, enfeitiçada por Iroco, mas não poderia entregar seu filho, que tanto amava também.

Ele pensou e teve uma grande ideia. Foi até a floresta, escolheu o mais belo tronco de iroko, levou-o para casa e começou a entalhar. Da madeira entalhada fez uma cópia do menino, o mais perfeito boneco que jamais havia esculpido.

Esculpiu-o com os traços do seu filho, sempre alegre e sorridente, poliu e pintou o boneco com muito capricho, preparando-o com a água perfumada das ervas sagradas. A seguir, vestiu a escultura de pau com as melhores roupas do menino, e a enfeitou com ricas joias de família e raros adornos.

Terminado o trabalho, o escultor levou o boneco de pau e o depositou aos pés de Iroco, o qual se alegrou e gostou muito do que viu. Era o menino que ele tanto esperava, o qual estava sempre sorrindo, demonstrava uma alegria interminável e contagiante.

Iroco ficou perplexo pelo fato de que o menino não se assustava quando seus olhos cruzavam com os dele. A criança não fugia dele como os demais mortais, não gritava de pavor nem lhe dava as costas, com medo de o encarar. Iroco ficou muito feliz. Embalando a criança, seu pequeno menino de pau, batia ritmadamente com os pés no solo e cantava animadamente. Uma vez paga a promessa, Iroco devolveu a Olurombi a forma de mulher.

Aliviada e feliz, ela conseguiu voltar para casa, para o convívio de seu marido e de seu filho, que, enfim, acabou libertado da promessa. Alguns dias depois, os três levaram para Iroco muitas oferendas – ebós de milho, inhame, frutas, cabritos e carneiros, laços de tecido de estampas coloridas para adornar o tronco da árvore.

Até hoje, todos levam oferendas a Iroco. Porque Iroco dá o que as pessoas pedem, mas as pessoas devem cumprir o que prometerem.

Capítulo 23

Orixá Exu

Exu é o Orixá da comunicação, da paciência, da ordem e da disciplina. A palavra Èsù, em iorubá, significa "esfera", e, na verdade, Exu é o Orixá do movimento. É tido como guardião das aldeias, das cidades, das casas e do axé. Segundo vários Itans, é ele quem deve comer em primeiro lugar, ou seja, receber as oferendas, antes de qualquer outro Orixá, para que possa levá-las até seu destinatário, de modo a assegurar que tudo corra bem, assim como garantir que sua função de mensageiro entre o Orum (o mundo espiritual) e o Ayê (o mundo material) seja plenamente realizada.

Em virtude de seu estilo brincalhão e irreverente, na época da colonização europeia, Exu foi sincretizado, erroneamente, com o Diabo cristão, figura mitológica inexistente no panteão africano. Seu jeito provocador, indecente, astucioso e sensual levou a essa confusão, o que é um equívoco, já que de, acordo com a teologia iorubá, Exu não está em oposição a Deus (Olorum), nem, muito menos, é considerado uma personificação do mal.

Para o povo iorubá, não existem diabos ou entidades encarregadas única e exclusivamente de coisas ruins, diferentemente do que ocorre no Cristianismo, que afirma que tudo o que acontece de errado é culpa de um único ser que foi expulso por Deus.

Na mitologia iorubá, porém, assim como no Candomblé, cada uma das entidades (Orixás) tem sua porção positiva e negativa, assim como o próprio ser humano. Exu é considerado o mais humano dos Orixás, cuja energia mais se aproxima de nós, já que seu caráter lembra o do ser humano, que é, de modo geral, mutante em suas ações, circunstâncias.

Conta-se na Nigéria que Exu teria sido um dos companheiros de Oduduá quando da sua chegada a Ifé e chamava-se Èsù Obasin.

Afirma-se que, posteriormente, tornou-se um dos assistentes de Orunmilá e, ainda, rei de Ketu, sob o nome de Èsù Alákétú.

A palavra *elegbara* significa "aquele que é possuidor do poder" (*agbará*) e está ligada à figura de Exu. Um dos cargos de Exu na Nigéria, mais precisamente em Oyó, é denominado Èsù Àkeró ou Àkesán, que significa "chefe de uma missão", pois tem como objetivo supervisionar as atividades do mercado do rei. Exu praticamente não possui *ewós* (ou quizilas) e aceita quase tudo o que as pessoas lhe oferecem.

Exu é cultuado pelo povo iorubá em um pedaço de pedra porosa chamada *Yangi*. Ainda se encontra como sua caracterização um montículo grotescamente modelado na forma humana, com olhos, nariz e boca feita de búzios. Exu pode, também, ser representado por uma estatueta enfeitada com fileiras de búzios, trazendo consigo, em suas mãos, pequeninas cabaças, nas quais carrega diversos pós mágicos, compostos de elementais da terra, usados de forma bem precisa em seus trabalhos.

Exu é o mais sutil e astuto de todos os Orixás. Não admite que as pessoas estejam em falta com ele, e exige que elas cumpram aquilo que prometeram. É uma questão de honrar a palavra dada, de modo que ele provoca mal-entendidos e discussões entre elas e lhes prega inúmeras armadilhas, até que tomem ciência de que estão em falta e devem cumprir com sua parte no prometido.

Diz um oriki que: "Exu é capaz de carregar o óleo que comprou no mercado em uma simples peneira sem que esse óleo se derrame". E assim é Exu, o Orixá que faz o erro virar acerto e o acerto virar erro. Èsù Alákétú possui essa denominação ou título quando Exu, por meio de uma artimanha, conseguiu ser o rei da região de Ketu, sendo que os Candomblés desta nação, no Brasil, o reverenciam também com esse nome.

No Brasil, no Candomblé, Exu é um dos mais importantes Orixás, e sempre é o primeiro a receber as oferendas, as cantigas e as rezas; recebe saudação antes de todos os Orixás, antes de qualquer cerimônia ou evento, justamente por ser o comunicador entre o Orum e Ayê. O Exu Orixá não incorpora em ninguém para dar consultas, como fazem os Exus de Umbanda.

Os Exus Orixás são assentados na entrada das casas de Candomblé, dada sua função de guardiões da roça. Além disso, há um quarto separado para outros Exus, onde ficam todos os assentamentos dos Exus da casa e dos filhos de santo.

Exu é astucioso, vaidoso, culto e dono de enorme sabedoria, grande conhecedor da natureza humana e dos assuntos mundanos, daí a assimilação com o Diabo pelos primeiros missionários que, assustados, dele fizeram o símbolo da maldade e do ódio.

"... nem completamente mau, nem completamente bom...", essa é a visão de Pierre Verger, no texto de sua autoria, "Iniciação" – contido no documentário *Iconografia dos Deuses Africanos no Candomblé da Bahia*. Exu reage favoravelmente quando tratado de forma conveniente. É identificado no jogo do merindilogum pelo odu *okaran*.

> Possui os seguintes 16 títulos, que lhe conferem vários atributos:
> Exu Yangí: Exu da Laterita Vermelha.
> Exu Agbá: Exu Ancestral.
> Exu Igbá Ketá: Exu da Terceira Cabaça.
> Exu Okoto: Exu do Caracol.
> Exu Oba Baba Exu: Rei e Pai de todos os Exus.
> Exu Odára: Senhor da Felicidade.
> Exu Osijê: Mensageiro Divino.
> Exu Elerú: Senhor do Carrego Ritual.
> Exu Enú Gbarijó: Boca Coletiva dos Orixás.
> Exu Elegbará: Senhor do Poder Mágico.
> Exu Bará: Senhor do Corpo.
> Exu L'Onan: Senhor dos Caminhos.
> Exu Ol'Obé: Senhor da Faca.
> Exu El'Ebó: Senhor das Oferendas.
> Exu Aláfia: Senhor da Satisfação Pessoal.
> Exu Oduso: Vigia dos Odu – guardião do jogo de búzios.

Imolê Exu Yangí é sua múltipla forma, mais importante e que lhe confere a qualidade de Imolê ou Divindade, conforme os mitos da criação.

"O ar e as águas moveram-se conjuntamente e uma parte deles transformou-se em lama. Dessa lama originou-se uma bolha ou montículo, a primeira matéria dotada de forma, um rochedo avermelhado e lamacento. Olorum admirou essa forma e soprou sobre o montículo,

insuflou-lhe seu hálito e lhe deu vida. Essa forma, a primeira dotada de existência individual, um rochedo de Laterita, era Exu Yangí."

Desse modo, fica claro que Imolê Exu foi criado diretamente por Olorum, mas não da matéria primordial divina, da qual ele fez Obatalá e Oduduá, mas daquela matéria que daria forma a toda existência genérica, ou seja, a Eerupé (lama), da qual seria criada toda a humanidade que um dia *Eborá Iku* (a morte) devolverá a essa mesma lama.

Então, Imolê Exu Yangí é o primeiro a ser criado na existência genérica e o símbolo do elemento criado. Por isso ele é chamado, também, de Imolê Exu Agbá (Exu Ancestral). Seus assentamentos ou sacrários mais antigos e tradicionais eram representados por um simples pedaço de laterita vermelha, enterrado na Orita Meta (encruzilhada de três caminhos). Algumas vezes, a laterita vermelha estaria cercada por sete, 14 ou 21 hastes de ferro enferrujado, que é o "esqueleto" do metal novo.

Como os mitos da criação, segundo os iorubás, demonstram que Imolê Exu foi criado logo após Orixalá e Oduduá por Olorum, ele é, portanto, o Igbá Ketá (Terceira Cabaça ou o Terceiro Criado), símbolo da existência diferenciada e, em consequência, o elemento dinâmico que leva à propulsão, à mobilização, à transformação e ao crescimento. Nesta variante múltipla, ele é o princípio dinâmico que participa forçosamente de tudo o que virá a existir.

Segundo os Itans, Exu descontrolou-se e começou a devorar toda a existência, sendo obrigado por Orunmilá, após uma longa perseguição, a vomitar tudo de volta; entretanto, melhor, em maior quantidade e mais perfeito do que quando ingerira.

Afirma-se que foi picado em milhares de pedaços pela espada de Orunmilá, transformou-se em "mais um" ou "um multiplicado pelo Infinito", isto é, no Exu Ôkoto (Caracol), cuja estrutura óssea espiralada parte de um ponto único, abrindo-se para o infinito, no qual os iorubás conceituavam o crescimento e a multiplicação.

Exu Yangí também se multiplicou, tornando-se o Oba Baba Exu (Rei e o Pai) de todos os outros Exus que dele foram "cortados" e que, para sempre, acompanham os Orixás e todos os mortais. Segundo Êsé Itan Ifá (versos dos contos de Ifá), mais precisamente no que se refere ao Imolê Ôsétuwá, temos que quando os Orixás vieram à Terra para coadjuvar Orixalá e Oduduá a reger a criação, Olorum ensinou-lhes tudo quanto precisavam saber para que a vida no Ayê fosse Odára, ou seja, feliz.

Muito embora os Orixás tivessem feito tudo quanto fora prescrito por Olorum, sobrevieram todos os tipos de desgraças, mormente uma terrível e prolongada seca, razão pela qual se reuniram para saber o que deveriam fazer. Chegaram à conclusão de que os fatos desastrosos estavam além da sua compreensão e que deveriam mandar alguém, sábio e instruído, à presença de Olorum, para que esse lhes mandasse a solução dos problemas que afligiam a Terra, sob o risco de seu total desaparecimento.

Orunmilá, o Orixá da Divinação Sagrada, partiu nessa missão e eis por que Orunmilá passou a ser um dos dois Orixás que podiam apresentar-se perante Olorum e suportar seu esplendor. Ao lhe ser permitido facear Olorum, Orunmilá ouviu dele que a razão para todas as desgraças que assolavam a Terra estava relacionada com o fato de que eles, os Orixás, não haviam convidado para morar no Odé Aiyé (lugar de moradia dos Orixás na Terra) o ser que se constituía no 17º dentre eles, sendo que se corrigissem isso, tudo voltaria a frutificar!

Dessa forma, Orunmilá ficou conhecido como o Arauto de Olorum, responsável pela ligação dos dois mundos, ou seja, o Orum e o Aiyê.

Ao retornar ao Odé Aiyé, com os outros 15 Orixás, começou a procurar pelo 17º, o qual deveria ser convidado a morar com eles. Não o tendo encontrado, decidiram que uma poderosa Ajé, a Eleborá Oxum, deveria conceber um filho de Oxô (Senhor do Poder Mágico), filho esse que receberia, ainda, no ventre materno, o axé (força mágica) de todos os Orixás *por imposição conjunta das mãos*, para que se transformasse no mensageiro por excelência das ofendas e, assim, acabassem as desgraças que assolavam a Terra.

Dessa maneira, foi gerado o filho do "feitiço", com o poder mágico, o qual recebeu o nome de Osetuwá. Esse novo Orixá passou a tentar cumprir seu dever de mensageiro, mas não obteve muito sucesso, até que se encontrou com Exu Odára (Exu da Felicidade) e lhe pediu conselhos e ajuda, para espanto deste, que não esperava tal conduta de Osetuwá, de modo que, por esse gesto, Olorum lhe abriu as portas.

Então, Osetuwá e Exu puseram-se a caminho e partiram em direção aos portões do Orum, e, quando lá chegaram, as portas já se encontravam abertas.

Osetuwá, então, pôde entregar as oferendas dos Orixás a Olorum e este, aceitando-as por virem por meio de um Exu, deu a Osetuwá "todas as coisas necessárias à sobrevivência do Mundo". Osetuwá voltou ao Aiyê e tudo frutificou novamente! Os Orixás ficaram muito gratos e o cobriram de presentes, indicando-o como único, dentre eles, que tinha o poder de levar as oferendas ao Orum. Osetuwá, por sua vez, com humildade, pegou todos os presentes que recebeu e os deu a Exu Odára.

Assim, Osetuwá tornou-se um poderoso Akin Oxô (manipulador de Poder), por dois motivos: pelo seu nascimento, bem como pela confirmação do Orixá Odára, que mostrou a todos os Orixás que Exu Osetuwá era realmente o Osijê (Mensageiro Divino) e que também tinha o poder de aceitar ou recusar os sacrifícios rituais, pois era o verdadeiro *Elerun* ou *Elerú* (Senhor dos Carregos Rituais).

A partir disso, os 600 Orixás decidiram dar ao Orixá Exu um pedaço de suas próprias bocas, para que ele pudesse falar por todos, quando fosse a Olorum, pois era patente que ele era o segundo Orixá (o primeiro era Orunmilá) que podia apresentar-se perante ele.

Somente esses dois, ou seja, Exu e Orunmilá, podem facear Olorum. Orixá Exu, muito sabiamente, uniu todos os pedaços em sua própria boca e, assim, tornou-se o *Enu Gbarijó* (Boca Coletiva) de todos os Orixás. A partir disso, como retribuição de Orixá Exu aos outros Orixás, cada um desses possui ao seu lado seu Okoto (Caracol), o "Mais Um", a quem ambos delegam seus poderes. Dessa forma, por delegação espontânea de todos os Orixás, Exu tornou-se Elegbará (Senhor do Poder Mágico).

Como toda a criação também é regida pelos Orixás, todo ser criado no Aiyê, assim como possui seu Olori, ou seja, seu Orixá ou sua Eborá, que é o Senhor ou Senhora de sua cabeça, também deve possuir seu Bará (senhor do seu corpo), pois Bará vem de Oba = Senhor + Ará = Corpo.

Isso explica muitas coisas atribuídas nos cultos afro-brasileiros ao Orixá Exu, por ele ser responsável pela natural atividade sexual, que é um atributo do corpo, pois sem ela não há procriação, que é multiplicação e abundância, seja vegetal, seja animal. Sem a multiplicação, não há reencarnação, isto é, não há movimento dos espíritos desencarnados que aguardam a oportunidade de encarnar. Exu é quem cumpre essa missão do movimento.

Sem a procriação, não há movimento, ou seja, a reencarnação de um espírito, que ocorre a partir da geração e do nascimento. Seu símbolo, o falo, ou seja, o pênis ereto, tem esse significado, mas sem nada de profano, a não ser nas mentes doentes e desinformadas, muito pelo contrário, é sagrado.

E, para isso, Imolê Exu, sendo Elegbará e Bará, recebeu de Olorum os instrumentos símbolos de sua ação dinamizadora e frutificante:

Adó Iran: a cabaça arredondada de longo pescoço, recipiente de poder mágico que contém inesgotável axé, bastando ser apontada a um objetivo para emanar e propagar esse poder mágico;

Phallus: procriador de todas as suas formas transferidas, como as pequenas cabaças arredondadas e seu penteado-gorro tradicional, de ponta alongada e caída, terminada em forma de glande peniana humana. O falo representa a procriação, indispensável para o movimento de encarnação a que nos referimos.

Daí ser o pênis humano, em ereção, uma de suas mais populares e ancestrais representações feitas em pedra ou, mais simplesmente, modeladas em barro à beira dos caminhos. E esse foi um dos aspectos do Orixá Exu que mais escandalizaram os missionários europeus, os quais não se deram conta de que estavam imergindo em uma sociedade viril e guerreira, agrícola e pastoril, na qual o ato de procriação não é uma ofensa à Divindade, mas antes uma bênção sempre solicitada a ela.

A procriação faz parte do ciclo da vida, sem ela a vida não se reproduz, não havendo nada de profano nisso, muito pelo contrário, é sagrado. Não atentaram, outrossim, ao fato de que em nenhum dos versos de contos de Ifá, Exu assume a função de procriador, sendo que suas milhares de formas têm origem na divisão de seu próprio ser em "n" partes pela espada de Orunmilá. Contudo, Exu tinha outra função importantíssima, que despertou o interesse dos catequistas europeus, os quais visualizaram nesta a oportunidade de destruir sua importância entre os iorubás, ou seja, a função de Executor Divino.

Assim, Exu é o Mensageiro Divino e o Senhor do Carrego do Ritual prescrito por Orunmilá-Ifá, além de ser o L'Onan (Senhor dos Caminhos), tanto dos benefícios (Ôna Rere) quanto dos malefícios (Ôna Burukú), os quais abre ou fecha aos mortais conforme verifica que os sacrifícios prescritos foram ou não cumpridos, ajudando aqueles que os cumprem e punindo os que, devidamente avisados, não o fazem.

Logo, também é chamado de Ol'Obé (Senhor da Faca), significando Executor dos Sacrifícios, mas também, no sentido ritualístico, "Aquele que tem o poder de Vida e Morte". Por tudo isso, Exu está sempre "do lado de fora", nos caminhos, onde tem seu lugar predileto, a Orita Meta (Encruzilhada de Três Caminhos), em que aceita, carrega, transporta e premia, mas também, de onde vigia, adverte, recusa e pune.

Por essas razões, os primeiros catequistas europeus passaram a pregar que todas as desgraças acontecidas aos fiéis iorubás, gratuitas ou não, derivavam da ação nefasta e indiscriminada de Exu, o qual apenas faria o mal pelo mal. O povo iorubá escravizado viu nessa pregação equivocada uma nova arma para se defender e passou a ameaçar abertamente seus inimigos com as artes punitivas de Exu, que assim começou a sincretizar-se com a infernal figura do "diabo medieval católico".

Orunmilá-Ifá utiliza-se das múltiplas variantes de Exu, tais como Bará, Enú Gbárijo e El'Ebo, para poder atuar sobre os destinos humanos. O símbolo-resposta, ou Odu, e suas respectivas respostas exemplares implicam sempre uma oferenda, sem a qual o oráculo seria apenas um jogo de palavras sem eficácia. Por esse motivo, a ligação de Exu com o Divino em Ifá é indiscutível.

Exu é entendido pelo povo iorubá como o "Princípio Restaurador do Equilíbrio", como se vê de suas representações comuns, ora fumando, simbolizando a absorção e a ingestão, ora tocando flauta, simbolizando a doação e a restituição. Ele distribui generosamente crescimento e honras, "vomitando-os" após ter ingerido todo o tipo de alimentos e bebidas rituais de oferendas. Há um determinado elemento, o *Aasâa* (fumo de rolo picado), que infalivelmente provoca esse inusitado "vômito-transformação-restituição".

Exu, assim, executa todas essas funções em troca de somente três coisas: coragem, respeito e seu Ebó, sua Oferenda específica que lhe é destinada a seu ritual próprio, o Ipadê, cujo significado é justamente "ato de reunião, de apaziguamento" e não para pedidos de destruições aleatórias, como pensam aqueles que não conhecem suas raízes espirituais ancestrais.

O Ebó é constituído de elementos materiais muito simples, mas de profundo significado:

Omi (água): é a oferenda por excelência, que fertiliza, apazigua e vitaliza tanto o Aiyê quanto o Orum, especialmente se for água de chuva, a Omi Âtó, a "água-sêmen" do céu.

Epô (azeite de dendê): símbolo da dinâmica da realização, da descendência relacionada com a essência ou "sangue vermelho" (*Êjé-Pupo*) gerado.

Otin (bebida alcoólica branca – vinho de palmeira, cachaça): símbolo do poder gerador e relacionado com a essência ou "sangue branco" (Êjé *Funfun*).

Iyéfun (farinha – milho ou mandioca): símbolo da fecundidade, da essência ou "sangue preto" (Êjé *Dudu*) gestante, quase sempre na forma do Âkâsâ, bolinho de pasta branca de milho ralado, deixado de molho e cozido, envolto em folha especial (*Ewé-êko*).

Por essas razões, tão poderosa divindade sempre foi e ainda é cultuada e servida antes de serem servidos e cultuados os demais Orixás, em qualquer situação ou lugar. É importante observar que no Ebó de seu Ipadê, Exu não recebe sangue animal, e sim sua essência transmutada em Epô, de modo que não é correto afirmar-se que ele se compraz com sangue animal.

Em virtude de ter direito à primeira porção de cada sacrifício, por vezes recebe, também, sangue animal, sendo que, contudo, isso nem sempre acontece, justamente em razão de que alguns terreiros mais tradicionais fazem com que o primeiro sangue dos sacrifícios venha a ser vertido no Ilê (terra), em um buraco, em lembrança de que neste está o início, o meio e fim de toda a vida.

Na cultura iorubá, o sangue animal, embora seja símbolo primordial da existência, só é derramado em função de que o animal ofertado precisa ser sacrificado para, então, se transformar em comida ritualística, sendo certo que a imolação ocorre com honras e sem crueldade.

Conforme a filosofia iorubá, todo animal preceituado para o sacrifício terá sua carne – retiradas as partes portadoras do axé, que pertencem aos Orixás – consumida por aqueles que oferecem o sacrifício, quer pelos Babalaôs e seus seguidores, quer mesmo distribuída entre os mais pobres da comunidade.

No Brasil, a carne transformada em comida ritualística está calcada na chamada Comida de Santo. Em razão de o sangue animal ser a essência primordial da existência é que Exu, na sua qualidade de Bará, deve ser o primeiro a recebê-lo, conforme diz o verso iorubá seguinte: "*E cada coisa e cada ser,* não tivessem seu próprio Exu em seu corpo, não poderia*m existir, pois não saberiam se estavam vivos*".

Como já vimos, foi a ação repressiva dos catequistas europeus e latino-americanos sobre os escravos e seus descendentes que forçou um sincretismo adulterado entre o Orixá Exu e o Diabo católico, em sua forma mais medieval, sob o pretexto de reprimir seu aspecto "erótico-cruel". O povo iorubá jamais criou a ideia de inferno: prêmio ou castigo são provações experimentadas aqui mesmo nesta terra, ou pela falta de retorno a ela, mesmo para o caso dos suicidas.

É certo que nas lendas populares Exu é conhecido como "manhoso", "trapaceiro" e notoriamente "encrenqueiro", que só seria apaziguado por seu Ebó. Essa suposta imagem de malignidade decorre do importante papel de Executor Divino, punindo aqueles que descumprem o sacrifício prescrito para eles, mas recompensando aqueles que o fazem. No entanto, ele nada faz por conta própria, servindo fielmente a Olorum e Orunmilá, bem como aos Orixás. O culto iorubá prega que Orixá algum pune diretamente seus filhos, mesmo os transviados, transgressores e os ofensores. Essa função é de Exu.

Os versos dos Contos de Ifá apontam que Exu é encarregado, por Olorum, de vigiar as ações de outras Divindades no Ayiê. Isso só ocorre porque ele é equânime, preciso, fiel cumpridor da sua função de Executor Divino. Orixá Exu somente pode ser chamado de "trapaceiro" e "encrenqueiro" pelos culpados, por aqueles que estão em falta com o sagrado, contra os quais ele prega peças, sim, mas isso porque ele é o fiscal de Olorum junto aos Orixás, bem como vigia o cumprimento de obrigações e ritualísticas por cada fiel.

Exus que acompanham vários Orixás, conforme a seguir apontamos:
Exu Akesan: acompanha Oxumaré, etc.;
Exu Jelu ou Ijelu: acompanha Osolufun;
Exu Ína: responsável pela cerimônia do Ipadê regulamentando o ritual;
Exu Ònan: acompanha Oxum, Oyá, Ogum, responsável pela porteira do Ketu;
Exu Ajonan: tinha seu culto forte na antiga região Ijesa;
Exu Lálú: acompanha Odé, Ogum, Oxalá, etc.;
Exu Igbárábò: acompanha Iemanjá, Xangô, etc.;
Exu Tìrírí: acompanha Ogum;
Exu Fokí ou Bàra Tòkí: acompanha Oyá e vários Orixás;
Exu Lajìkí ou Bára Lajìkí: acompanha Ogum, Oyá e as porteiras;
Exu Sìjídì: acompanha Omolu, Nanã, etc.;
Exu Langìrí: acompanha Osogiyan;
Exu Álè: acompanha Omolu;
Exu Àlákètú: acompanha Oxóssi;
Exu Òrò: acompanha Odé, Logum;
Exu Tòpá/Eruè: acompanha Ossayin;
Exu Aríjídì: acompanha Oxum;
Exu Asanà: acompanha Oxum;
Exu L'Okè: acompanha Obá;
Exu Ijedé: acompanha Logum;
Exu Jinà: acompanha Oxumaré;
Exu Íjenà: acompanha Ewá;
Exu Jeresú: acompanha Obaluaiê;
Exu Irokô; acompanha Iroco;
Exu Odará: acompanha Oxalá, Odé, encaminha o carrego do ebó.

Exu Òrò é o responsável pela transmissão do poder por meio da fala, ou seja, o Ofò. Ele é quem dá para os sacerdotes e as sacerdotisas o poder de acionar as forças espirituais mediante as evocações sagradas: preces (orikis), encantamentos e cânticos.

Existem algumas palavras de grande axé, são verdadeiras chaves magísticas, usadas nos rituais sagrados, que muitas vezes não se conhece a tradução. Elas funcionam como códigos precisos e secretos para abrir certos portais do mundo invisível (Orum), acionando o poder para transformar nossas vidas. Apenas Exu Òrò conhece esses segredos e somente ele pode dar a autorização necessária para entrarmos nesses mistérios, já que nada se faz sem Exu.

Exu Opin é o que deve ser louvado toda vez que precisamos demarcar um local como sagrado. Ele é o responsável por essa demarcação dos limites que separam o espaço sacralizado do espaço comum. O adepto levanta uma construção, instala seus assentamentos de Orixás, além de louvar Exu, responsável pelo caminho pessoal, sendo que, mesmo assim, será necessário pedir a Exu Opin que aceite uma oferenda para consagrar o lugar. Feito isso, aquele local passa a ser consagrado e deve ser usado exclusivamente para fins religiosos, havendo uma separação bem nítida entre esse espaço e o espaço livre para a circulação.

Exu Gogó é o caminho de Exu "Divino Executor". É conhecido também como o Exu responsável pela recompensa divina a todos os atos dos seres humanos e também dos seres espirituais. Ele é conhecedor de todo nosso ciclo reencarnatório, sendo o cumpridor fiel da chamada Lei do Retorno, ou seja, o bem recompensado com o bem e o mal recompensado com o mal. Não é verdade que o plantio é facultativo, mas a colheita é obrigatória?

Exu Wara é o Exu que controla os relacionamentos interpessoais, ou seja, amizade, sociedade, casamento, companheirismo de trabalho, vínculo familiar, fraternidade religiosa, etc. Ele é quem controla e propicia a compreensão, harmonia e verdadeira colaboração entre os envolvidos. Assim, é recomendável, ao pretender estabelecer um novo vínculo, consultar Exu Wara e, de preferência, fazer-lhe uma oferenda de apaziguamento, para que tudo possa ocorrer sempre na mais perfeita ordem, sem possibilidades de atrito, confusão, mal-entendidos, etc.

Exu Yangi, também chamado de Igbáketa Baraketu Obá, é o mais velho, a primeira forma a surgir no mundo, dono do poder dinâmico do processo da multiplicação dos seres, ligado tanto ao ancestral masculino como ao feminino. Esse caminho de Exu carrega o *Adoiyran*, ou seja, a cabaça que contém a força de se propagar, a qual é elemento de seu assentamento. Esse Exu é companheiro inseparável de Ogum, ao ponto de serem confundidos. Suas roupas são nas cores branca, vermelha e azul-escura.

Exu Ygelu é associado ao *wájì*, que representa o fruto da terra e, por extensão, o mistério do processo oculto da vida e da multiplicação. É elemento dele o caracol africano. No caminho desse Orixá encontramos a divindade vestindo o azul-arroxeado e, em algumas vezes, apenas o preto.

Exu Lalu é o Exu dos caminhos de Oxalá, sendo que não deve beber cachaça nem lhe ser servido o dendê. Suas roupas são na cor branca.

Exu Tiriri acompanha Ogum pelas estradas, sendo que sua roupa é vermelha ou todas as cores. Ele está presente sempre nas porteiras e nos caminhos.

Exu Elebó ou Eleru é o senhor das oferendas, o portador e o mensageiro. Assim, ele é sempre o primeiro a ser invocado. Suas roupas são na cores preta e vermelha. É ele o dono do dendê, o qual é por ele carregado em uma peneira.

Exu Odara é invocado no padê, sendo certo que providencia a comida e a bebida de todos. Ele não gosta de bebida alcoólica, mas aprecia mel e vinho, apresenta-se vestindo roupas brancas, mas também pode usar vermelho e preto. É o Exu da prosperidade e da fortuna.

Exu Lona é o Exu das porteiras dos barracões, vigia os caminhos, responsável por trazer os clientes e a fartura. Apresenta-se usando roupas vermelhas, pretas e de tom azul-arroxeado.

Exu Olobé é o dono da faca, sendo o responsável por separar as frações de substâncias para formar outros seres diferentes. É muito semelhante ao Ògún Soroque, anda pelas madrugadas, sempre procurando os profanadores de oferendas postas nas encruzilhadas. Veste roupas na cor azul- arroxeada.

Exu Alakétu é o Exu do dinheiro, veste branco, vermelho e azul-escuro.

Exu Akesan é o que fala no jogo de búzios.

Exu Laróyè é o astuto e provoca brigas, falador.

Exu Sigidi é o provocador de brigas.

Exu Agba ou Esu Agbo é o ancião, ancestral, é o mais velho e, por consequência, o pai retratado no mito em que Orunmilá o persegue por meio dos nove Oruns.

Exu Igba keta é o terceiro aspecto mais importante de Exu, o qual está ligado ao número 3, a terceira cabaça, em que ele é representado pela figura de barro junto aos elementos da criação.

Exu Ikorita meta é ligado ao encontro dos caminhos ou à encruzilhada, ou seja, o encontro de três ruas (Y).

Exu Okoto é representado pelo caracol agulha, mostra a evolução de tudo que existe sobre a terra, sendo que está ligado ao *Orisa Aje Saluga*, o antigo *Orisa* da riqueza dos iorubás.

Exu Obasin: por esse nome é conhecido e cultuado em Ile-Ifé.

Exu Ojisé ébó é o que observa todos os sacrifícios rituais e recomenda sua aceitação, levando as súplicas a Olodumarê.

Exu Enugbarijo é o que devolve a todos o sacrifício em forma de benefícios.

Exu Bará é um dos mais importantes aspectos de Exu, pois ele é o Exu do movimento do corpo humano, infundido no corpo pré-humano ainda no Orum por Obatalá, sendo "assentado" no momento da iniciação, com o Ori e o Orisa individual.

Exu Élébó é o carregador de todos os ebós.

Exu Odusô ou Olodu é o que tem seu rosto retratado no Opon Ifa e vigia o Babalaô para que este não minta; esse Exu é o responsável por vigiar os oráculos (Opélé-Ikin-Erindilogun).

Exu Elepo é o que recebe o sacrifício do azeite de dendê.

Exu Inã: um dos aspectos mais importantes desse Exu primordial é presidir o Ipadê, sendo o dono do fogo. Os Babalorisas/Iyalorisas devem a ele se dirigir no começo do Ipadê, uma das mais importantes cerimônias do ritual afrodescendente religioso.

Características de Exu

Dia de cultuar Exu: segunda-feira.
Cores: preto (ou a fusão das cores primárias) e vermelho.
Símbolo: Ogó de forma fálica, falo ereto.
Elementos: terra e fogo.
Domínios: sexo, magia, união, poder e transformação.
Saudação: Laroye Exu! Exu Mojubá!

Capítulo 24

Iemanjá

Iemanjá, Yemojá na Nigéria, Yemayá em Cuba ou, ainda, Dona Janaína no Brasil. É a Orixá dos ebás, divindade da fertilidade, originalmente associada aos rios e às desembocaduras. Seu culto principal estabeleceu-se em Abeokuta,[5] após migrações forçadas, tomando como suporte o Rio Ogum, de onde se manifesta em qualquer outro corpo de água. É identificada no merindilogum, ou seja, jogo de búzios, pelos Odus Irosun, Ossá e Ogunda, sendo representada, materialmente, pelo assentamento sagrado denominado Igba Iemanjá.

Em Ifé, é conhecida como filha de Olokum, a divindade dos mares. Em razão da diáspora africana, a ela foi atribuído o domínio das águas salgadas. Por conta do sincretismo com outras divindades, de influências europeias, foram-lhe conferidos inúmeros atributos e poderes em uma grande variedade de cultos, em especial seu arquétipo maternal, que a consolidou como Mãe de quase todos os Orixás.

No Brasil, é a Orixá mais popular, bastante festejada, tendo influenciado a cultura popular, sobretudo na música, na literatura e na religião. É representada na figura de Janaína, uma personalidade à parte, sedutora, sereia dos mares nordestinos, com cultos populares simbólicos e acessíveis, que muitas vezes não expressam necessariamente uma liturgia.

"Iemanjá" é o nome que deriva da contração da expressão em iorubá *Yèyé omo ejá* ("Mãe cujos filhos são peixes") ou simplesmente Yemojá, em referência a um rio homônimo, cultuado nos primórdios do culto desse Orixá. Na Nigéria, Yemojá pronuncia-se com o som de

---
5 Capital do estado de Ogum, na Nigéria.

"*djá*" na última sílaba. A versão amplamente mais aceita no âmbito acadêmico é Iemanjá com i, por vezes também assume a grafia de Yemanjá, com Y, cuja letra inicial alude à origem do nome. Isso também se observa no caso de Yemayá, na Santería, em Cuba.

No odu Ogunda é chamada de Mojelewu, esposa de Okerê, rei de S aki. Também é conhecida como Aleyo, na mesma região de Ebadó, Aietoró, Igã e Ocotó. Em Trinidad e Tobago, é chamada de Emanjah ou Amanjah; e Metre Silí ou Agué Toroyo, na República Dominicana.

Muitos atributos e códigos morais de Iemanjá podem ser verificados em suas cantigas e *orikis*, tradições orais entre os iorubás, seus itans ou mitos. Em razão das guerras sofridas pelos ebás, muitos itans se perderam, tendo esse povo migrado para uma nova região, de modo que vemos seus mitos originais aludirem somente ao culto nessa nova localidade, ou seja, o Rio Ogum, e não à localidade anterior.

Pierre Verger, inicialmente influenciado por tais mitos, já alertava que eles não eram mais conhecidos ou possíveis de se verificar na costa da África e, em seguida, conclui tratar-se de uma série de equívocos e os rebate duramente em obras posteriores.

De qualquer forma, seus mitos permaneceram relacionados às águas, muito embora Iemanjá possa ter sido associada inicialmente aos rios e depois aos mares, conforme se observa no Brasil e em Cuba, em virtude da substituição de cultos de divindades, esquecidas no processo de diáspora, como Olokum, que foi substituído no panteão afro-brasileiro por ela.

Iemanjá, em seu culto original, é um Orixá associado aos rios e às desembocaduras, à fertilidade feminina, à maternidade e, primordialmente, ao processo de gênese do Aiyê (mundo) e emi (a continuidade da vida). Também é regente da pesca, do plantio e da colheita de inhames. É o Orixá das águas doces e salgadas dos ebás, uma nação iorubá estabelecida outrora na região entre Ifé e Ibadan, onde existe ainda o Rio Yemojá.

As guerras entre nações iorubás levaram os ebás a emigrar na direção oeste, para Abeokuta, no início do século XIX. O Rio Ogum, que atravessa a região, tornou-se, a partir de então, a nova morada de

Iemanjá. Após a guerra entre os ebás e os daomeanos, sobraram poucas pessoas desse culto, tendo em vista a dispersão ou mesmo a prisão destes pelos inimigos. Os principais relatos mitológicos de Iemanjá desenrolam-se com os Orixás primordiais da criação iorubá do mundo.

A partir da segunda metade do século XX, firmou-se um consenso entre os estudiosos no sentido de que Iemanjá é filha da divindade soberana dos mares e oceanos Olokum (esta última uma divindade feminina em Ifé e masculina no Benim), sendo esse vínculo celebrado na cidade de Ifé, considerada berço da civilização iorubá.

Pierre Verger aponta sua primeira união com Orunmilá, o Orixá dos segredos, sendo que essa união é amplamente celebrada no culto de ifá afro-cubano, com diferentes itans, relação que pouco durou, uma vez que Orunmilá a expulsa e a acusa de quebrar o *ewó*, que proíbe o acesso de mulheres aos Odus e o manuseio dos objetos sagrados de Ifá. Posteriormente, Iemanjá foi casada com Olofin-Oduduá, criador do mundo e rei de Ifé, com quem teve dez filhos.

Outro mito sugere que foi casada com Okerê, rei de Xaki, cidade localizada ao norte de Abeokuta. Esse mito parece complementar suas andanças, após a fuga de seu casamento com Olofin-Oduduwa. O mito inicia-se com Iemanjá instalando-se em Abeokuta, que seria a terra do entardecer do mito anterior, e o desfecho muito se assemelha, com a presença da vasilha com o preparado mágico de Olokum.

Iemanjá, que "continuava muito bonita", despertou o desejo de Okerê, que lhe propôs casamento. A união se sucedeu com a condição de que Okerê, em nenhuma situação, expusesse o tamanho da imensidão de seus seios ao ridículo. Okerê, contudo, certo dia, bêbado, retorna para casa e tropeça em Iemanjá, que o recrimina, e este, não tendo controle das faculdades ou emoções, grita ridicularizando-a ao fazer menção aos seus seios.

Iemanjá foge em disparada, ofendida com o feito de Okerê, que lhe persegue. Em sua fuga, Iemanjá tropeça, quebrando a vasilha que lhe foi entregue e dela nasce o rio que a ajudará a chegar até o mar. Okerê, não querendo permitir a fuga da mulher, transforma-se em uma colina, que lhe barra o caminho para qualquer direção. Iemanjá, com sua rota até o oceano bloqueada, clama pelo mais poderoso de seus filhos, ou seja, Xangô, o qual, com seu raio lançado sobre a colina, fez com que esta se partisse ao meio, de modo que Iemanjá conseguiu alcançar o mar de Olokum, de onde se recusou retornar a terra.

Outro atributo que lhe foi associado foi o poder sobre as cabeças e, portanto, sobre o destino. Na crença iorubá, os aspectos que os seres humanos vivenciam em suas vidas são oriundos da escolha do Ori (cabeça), o qual corresponde a um destino. Nessa tradição, crê-se que após Obatalá modelar os seres, Ajàlá fornece a cabeça. Ajàlá é esquecido e descuidado e, em razão disso, nem sempre as cabeças saem boas.

Muitas pessoas escolhem por si mesmas as cabeças sem recorrerem a Ajàlá, de modo que acabam por escolher cabeças ruins e imprestáveis. Para evitar isso, são necessários rituais como o Bori, para estabelecer o equilíbrio de que o ori necessita. No Brasil, a Iemanjá foi atribuída a tarefa da manutenção das cabeças, em especial no procedimento do Bori, tornando-se a Iyá Ori ("Mãe das Cabeças"). Ajàlá foi esquecido no Brasil, sendo neste aspecto substituído por Iemanjá, a dona das cabeças, a quem se canta, no xirê, quando os iniciados tocam a cabeça com as mãos para lembrar esse domínio, e na cerimônia de sacrifício à cabeça (Bori), rito que precede a iniciação da pessoa.

Quando Iemanjá veio do Orum para Ayê, descobriu que cada Orixá já tinha seu domínio na terra dos homens. Nada havia sobrado para ela, razão pela qual reclamou disso para Olodumarê, que lhe disse ser seu dever cuidar da casa, de seu marido Obatalá, de sua comida, de sua roupa e de seus filhos. Iemanjá não gostou nada disso, já que achava que não tinha vindo do Orum para o Aiyê para ser dona de casa e doméstica. Em virtude do seu descontentamento falou tanto, reclamou até não poder mais, que Obatalá foi ficando perturbado, vindo finalmente a enlouquecer.

Ao ver seu marido nesse estado, procurou os melhores frutos, o óleo mais claro e encorpado, o peixe mais fresco, o *iyan* mais bem pilado, um arroz bem branco, os maiores pombos brancos, o obi mais novo, o melhor atarê, *ekuru* acabado de cozinhar, ori muito bom, os igbim mais claros, *orógbó* macio, água muito fria, sendo que com tudo isso tratou a cabeça de Obatalá. Ele foi melhorando com os ebós, sendo que após um determinado tempo ficou curado.

Olodumarê saiu do Orum para visitar Obatalá e, assim que chegou, disse a Iemanjá que havia visto tudo o que acontecera, parabenizando-a por ter curado tão bem a cabeça de seu marido. Em razão disso, Olodumarê atribuiu a Iemanjá a função de ajudar os homens que fizessem más escolhas de ori a melhorar suas cabeças, com uma oferenda determinada pelo oráculo de Ifá, por intermédio de Orunmilá.

Na associação aos mares, Iemanjá, por meio da lua e de suas fases, juntamente à força do vento, que agita as águas, controla as marés. Um itan de Ifá aponta a ligação de Iemanjá com a Sociedade Gelede, uma vez que ela não podia ter filhos, razão pela qual consultou o Oráculo de Ifá, que a aconselhou a oferecer sacrifícios e dançar com imagens de madeira em sua cabeça e tornozeleiras de metal em seus pés.

Uma vez realizado o ritual, ela ficou grávida, e seu primeiro filho foi apelidado de "Efe" (humorista). Já no segundo parto, Iemanjá deu à luz uma menina, apelidada de "Gelede" porque era obesa como sua mãe e adorava dançar. Contam os Itans que, depois de terem se casado, nem Gelede ou a parceira de Efe podiam ter filhos, de modo que, consultado o Oráculo de Ifá, foi recomendado que fizessem o mesmo ritual realizado por Iemanjá. Efe e Gelede realizaram essa dança ritualística, isto é, com imagens de madeira em suas cabeças e tornozeleiras de metal sobre seus pés, de forma que começaram a ter filhos. Esses rituais desenvolvidos no Gelede, de dança mascarada, foram perpetuados pelos descendentes de Efe e Gelede. Assim é que se explica a origem do Gelede.

Como já foi dito, Iemanjá é uma divindade possuidora de grande popularidade no Brasil e em Cuba, sendo celebrada com grandes festas públicas, entre as quais se destaca o presente de Iemanjá, na praia do Rio Vermelho em Salvador (BA), no dia 2 de fevereiro, além da festa do dia 8 de dezembro, juntamente às festividades de Nossa Senhora da Conceição no Brasil. Em Cuba, suas festividades ocorrem no dia da Virgem de Regla, em 8 de setembro.

Seu axé é assentado sobre pedras marinhas e conchas, guardadas em uma porcelana azul. Aceita oferendas de carneiro, pato e pratos preparados à base de milho branco, azeite, sal e cebola. A dança de Iemanjá reflete, em maior parte, sua personalidade ligada à maternidade e seu elemento natural fluídico, a água, apresentando movimentos evocativos às ondas marinhas e de distribuição, que representam a germinação constantemente renovada. Seu ritmo predileto é *o jinka*, que significa "ombros", indicando danças reais de caráter mais lento e que estimulam respeito. Iemanjá, na cultura da diáspora, é, sobretudo, uma divindade sincrética, reunindo, em si, os diferentes atributos de outros Orixás femininos das águas.

Sua figura embasada no arquétipo da Grande-Mãe é promovida à Grande-Deusa, em especial pelo fato de que, no Brasil, tratando-se da divindade mais cultuada da Bahia, encontra seu par em Nossa Senhora da Conceição e Nossa Senhora dos Navegantes ou, mais especificamente, na Virgem Maria, o que, segundo Verger, teria ocasionado uma equivalência de importância dentro do panteão iorubá, tornando-a a única deste com um sincretismo iconográfico acabado.

No Brasil, seu culto também se confundiu com o da Mãe-d'água, a Iara, o que justifica sua representação por vezes como sereia. Essa associação à sereia contrasta, evidentemente, com o lado maternal de Iemanjá, na concepção africana, e, em especial, com a Virgem Maria, pela demasiada sensualidade, não obstante, também aparece no Vodu da Louisiana e no Vodu haitiano, onde Iemanjá é associada à *Lá Sirène* e *Mami Wata*, espíritos das águas. Nos âmbitos populares, ocorreu uma aproximação entre a figura africana e a sereia europeia branca, com seus atributos de sedução e cantos enfeitiçadores, já confundida com a Iara, a Mãe-d'Água.

Até o século XIX, encontramos representações de Iemanjá, na Bahia, como uma senhora expondo seus grandes seios, não aludindo em nada à figura mitológica da sereia. No entanto, nesse mesmo século, já nos é possível reconhecer representações que fundem os atributos do Orixá com a figura europeia.

Da influência de Angola temos também atributos de Quianda, que é a sereia marítima. Vive nas águas salgadas ao redor de Luanda e por toda a orla do Atlântico angolano. Quianda é vista como uma pessoa humana, peixe grande e brilhante. Jamais é como vemos no *pêji* dos Candomblés da Bahia, ou seja, mulher até a cintura, peixe da cinta para baixo.

As sereias angolanas são sempre pretas e as da Bahia sempre brancas, louras, com olhos azuis, espantosa reversão inexplicável para os descendentes de africanos escravos que pintavam de escuro as imagens dos santos católicos preferidos. Esse sincretismo de ideias e artístico, que se observa, por exemplo, na escultura de Carybé, também é bem visível nas representações de qualquer ponto de Salvador, em oposição com a representação distinta da Umbanda, especialmente nos estados da região Sudeste do Brasil, que nos apresenta uma mulher de pele branca, com longos cabelos negros e lisos e roupa azul.

Alguns autores atribuem que essa adaptação tenha surgido do sincretismo religioso com a figura de Nossa Senhora da Conceição, cultuada pelos baianos. A gradação da "cor da pele" dos Orixás reflete a miscigenação racial da população que os cultua e o movimento de "abrasileiramento" da religião.

No Brasil, Iemanjá goza de grande popularidade entre os seguidores de religiões afro-brasileiras e membros de religiões distintas. Em Salvador, ocorre anualmente, no dia 2 de fevereiro, a maior festa do país em homenagem à "Rainha do Mar". A celebração envolve milhares de pessoas que, vestidas de branco, saem em procissão até o templo-mor, localizado no bairro Rio Vermelho, onde depositam variedades de oferendas e toda sorte de agrados. Já na cidade de São Gonçalo (RJ), os festejos acontecem no dia 10 de fevereiro.

Outras festas importantes dedicadas à Iemanjá ocorrem durante a passagem de ano em todo litoral brasileiro. Milhares de pessoas comparecem e depositam no mar oferendas para a divindade. A celebração também inclui o tradicional pular sete ondas, que os fiéis, ou até mesmo seguidores de outras religiões, pulam como forma de pedir sorte a Iemanjá.

Na Umbanda, é considerada a divindade do mar. É a deusa da nação de Egbé, nação iorubá onde está o Rio Yemojá. No Brasil, é rainha das águas e dos mares. Orixá muito respeitada e cultuada, é tida como mãe de quase todos os Orixás iorubanos, enquanto a maternidade dos Orixás daomeanos é atribuída a Nanã. Por essa razão, a ela também pertence a fecundidade. É protetora dos pescadores e dos jangadeiros.

Comparada com as outras divindades do panteão africano, Iemanjá é uma figura extremamente simples. Ela é uma das figuras mais conhecidas nos cultos brasileiros, com o nome sempre bem divulgado pela imprensa, pois suas festas anuais sempre movimentam inúmeros iniciados e simpatizantes, tanto da Umbanda como do Candomblé. Pelo sincretismo, os jesuítas portugueses, tentando forçar a aculturação dos africanos e a aceitação, por parte deles, de rituais e mitos católicos, procuraram fazer casamentos entre santos cristãos e Orixás africanos, buscando pontos em comum nos mitos.

Para Iemanjá foi reservado o lugar de Nossa Senhora, sendo, então, artificialmente mais importante que as outras divindades femininas, o que foi assimilado em parte por muitos ramos da Umbanda. Mesmo assim, não se nega o fato de sua popularidade ser imensa, não só por tudo isso, mas também pelo caráter de tolerância, aceitação e carinho. É uma das rainhas das águas salgadas, seja as provocadas pelo choro da mãe, que sofre pela vida de seus filhos, quando os vê se afastarem de seu abrigo, tomando rumos independentes, seja do mar, sua morada, local onde costuma receber os presentes e as oferendas dos devotos.

Os preceitos tradicionais relacionam tanto Oxum como Iemanjá com a função da maternidade, mas é necessário estabelecer uma distinção. As duas Orixás não rivalizam (Iemanjá praticamente não rivaliza com ninguém, enquanto Oxum é famosa por suas pendências amorosas que a colocaram contra Iansã e Obá). Cada uma domina a maternidade num momento diferente.

A majestade dos mares, senhora dos oceanos, sereia sagrada, Iemanjá é a rainha das águas salgadas, regente absoluta dos lares, protetora da família. Chamada também de Deusa das Pérolas, é aquela que apara a cabeça dos bebês, no momento de nascimento. Numa Casa de Santo, Iemanjá atua dando sentido ao grupo, à comunidade ali reunida e transformando essa convivência em um ato familiar, criando raízes e dependência; proporciona sentimento de irmão para irmão em pessoas que há bem pouco tempo não se conheciam, possibilitando igualmente o sentimento de pai para filho ou de mãe para filho e vice-versa, nos casos de relacionamento dos Babalorixás (Pais de Santo) ou Ialorixás (Mães de Santo) com os filhos de santo.

A necessidade de saber se aquele que amamos está bem, a dor pela preocupação, é uma regência de Iemanjá, que não vai deixar morrer dentro de nós o sentido de amor ao próximo, principalmente em se tratando de um filho, filha, pai, mãe, outro parente ou amigo muito querido. É a preocupação e o desejo de ver aquele que amamos a salvo, sem problemas, é a manutenção da harmonia do lar. É ela quem proporcionará boa pesca nos mares, regendo os seres aquáticos e provendo o alimento vindo do seu reino. É ela quem controla as marés, é a praia em ressaca, é a onda do mar, é o maremoto. Protege a vida marinha. Junta-se ao Orixá Oxalá, complementando-o como o Princípio Gerador Feminino.

Características de Iemanjá

Cor: cristal (em algumas casas: branco, azul-claro ou também verde-claro).
Fio de Contas: contas e miçangas de cristal. Firmas de cristal.
Ervas: colônia, pata-de-vaca, embaúba, abebê, jarrinha, golfo, rama-de-leite (em algumas casas: aguapé, araçá-da-praia, flor-de-laranjeira, guabiroba, jasmim, jasmim-de-cabo, jequitibá-rosa, malva-branca, marianinha, trapoeraba-azul, musgo-marinho, nenúfar, rosa branca e folha-de-leite).
Símbolo: Lua minguante, ondas e peixes.
Ponto da Natureza: mar.
Flores: rosas brancas, palmas brancas, angélicas, orquídeas, crisântemos brancos.
Essências: jasmim, rosa branca, orquídea e crisântemo.
Pedras: pérola, água-marinha, lápis-lazúli, calcedônia, turquesa.
Metal: prata.
Saúde: psiquismo e sistema nervoso.
Dia da semana: sábado.
Elemento: água.
Saudação: Odô iyá, Odôci Yaba.
Bebida: água mineral ou champanhe.
Animais: peixes, cabra branca, pata ou galinha branca.

Comidas: peixe, camarão, canjica, arroz, manjar e mamão.
Número: 4.
Data comemorativa: 15 de agosto; em algumas casas, 2 de fevereiro e 8 de dezembro.
Sincretismo: Nossa Senhora das Candeias, Nossa Senhora da Glória, Nossa Senhora dos Navegantes.
Incompatibilidades: poeira e sapo.

Características dos Filhos de Iemanjá

Pelo fato de Iemanjá ser a Criação, sua filha normalmente tem um tipo muito maternal, transmitindo a todos a bondade, a confiança, e demonstrando ser a grande conselheira, verdadeiramente, a mãe. Está sempre de braços abertos para acolher junto a si todos os que a procuram, de modo que a porta de sua casa sempre está aberta. É uma mulher amorosa, que sempre junta os filhos dos outros com os seus.

O homem, filho de Iemanjá, carrega o mesmo temperamento, ou seja, é protetor, de modo que cuida de seus tutelados com muito amor. Via de regra, é calmo e tranquilo, exceto quando se sente ameaçado na perda de seus filhos, o que não divide com ninguém. É sempre discreto e de muito bom gosto. Veste-se com muito capricho. É franco e não admite a mentira. Normalmente, fica zangado quando ofendido, e o que tem como *Ajuntó* o Orixá Ogum torna-se muito agressivo e radical.

O maior defeito dos filhos de Iemanjá é o ciúme. São extremamente ciumentos com tudo que lhes pertence, principalmente as coisas que estão sob sua guarda. Gostam de viver num ambiente confortável e, mesmo quando pobres, pode-se notar uma certa sofisticação em suas casas, se comparadas com as demais da comunidade de que fazem parte. Apreciam o luxo, as joias caras, os tecidos vistosos e bons perfumes. Entretanto, não possuem a mesma vaidade de Oxum.

A força e a determinação fazem parte de suas características básicas, assim como o sentido de amizade e companheirismo, sempre cercados de algum formalismo. Apesar do gosto pelo luxo, não são pessoas ambiciosas nem obcecadas pela própria carreira, detendo-se mais no dia a dia, sem grandes planos para atividades em longo prazo.

Pela importância que dá à retidão e à hierarquia, Iemanjá não tolera mentira e traição. Assim, seus filhos demoram a confiar em alguém, e quando finalmente passam a aceitar uma pessoa no seu verdadeiro círculo de amigos, deixam de ter restrições, aceitando-a completamente e defendendo-a, seja nos erros, seja nos acertos, tendo grande capacidade de perdoar as pequenas falhas humanas.

Não esquecem uma ofensa ou traição, sendo raramente essa mágoa esquecida. Um filho de Iemanjá pode tornar-se rancoroso, remoendo questões antigas por anos e anos sem esquecê-las jamais. Fisicamente, existe uma tendência para a formação de uma figura cheia de corpo, um olhar calmo, dotada de irresistível fascínio (o canto da sereia). Enquanto os filhos de Oxum são diplomatas e sinuosos, os de Iemanjá mostram-se mais diretos. São pessoas que não gostam de viver sozinhas, sentem falta da tribo, do inconsciente ancestral, e costumam, por isso, casar ou associar-se cedo. Não apreciam as viagens, detestam os hotéis, preferindo casas onde rapidamente possam repetir os mecanismos e os quase ritos que fazem do cotidiano.

Todos esses dados nos apresentam uma figura um pouco rígida, refratária a mudanças, apreciadora do cotidiano. Ao mesmo tempo, indicam alguém doce, carinhoso, sentimentalmente envolvente e com grande capacidade de empatia com os problemas e os sentimentos dos outros. Mas nem tudo são qualidades em Iemanjá, como em nenhum Orixá. Seu caráter pode levar o filho dessa Orixá a ter uma tendência a tentar consertar a vida dos que o cercam – o destino de todos estaria sob sua responsabilidade.

Cozinha Ritualística

Canjica Branca
Canjica branca cozida: colocar a canjica em tigela de louça branca, despejando mel por cima, e uvas brancas, se desejar.
Canjica Cozida
Refogada com azeite doce, cebola e camarão seco.
Manjar do Céu
Feito com leite, amido de milho, leite de coco e açúcar.

Sagu com Leite de Coco

Colocar o sagu de molho em água pura, de modo a inchar. Depois de inchado, retirar a água e levar ao fogo, com leite de coco, de modo a fazer um mingau bem grosso, colocar em tigela de louça branca.

Lenda de Iemanjá

O Culto de Iemanjá Sai do Rio e Vai para o Mar

As lendas de Iemanjá são marcadas pelos problemas que teve com seus filhos. Oxóssi embrenhou-se nas matas, contra os conselhos da mãe, onde conheceu Ossanhe que lhe ofereceu uma bebida, a qual o enfeitiçou, passando ambos a viverem juntos. Contudo, uma vez cessado o efeito da bebida, Oxóssi voltou para casa, mas Iemanjá, irritada, o expulsou.

Ogum, irmão de Oxóssi, censurou a mãe por tê-lo expulsado. Iemanjá chorou tanto em razão disso, que se derreteu e formou um rio que correu para o mar. Este é um dos Itans que explicam o fato de o culto de Iemanjá ter migrado do rio para o mar.

Capítulo 25

Nanã

Este Orixá feminino é considerado o mais idoso e sábio, associado às águas paradas, à lama dos pântanos, ao lodo do fundo dos rios e dos mares. É o único Orixá que não reconheceu a soberania de Ogum, por ser o dono dos metais. Tem o domínio sobre a vida e a morte. Seu símbolo é o Ibiri, um feixe de ramos de folha de palmeira, com a ponta curvada e enfeitada com búzios. Nanã pode ser identificada tanto na chuva como na garoa. O banho de chuva é uma lavagem do corpo no seu elemento, um ebó nas suas forças, uma limpeza de grande poder, uma homenagem a esse grande Orixá.

Nanã Buruquê é o ponto de contato da terra com as águas, a separação entre o que já existia, a água da terra, por ordem de Olorum, sendo, portanto, também sua criação simultânea a da criação do mundo. Com a junção da água e da terra surgiu o barro, o qual, aliado ao Sopro Divino, que representa o movimento, adquire estrutura e forma, de modo que surge o homem, como ser criador ou criatura. Para muitos estudiosos, Nanã é a Divindade Suprema, que com Olorum fez parte da criação, sendo ela responsável pelo elemento barro, que deu forma ao primeiro homem e de todos os seres viventes da Terra.

Este Orixá apresenta pontos bastantes controvertidos no panteão africano, sendo definida por alguns como perigosa e vingativa, e por outros, praticamente desprovida de seus maiores poderes, relegada a um segundo plano amargo e sofrido, principalmente ressentido. É um Orixá que também rege a justiça, não tolera traição, indiscrição, nem roubo. É ela quem reconduz ao terreno do astral as almas dos que Oxum colocou no mundo real. É a deusa do reino da morte, sua guardiã, quem possibilita o acesso a esse território desconhecido.

A Senhora do Reino da Morte tem como seu elemento a terra fofa, que recebe os cadáveres, os acalenta, esquenta e os decompõe. "Da terra vieste e para a terra voltarás." O elemento barro foi utilizado para fazer o homem, ele pertence a Nanã e a ela deve ser devolvido. É uma Orixá cercada de muitos mistérios em seu culto, sendo tratada pelos praticantes da Umbanda e do Candomblé com menos familiaridade que os Orixás mais extrovertidos, como Ogum e Xangô.

Inúmeros são, portanto, os mistérios que Nanã esconde, pois no seu elemento terra entram os mortos e por meio dela são modificados para poderem nascer novamente. Ninguém pode nascer de novo se não morrer e passar por esse processo, sendo responsável por isso justamente Nanã. É considerada pelos adeptos da Umbanda e do Candomblé uma figura austera, justiceira e absolutamente incapaz de uma brincadeira ou alguma forma de explosão emocional. Jurar por Nanã, por parte de alguém do culto, é um compromisso muito sério e inquebrantável, pois o Orixá exige de seus filhos de santo e de quem a invoca a mesma relação austera que mantém com o mundo.

Nanã tem atuação conjunta com Obaluaiê, uma vez que ela atua na decantação emocional e no adormecimento do espírito que irá encarnar, já ele atua na passagem do plano espiritual para o material (encarnação), envolvendo o espírito em uma irradiação especial, que reduz o corpo energético ao tamanho do feto, já formado dentro do útero materno onde está sendo gerado, ao qual já está ligado desde que ocorreu a fecundação.

Este mistério divino, que reduz o espírito, é regido por Obaluaiê, que é o "Senhor das Passagens". Nanã envolve o espírito que irá reencarnar em uma irradiação única, que dilui todos os acúmulos energéticos, assim como adormece sua memória, preparando-o para uma nova vida na carne, na qual não se lembrará de nada do que já vivenciou. É por isso que Nanã é associada à senilidade, à velhice, que é quando a pessoa começa a se esquecer de muitas coisas que vivenciou na sua vida carnal.

Como se vê, um dos campos de atuação de Nanã é a "memória" dos seres, sendo certo que se Oxóssi estimula o raciocínio, ela adormece os conhecimentos do espírito, para que eles não interfiram no destino traçado para uma nova encarnação.

Na linha da maternidade, podemos identificar os Orixás da seguinte forma: no início desta linha temos Oxum, estimulando a sexualidade feminina; no meio encontramos Iemanjá, estimulando a maternidade, e no fim está Nanã, paralisando tanto a sexualidade quanto a geração de filhos, em razão da menopausa.

Esta grande Orixá, mãe e avó, é protetora dos homens e das criaturas idosas, padroeira da família, tem o domínio sobre as enchentes, as chuvas, bem como sobre o lodo produzido por essas águas. No xirê, no Candomblé, ela dança fazendo movimentos com os braços como se estivesse embalando uma criança. A festa de Nanã é realizada, em virtude do sincretismo, no dia de Sant'Ana, e se realiza a cerimônia que se chama "Dança dos Pratos".

Nanã é um Orixá feminino de origem daomeana, o qual acabou sendo incorporado na mitologia iorubá, quando o povo nagô conquistou o povo do Daomé, assimilando sua cultura e incorporando alguns Orixás dos dominados à sua mitologia já estabelecida. Para que se tenha ideia de como se deu isso, é preciso entender que Oxalá, divindade iorubá ou nagô, continua sendo o pai de quase todos os Orixás.

Iemanjá, figura mítica igualmente iorubá, é a mãe de seus filhos (nagô), e Nanã, figura mítica Jeje, assume a figura de mãe dos filhos daomeanos. É fato que não se questiona a paternidade de Oxalá sobre os daomeanos, paternidade essa que não existe nas primeiras lendas do Daomé, nas quais Oxalá obviamente não é citado nem sequer existia.

Os mitos daomeanos eram mais antigos que os nagôs, pois vinham de uma cultura ancestral, que se mostra anterior à descoberta do fogo. Buscou-se, contudo, acertar essa cronologia, com a colocação de Nanã e o nascimento de seus filhos como fatos anteriores ao encontro de Oxalá e Iemanjá. Nesse contexto, ela é a primeira esposa de Oxalá, tendo com ele três filhos: Iroco (ou Tempo), Omolu (ou Obaluaiê) e Oxumaré.

Características de Nanã

Cor: roxa ou lilás (em algumas casas, branco e azul).
Fio de Contas: contas, firmas e miçangas de cristal lilás.
Ervas: manjericão-roxo, colônia, ipê-roxo, folha da quaresma, erva-de-passarinho, dama-da-noite, canela-de-velho, salsa-da-praia,

manacá. Em algumas casas: assa-peixe, cipreste, erva-macaé, dália vermelho-escura, folha de berinjela, folha de limoeiro, manacá, rosa vermelho-escura, tradescância.
Símbolo: chuva.
Pontos da Natureza: lagos, águas profundas, lama, cemitérios, pântanos.
Flores: todas as flores roxas.
Essências: lírio, orquídea, limão, narciso, dália.
Pedras: ametista, cacoxenita, tanzanita.
Metal: latão ou níquel.
Saúde: dor de cabeça e problemas no intestino.
Satélite e planeta: Lua e Mercúrio.
Dia da semana: sábado (em algumas casas, segunda-feira).
Elementos: água e terra – barro.
Saudação: Saluba Nanã.
Bebida: champanhe.
Animais: cabra, galinha ou pata (brancas).
Comidas: feijão-preto com purê de batata-doce, aberum, mungunzá.
Número: 13.
Data comemorativa: 26 de julho.
Sincretismo: Nossa Senhora Sant'Ana.
Incompatibilidades: lâminas, multidões.
Qualidades: *Ologbo, Borokun, Biodun, Asainán, Elegbe, Susure.*

Características dos Filhos de Nanã

Uma pessoa que tenha Nanã como Orixá de cabeça aproxima-se da figura da avó, ou seja, é carinhosa, às vezes em excesso, levando o conceito de mãe ao extremo, mas também ranzinza, preocupada com detalhes, com forte tendência a sair censurando os outros.

Os filhos deste Orixá, normalmente, não têm muito senso de humor, o que faz com que valorizem demais pequenos incidentes e transformem, por vezes, pequenos problemas em grandes dramas. Eles têm uma grande capacidade de compreensão do ser humano, como se fossem muito mais velhos do que sua própria existência, motivo pelo qual o perdão aos que erram e o consolo para quem está sofrendo são habilidades naturais.

Nanã, por intermédio de seus filhos, vive voltada à comunidade, sempre tentando realizar as vontades e as necessidades dos outros. Às vezes, porém, exige atenção e respeito que julga devidos, mas não obtidos, dos que a cercam. Tem dificuldade de compreender como as pessoas cometem certos erros triviais, básicos, bem como optam por certas saídas que para um filho de Nanã são evidentemente inadequadas.

Sendo dotados de extrema sabedoria, os filhos de Nanã conhecem a postura a ser tomada em todas as situações. Suas reações são equilibradas, marcadas pela pertinência nas decisões, o que os mantêm sempre no caminho da sabedoria e da justiça. Esses elementos indicam que os filhos de Nanã são mais conservadores que o restante da sociedade, não sendo raro encontrar os que desejam a volta de situações do passado, dos modos de vida que já se foram, sendo resistentes a mudanças e inovações. Os filhos deste Orixá preferem um mundo previsível, estável ou até mesmo retrocedendo, pois aqueles tempos que já se foram eram os bons.

No que concerne à compleição física, são pessoas que envelhecem rapidamente, aparentando mais idade do que realmente têm. Os filhos de Nanã são calmos e benevolentes, agindo sempre com dignidade e gentileza. Efetivamente, são pessoas lentas no exercício de seus afazeres, já que entendem que deve haver tempo para tudo, não têm pressa e agem como se o dia fosse durar uma eternidade.

As mulheres são muito afeiçoadas às crianças, educam-nas com ternura e excesso de mansidão, possuindo tendência a se comportar com a indulgência das avós. As filhas deste Orixá são normalmente pouco femininas, afastadas da sexualidade, por medo de amar, de ser abandonadas e sofrer, de modo que dedicam sua vida ao trabalho, à vocação, à ambição social.

Cozinha Ritualística

Canjica Branca
Canjica branca cozida com leite de coco: colocar a canjica em tigela de louça branca, despejando mel por cima, e uvas brancas, se desejar.

Berinjela com Inhame
Berinjela aferventada e cortada verticalmente em quatro partes; inhames cozidos em água pura, com casca, cortados em rodelas, arrumados em um alguidar, regados com mel.

Sarapatel
Miúdos de porco devem ser lavados com água e limão, depois devem ser cortados em pedaços pequenos, temperados com coentro, louro, pimenta-do-reino, cravo-da-índia, caldo de limão e sal. Leva-se para cozinhar no fogo, sendo que quando tudo estiver macio, junta-se sangue de porco e deixa-se ferver. Este prato deve ser servido acompanhado de farinha de mandioca torrada ou arroz branco.

Paçoca de Amendoim
Amendoins torrados e moídos, misturados com farinha de mandioca crua, açúcar e uma pitada de sal.

Efó
Ferve-se um maço bem grande de língua-de-vaca, espinafre ou beterraba; depois, amassar até virar um purê. A seguir, a massa deve ser passada na peneira e espalhada para evaporar toda a água. Assim que secar, coloca-se em uma panela, com azeite de dendê, camarões secos, pimenta-do-reino, cebola, alho e sal. Cozinha-se com a panela tampada e em fogo baixo. Este prato é servido com arroz branco.

Aberum
Milho torrado e pilado.

Nanã também recebe: calda de ameixa ou de figo, melancia, uva, figo, ameixa e melão, tudo depositado à beira de um lago ou mangue.

Lenda de Nanã

Como Nanã Ajudou na Criação do Homem

Diz-se que quando Olorum encarregou Oxalá de fazer o mundo e modelar o ser humano, o Orixá tentou vários caminhos, os quais não surtiram o efeito desejado. Ele tentou fazer o homem de ar, como ele, mas não deu certo, pois o homem logo se desvaneceu. Tentou fazer de pau, mas a criatura ficou dura. Tentou fazer de pedra, mas o resultado foi pior ainda. Fez de fogo e o homem se consumiu. Tentou azeite, água e até vinho de palma, sendo que nada surtia o efeito desejado.

Nanã, então, veio em seu socorro e deu a Oxalá a lama, o barro do fundo da lagoa de onde morava. Oxalá modelou no barro, criando o homem, que com o sopro de Olorum caminhou. Contudo, ficou acertado que um dia o homem teria de morrer, sendo que seu corpo deveria voltar a terra, voltar à natureza de Nanã. Nanã deu a matéria no começo, mas quer de volta no final tudo o que é seu.

Capítulo 26

Iansã

Iansã é um dos mais conhecidos Orixás femininos, muito famoso no Brasil, inclusive por aqueles que não são adeptos da Umbanda e do Candomblé, sendo também chamada de Oyá, nomenclatura pela qual é mais conhecida na África. A palavra Iansã surge da contração da palavra *Ya Mesan Orun*, que significa "Mãe dos Nove Céus", em alusão aos nove oruns, quantidade de planos existentes na conformidade da mitologia iorubá.

Há quem sustente, ainda, que o nome Iansã se trata de um título que Oyá recebeu de Xangô em referência ao entardecer. Iansã significaria a "Mãe do Céu Rosado" ou "Mãe do Entardecer". Era como ele a chamava, pois dizia que ela era radiante como o entardecer. Iansã é sincretizada com a figura católica de Santa Bárbara. É saudada após os trovões, não pelo raio em si, propriedade de Xangô, mas principalmente porque Iansã é uma das mais apaixonadas amantes de Xangô, e o Senhor da Justiça não atingiria quem se lembrasse do nome da amada.

Ela é a Senhora do Vento, de uma forma geral, pois se estão calmos representam uma brisa suave; se violentos, a tempestade. Nas giras de Umbanda e no xirê do Candomblé, Iansã surge incorporada em seus filhos como autêntica guerreira, brandindo sua espada ou seu eruexim, muito feliz, com energia para dar e vender. Para Iansã não existe o morno, ela é quente, a própria representação do fogo, de modo que ela ama intensamente e gosta de mostrar seu amor, sua alegria contagiante. Assim é também com sua cólera, avassaladora, como é o vendaval, caso seja provocada.

Como a maior parte dos Orixás femininos, cultuados inicialmente pelos iorubás, é a divindade de um rio conhecido internacionalmente como Rio Níger, ou Oyá. Aliás, é bom que se diga que todas as Yabás, ou seja, Orixás femininos têm ligação com a água, ao seu modo, é claro. A figura de Iansã guarda boa distância das outras personagens femininas, centrais do panteão mitológico africano, mantendo maior relação de proximidade com os Orixás masculinos, até por conta de seu aspecto guerreiro, de modo que está presente tanto nos campos de batalha, onde se resolvem as grandes lutas, como nos caminhos cheios de risco e de aventura.

Iansã tem uma sensualidade nata, apaixona-se com frequência e a multiplicidade de parceiros é uma constante na sua ação, mas nunca ao mesmo tempo, já que Iansã é íntegra em suas paixões. Na verdade, isso precisa ser mais bem entendido, pois Iansã é curiosa, tem fome de saber e de poder, de maneira que se relacionou com vários Orixás, os auxiliou e sempre recebeu algo em troca, seja o conhecimento, seja o domínio, como é o caso dos eguns, que lhe foram entregues por Obaluaiê.

Nada nela é medíocre, regular ou discreto. Suas zangas são terríveis, seus arrependimentos dramáticos, seus triunfos decisivos, em qualquer tema, e não quer saber de mais nada, não sendo dada a picuinhas, pequenas traições. É o Orixá do arrebatamento, da paixão. A palavra morno não existe no vocabulário de Iansã. Iansã foi mulher de Ogum e, posteriormente, a mais importante esposa de Xangô. É irrequieta, autoritária, não deixando de ser sensual, de temperamento muito forte, dominador e impetuoso. É dona dos movimentos, já que mobiliza todos os Orixás.

Iansã é a Senhora dos Eguns, isto é, dos espíritos dos mortos, os quais controla com um eruexim, seu instrumento litúrgico durante as festas, trata-se de uma chibata feita de rabo de búfalo, atado a um cabo de osso, madeira ou metal. É ela a responsável, juntamente a Obaluaiê, em guiar os espíritos dos mortos.

Oyá/Iansã é a primeira Orixá de temperamento mais agressivo; a segunda é Obá e a terceira, Oxum. Divindade da espada do fogo, dona da paixão, da provocação e do ciúme. Paixão violenta, que corrói, que cria sentimentos de loucura e o desejo de possuir, e por que não, o próprio desejo sexual. Ela é o desejo incontido, o sentimento mais forte que a razão.

A expressão "estou apaixonado" tem a presença e a regência de Iansã, que é o Orixá que faz nossos corações baterem com mais força e cria em nossas mentes os sentimentos mais profundos. É o ciúme doentio, o fascínio enlouquecido. É a paixão propriamente dita. É a falta de medo das consequências de um ato impensado no campo amoroso.

Características de Iansã

Cores: marrom, coral, rosa, além do branco, no Candomblé. Na Umbanda, muitas casas utilizam o amarelo como sua cor.
Fio de Contas: segue as cores do Orixá.
Ervas: cana-do-brejo, erva-prata, espada-de-iansã, folha de louro, erva-de-santa-bárbara, folha-de-fogo, colônia, mitanlea, folha da canela, peregum-amarelo, catinga-de-mulata, parietária, para-raio, cordão-de-frade, gerânio cor-de-rosa ou vermelho, açucena, folhas de rosa branca.
Símbolos: raio e eruexim.
Ponto da Natureza: bambuzal.
Flores: amarelas ou corais.
Essência: patchouli.
Pedras: coral, cornalina, rubi, granada.
Metal: cobre.
Dia da Semana: quarta-feira.
Elementos: fogo e ar.
Saudação: Eparrei Oyá!
Bebida: champanhe.
Animais: cabra amarela e coruja.
Comidas: a principal é o acarajé. Esse termo decorre da junção da palavra *Akara* (bola de fogo) com *Aje*, sendo *Akara* (comida). Além desse, temos o Ekuru e o Abará.
Número: 9.
Data comemorativa: 4 de dezembro.
Sincretismo: Santa Bárbara e Santa Joana d'Arc.
Incompatibilidades: rato, abóbora, arraia, carneiro e melancia.

Qualidades ou caminhos: Egunitá, Onira, Igbalé, Oya Biniká, Seno, Abomi, Gunán, Bagán, Kodun, Maganbelle, Yapopo, Onisoni, Bagbure, Tope, Filiaba, Semi, Sinsirá, Sire, Oya Funán, Fure, Guere, Toningbe, Fakarebo, De, Min, Lario, Adagangbará.

Características dos Filhos de Iansã

Os filhos de Iansã são conhecidos como pessoas de temperamento explosivo, inquietos e extrovertidos. Têm a mania de querer impor sua palavra, que é a que vale, de maneira que não admitem ser contrariados, não se importando se têm ou não razão, ao menos em um primeiro momento, não estando, assim, abertos ao diálogo.

São pessoas muito alegres e decididas, mas não gostam de ser questionadas, sendo dadas a contrariar preconceitos de toda a espécie, o que lhes traz prazer. São capazes de passar por cima de tudo que estão fazendo na vida, quando ficam tentados por uma aventura. São incapazes de ser dissimulados, querem saber o que um filho ou filha de Iansã está sentindo. Não disfarçam absolutamente nada, basta ver seu olhar e sua expressão, que vocês saberão se está ou não agradando. São transparentes, o que é uma enorme virtude, pois são sinceros, o que, por vezes, não é muito bem entendido e dificulta o convívio social.

Os filhos deste Orixá não sabem o que é sentir medo. Enfrentam tudo de peito aberto, são leais e objetivos, cheios de garra. Iansã é a mulher guerreira que, em vez de ficar no lar, vai à guerra. São assim os filhos de Iansã, que preferem as grandes batalhas ao cotidiano repetitivo. Diferentemente dos filhos de Ogum, que buscam enfrentar as batalhas com estratégia militar, os filhos de Iansã costumam ser mais individualistas, achando que com coragem e disposição para a batalha vencerão todos os problemas.

As pessoas que repentinamente mudam todo o rumo da sua vida por um amor ou por um ideal, certamente, são filhos deste Orixá. Uma súbita conversão religiosa, que implica uma mudança completa de código de valores morais e até de eixo base de sua vida, pode indicar que essa pessoa é filha de Iansã.

Os filhos de Iansã são corajosos o suficiente para promover uma modificação profunda, voltando tudo atrás, mesmo depois de ter revirado sua vida de pernas para o ar, em virtude de ter chegado à conclusão de que estavam enganados. Não existe nenhum problema em fazer e desfazer as coisas, principalmente quando reconhecem que estavam errados, desfazem tudo o que fizeram com a mesma energia.

Um filho de Iansã sempre acaba mostrando cabalmente quais são seus objetivos e pretensões, ou seja, são transparentes, vocês saberão exatamente o que pensam e se os agradou ou não. Mostram-se incapazes de perdoar qualquer traição. Quando estão amando verdadeiramente, são dedicados a uma pessoa, são extremamente companheiros.

Há quem diga que essas características criam uma grande dificuldade de relacionamentos duradouros com os filhos de Iansã, o que nos parece uma meia verdade, já que quando encontram a pessoa certa, que sabe entender seu gênio, os relacionamentos podem perdurar uma vida inteira.

Se, por um lado, são alegres e expansivos, por outro, podem ser muito violentos quando contrariados. Em razão de serem francos e de estilo direto, fatos menores provocam reações enormes e, quando possessos, não há ética que segure os filhos de Iansã, dispostos a destruir tudo com seu vento forte e arrasador. Ao mesmo tempo, costumam ser amigos fiéis para os poucos escolhidos para seu círculo mais íntimo, já que são bastante seletivos e não se enganam em suas impressões sobre certas pessoas.

Cozinha Ritualística

Ipetê
Cozinhe, em água pura, inhames descascados, sem sal. Frite, a seguir, no azeite de dendê, os inhames cozidos e cortados em rodelas. No próprio azeite que usou para a fritura, coloque camarão seco, descascado e picado, bem como salsa, de modo a fazer um "molho". Coloque os inhames fritos num prato e regue-os com esse "molho".

Acarajé
Vinte e quatro horas antes, ponha feijão-fradinho de molho. No dia seguinte, ele estará bem inchado. Descasque o feijão, grão por grão,

retirando o olho preto, e passe na chapa mais fina da máquina de moer carne ou no liquidificador.

Bata bastante para que a massa fique leve, isto é, até arrebentarem bolhas. Tempere com sal e cebola ralada. Ponha uma frigideira no fogo com azeite de dendê e aí frite os acarajés a colheradas, formando, assim, os bolinhos.

Bobó de Inhame

Cozinhe inhames com a casca e deixe-os escorrer para que fiquem bem enxutos. Amasse-os. Ponha azeite de dendê em uma panela, junte camarões secos, cebola, alho, gengibre, pimenta e uma colherinha de sal. Refogue bem. Acrescente os camarões frescos, inteiros, refogue mais um pouco. Junte o inhame amassado como um purê pouco a pouco, a colheradas, mexendo sempre. Cozinhe até endurecer.

Lendas de Iansã

Iansã Conquista o Domínio sobre o Fogo

Xangô enviou Iansã em uma missão à terra dos Baribas,[6] a fim de buscar um preparado, que, uma vez ingerido, lhe permitiria lançar fogo e chamas pela boca e pelo nariz.

Teimosia e curiosidade são qualidades inerentes a Oyá que, desobedecendo às instruções do esposo, experimentou esse preparado, tornando-se também capaz de cuspir fogo, para grande desgosto de Xangô, que desejava guardar só para si esse poder.

Por que São Utilizados os Chifres de Búfalo no Ritual do Culto de Oyá/Iansã?

Ogum, que estava caçando na floresta, avistou um búfalo vindo em sua direção. Preparando-se para abatê-lo, foi surpreendido pelo fato de o animal ter se despido de sua pele, surgindo uma linda mulher, Iansã. Ela escondeu sua pele em um formigueiro e se dirigiu ao mercado da cidade vizinha. Ogum apossou-se da pele escondida, levando-a para um depósito de milho ao lado de sua casa, indo, em seguida, ao mercado para galantear a dona desse objeto, por quem ele se encantou à primeira vista.

---

6. Baribas são um grupo étnico gur e um idioma do Benim e da Nigéria.

Ogum foi acometido de avassaladora paixão, que o levou a pedir que Oyá se tornasse sua esposa. Esta se recusou inicialmente, mas, no fim, acabou aceitando. Eis que ao retornar de volta à floresta não mais encontrou sua pele. Oyá recomendou ao caçador, ou seja, Ogum, que não contasse a ninguém que, na realidade, ela era um animal. Eles viveram muito bem por alguns anos e tiveram nove filhos, o que despertou o ciúmes das outras esposas de Ogum.

Ogum foi embriagado pelas esposas e acabou contando o segredo de Iansã. Estas, por sua vez, logo que Ogum se ausentou, começaram a cantar: "Você pode beber, comer e exibir sua beleza, mas sua pele está no depósito, você é um animal".

Oyá compreendeu a alusão, encontrou sua pele, vestiu-a e, voltando à forma de búfalo, matou as mulheres ciumentas. Em seguida, deixou seus chifres com os filhos, dizendo: "Em caso de necessidade, batam um contra o outro, e eu virei imediatamente em seu socorro". É por essa razão que os chifres de búfalo são sempre colocados nos locais consagrados a Iansã.

As Conquistas de Iansã

Iansã percorreu vários reinos, relacionou-se com vários Orixás, foi paixão de Ogum, Oxaguiã, Exu, Oxóssi e Logum Edé. Em Ifé, terra de Ogum, foi a grande paixão do guerreiro. Aprendeu com ele e ganhou o direito do manuseio da espada. Em Osogbô, terra de Oxaguiã, aprendeu e recebeu o direito de usar o escudo. Deparou-se com Exu nas estradas, com ele se relacionou, e aprendeu os mistérios do fogo e da magia. No reino de Oxóssi, aprendeu a caçar, tirar a pele do búfalo e se transformar naquele animal, com a ajuda da magia aprendida com Exu. Com o jovem Logum Edé, aprendeu a pescar.

Iansã partiu, então, para o reino de Obaluaiê, pois queria descobrir seus mistérios e até mesmo conhecer seu rosto, mas nada conseguiu pela sedução. Obaluaiê, contudo, resolveu ensiná-la a tratar dos mortos. Iansã, inicialmente, relutou, mas seu desejo de aprender e a curiosidade foram mais fortes, de modo que aprendeu a conviver com os eguns e controlá-los.

Partiu, então, para Oyó, reino de Xangô, onde acreditava que aprenderia a viver ricamente, com o mais vaidoso dos reis, mas não aprendeu apenas isso, aprendeu muito mais, descobriu o amor verdadeiro, e, por força dessa paixão violenta, Xangô dividiu com ela os poderes do raio e lhe deu seu coração.

Iansã Ganha de Obaluaiê o Poder sobre os Mortos

Obaluaiê, chegando à sua aldeia, viu que acontecia uma festa com a presença de todos os Orixás. Ele ficou com receio de entrar por conta de sua aparência, e permaneceu do lado de fora apenas espreitando. Ogum, ao perceber a angústia desse Orixá, cobriu-o com uma roupa de palha, com um capuz que ocultava seu rosto doente, convidou-o a entrar e aproveitar a alegria dos festejos. Obaluaiê, embora envergonhado, mas usando a roupa fornecida por Ogum, sentiu-se mais à vontade para entrar, sendo que ninguém se aproximava dele; nenhuma mulher quis dançar com Obaluaiê.

Iansã acompanhava tudo com rabo de olho, percebeu a triste situação de Obaluaiê e dela se compadeceu. Aguardou até que ele estivesse bem no centro do barracão, chegou então bem perto dele e soprou suas roupas de palha com seu vento. Nesse momento de encanto e ventania, as feridas de Obaluaiê pularam para o alto, transformadas em uma chuva de pipocas, que se espalharam pelo barracão.

Obaluaiê, a divindade das doenças, transformou-se num jovem belo e encantador. O povo o aclamou por sua beleza. Obaluaiê ficou mais do que contente com a festa, ficou grato. Em recompensa, dividiu com Iansã o seu reino.

Para mostrar a todos seu poder sobre os mortos, quando ela dançava, agitava no ar o eruexim, movimento que utiliza para afastar os eguns para o outro mundo. Iansã tornou-se Iansã de Igbalé, a rainha dos espíritos dos mortos, a condutora dos eguns, rainha que foi sempre a grande paixão de Obaluaiê.

Iansã, Orixá dos Ventos e da Tempestade

Oxaguiã estava em guerra, mas não tinha armas suficientes, porque a guerra perdurou por longo período. Ogum fazia as armas, mas não conseguia vencer a necessidade da produção. Oxaguiã pedia a seu amigo Ogum urgência, mas o ferreiro já fazia o possível. O ferro era muito demorado para forjar e cada ferramenta nova tardava muito para ser confeccionada.

    Oyá, esposa do ferreiro, resolveu ajudar Ogum a apressar a fabricação, de modo que se pôs a soprar o fogo da forja, sendo que seu sopro avivava, intensamente, o fogo e este derretia o ferro mais rapidamente. Logo, Ogum pôde fazer muitas armas, com as quais Oxaguiã venceu a guerra.

Capítulo 27

Oxum

Oxum é o nome de um rio em Ijexa, na Nigéria. Em Osobô, no mesmo país, ocorre o Festival anual em sua homenagem. Embora seja muito comum a associação entre rios e Orixás femininos na mitologia africana, Oxum é destacada como a dona da água doce e, por extensão, de todos os rios.

O elemento de poder dessa divindade é a água, em discreto movimento nos rios, a semiparada nas lagoas, não pantanosas, pois as predominantemente lodosas são pertencentes a Nanã e, principalmente, a das cachoeiras, onde costumam ser entregues suas comidas ritualísticas e seus presentes.

Oxum domina os rios e as cachoeiras, imagens cristalinas de sua essência, eis que por trás de uma superfície aparentemente calma podem existir fortes correntes e cavernas profundas. Oxum é conhecida por sua delicadeza e beleza, sendo sempre referenciada nos Itans ostentando roupas vistosas e objetos lindíssimos, predominantemente de ouro ou da cor dourada.

Sua imagem é quase sempre associada à maternidade, sendo comum ser invocada com a expressão "Mamãe Oxum". Este Orixá tem gosto pelo uso de colares, joias, perfumes, tudo relacionado à vaidade pessoal. Oxum é filha predileta de Oxalá e Iemanjá. Nos mitos, foi esposa de Oxóssi, a quem deixou para viver com Xangô. Foi também esposa de Ogum, de quem sofria maus-tratos.

Seduz Obaluaiê, que fica perdidamente apaixonado, conseguindo que ele afaste a peste do reino de Xangô. Oxum rivaliza com as outras duas mulheres de Xangô, ou seja, Iansã e Obá. É a segunda mulher de Xangô, deusa do ouro; na África, seu metal era o cobre, da riqueza e do amor, foi rainha em Oyó.

Pertence a Oxum o ventre da mulher e, ao mesmo tempo, controla a fecundidade, por isso as crianças lhe pertencem. A maternidade é sua grande força, tanto que quando uma mulher tem dificuldade para engravidar, é a Oxum que pede ajuda. Oxum é essencialmente o Orixá das mulheres, preside a menstruação, a gravidez e o parto. Desempenha importante função nos ritos de iniciação, que são a gestação e o nascimento. Orixá da maternidade, ama as crianças, protege a vida e tem funções de cura.

Oxum mostrou que a menstruação, em vez de constituir motivo de vergonha e inferioridade para as mulheres, proclama a realidade do poder feminino, a possibilidade de gerar filhos. Fecundidade e fertilidade são, por extensão, abundância e fartura. Em um sentido mais amplo, a fertilidade irá atuar no campo das ideias, despertando a criatividade do ser humano, que possibilitará seu desenvolvimento.

Oxum é o Orixá da riqueza, dona do ouro, fruto das entranhas da terra. É alegre, risonha, cheia de dengos, inteligente, mulher-menina brinca de boneca, mulher-sábia, generosa e compassiva, nunca se enfurece. Elegante, cheia de joias, é a rainha que nada recusa, tudo dá. Tem o título de iyalodê entre os povos iorubás, ou seja, aquela que comanda as mulheres na cidade, arbitra litígios e é responsável pela boa ordem na feira.

Oxum tem o domínio sobre a fertilidade, sendo que é a ela que se dirigem as mulheres que querem engravidar. É de sua responsabilidade zelar pelos fetos em gestação até o momento do parto. Já Iemanjá ampara a cabeça da criança e a entrega aos seus pais e mães de cabeça. Oxum continua zelando pelas crianças recém-nascidas até que estas aprendam a falar.

É o Orixá do amor, é a doçura sedutora. Todos querem obter seus favores, provar do seu mel, de seu encanto e, para tanto, a agradam, oferecendo perfumes e belos artefatos, tudo para satisfazer sua vaidade. O Orixá da beleza usa toda a sua astúcia e charme extraordinário para conquistar os prazeres da vida e realizar proezas diversas. É amante da fortuna, do esplendor e do poder.

Ela lança mão de seu dom sedutor para satisfazer a ambição de ser a mais rica e a mais reverenciada. Seu maior desejo, no entanto, é ser amada, o que a faz correr grandes riscos, assumindo tarefas difíceis, pelo bem da coletividade. Este Orixá é tanto uma brava guerreira, pronta para qualquer confronto, como a frágil e sensual ninfa amorosa. Determinação, malícia para ludibriar os inimigos, ternura para com seus queridos, Oxum é, sobretudo, a divindade do amor.

O Orixá amante ataca as concorrentes, para que não roubem sua cena, pois ela deve ser a única capaz de centralizar as atenções. Na arte da sedução, não há ninguém melhor que Oxum. No entanto, ela se entrega por completo quando perdidamente apaixonada, afinal, o romantismo é outra marca sua.

Da África tribal à sociedade urbana brasileira, a musa que dança nos terreiros de espelho em punho, para refletir sua beleza estonteante, é tão amada quanto a divina mãe que concede a valiosa fertilidade e se doa por seus filhos. Por todos os seus atributos, Oxum não poderia ser menos admirada e amada, não por acaso a cor dela é o reluzente amarelo-ouro, pois, como cantou Caetano Veloso, "gente é pra brilhar", mas Oxum é o próprio brilho em Orixá.

Sua responsabilidade em ser mãe restringe-se a crianças e bebês. Começa antes, na própria fecundação, na gênese do novo ser, mas não no seu desenvolvimento como adulto. Oxum também tem como um de seus domínios a atividade sexual e a sensualidade em si, sendo considerada pelas lendas uma das figuras mais belas do panteão mítico iorubano.

É um dos poucos Orixás iorubás que absolutamente não gostam da guerra, o que se vê claramente em um Itan em que Oyá e Obá foram guerrear com Xangô, preferindo Oxum permanecer no castelo. Nem por isso, pode-se afirmar que não seja estrategista, pois destrói os inimigos sem arranhar suas unhas.

Características de Oxum

Cor: azul, na Umbanda; amarelo, no Candomblé.
Fio de Contas: das mesmas cores.
Ervas: colônia, macaçá, oriri, erva-de-santa-luzia, oripepê, pingo-d'água, agrião, dinheiro-em-penca, manjericão branco, calêndula, narciso, vassourinha e jasmim. Em algumas casas, erva-cidreira, gengibre, camomila, arnica, trevo-azedo ou grande, chuva-de-ouro, manjericão, erva-de-santa-maria.
Símbolo: coração e cachoeira.
Pontos da Natureza: cachoeira e rios.

Flores: lírios e rosas amarelas.
Essências: lírio e de rosas.
Pedras: topázio amarelo ou azul.
Metal: ouro.
Dia da Semana: sábado.
Elemento: água.
Saudação: Ora ye ye o!
Bebida: champanhe.
Animal: pomba.
Comidas: omolocum, ipeté, quindim. Em algumas casas, banana frita, moqueca de peixe e pirão feito com a cabeça do peixe.
Número: 5.
Data comemorativa: 8 de dezembro.
Sincretismo: Nossa Senhora da Conceição, Nossa Senhora de Aparecida, Nossa Senhora de Fátima, Nossa Senhora de Lourdes, Nossa Senhora das Cabeças, Nossa Senhora de Nazaré.
Incompatibilidades: abacaxi e barata.

Características dos Filhos de Oxum

Os filhos de Oxum apreciam muito espelhos, joias caras, ouro, são muito exigentes no que diz respeito às suas roupas, tanto que não se exibem em público sem primeiro cuidar da vestimenta, do cabelo e, as mulheres, da maquiagem. As filhas de Oxum são vaidosas, elegantes, sensuais, adoram perfumes, joias caras, roupas bonitas, tudo que se relaciona com a beleza. São pessoas que apreciam o luxo e o conforto, são vaidosas, elegantes, sensuais e gostam de mudanças.

Pierre Verger afirma: "o arquétipo de Oxum é das mulheres graciosas e elegantes, com paixão pelas joias, perfumes e vestimentas caras". São mulheres voluptuosas e sensuais, porém mais reservadas que as de Iansã. Elas detestam chocar a opinião pública, para a qual dão muita importância, procurando, sempre, evitar escândalos. Possuem um forte desejo de ascensão social.

Os filhos de Oxum, por outro lado, são mais discretos, pois, assim como apreciam o destaque social, temem os escândalos ou qualquer coisa que possa macular a imagem de inofensivos, bondosos, que constroem cautelosamente. A imagem doce esconde uma determinação forte e uma ambição bastante marcante. Eles gostam da vida social, das festas e dos prazeres em geral, bem como de chamar a atenção do sexo oposto. O sexo é importante para os filhos de Oxum, os quais tendem a ter uma vida sexual intensa. Na verdade, os filhos de Oxum são narcisistas, já que é impossível gostar mais de alguém do que deles mesmos.

Sua facilidade para a doçura, sensualidade e carinho pode fazer com que pareçam os seres mais apaixonados e dedicados do mundo. São muito sensíveis a qualquer emoção, calmos, tranquilos, emotivos, normalmente têm uma facilidade muito grande para o choro. O arquétipo psicológico associado a Oxum aproxima-se da imagem que se tem de um rio, das águas que são seu elemento; aparência da calma que pode esconder correntes, buracos no fundo e grutas.

Os filhos desta divindade são desconfiados e possuidores de grande intuição que, muitas vezes, é posta a serviço da astúcia, conseguindo tudo que querem com imaginação e inteligência. Eles preferem contornar habilmente um obstáculo a enfrentá-lo de forma direta. Com essa atitude, lembram o movimento do rio, pois sua água contorna a pedra, que está em seu leito, em vez de se chocar violentamente contra ela. Por essa razão eles são muito persistentes, tendo objetivos fortemente delineados, chegando a ser incrivelmente teimosos e obstinados. Entretanto, às vezes, parecem esquecer um objetivo que antes era tão importante, não se importando mais com este. Na realidade, vão agir por outros caminhos, utilizando outras estratégias.

Oxum é assim: bateu, levou. Não tolera o que considera injusto e adora uma pirraça. Da beleza à destreza, da fragilidade à força, possui o toque feminino de bondade.

Cozinha Ritualística

Omolocum

Com feijão-fradinho cozido, passado no azeite de dendê com salsa picada e camarão seco, também picado ou ralado. Coloca-se em uma tigela de louça branca, adicionando ovos cozidos por cima.

Lendas de Oxum

Neste Itan, os inimigos de Xangô resolveram invadir o castelo, onde se encontrava Oxum, tomando conta do local. Ela não teve dúvida, mandou preparar um farto banquete para receber os invasores. Eles foram então recebidos com um belíssimo banquete e ficaram desconfiados, razão pela qual mandaram que Oxum e seus criados experimentassem a comida, para se certificar que esta não estava envenenada.

Oxum já havia advertido a todos os seus criados que somente poderiam comer em volta dos pratos e jamais no meio destes, ou seja, "comer pelas beiradas". Seguindo a determinação dos invasores, os criados de Oxum comeram pelas beiradas e nada lhes aconteceu, de modo que então os invasores passaram a se deliciar com o banquete.

Xangô, informado da invasão do seu castelo, retornou rapidamente. Ao chegar, deparou-se com todos os invasores mortos, envenenados. Oxum havia colocado o veneno no meio dos pratos, mas seus criados não foram atingidos, porque comeram apenas pelas bordas. Oxum derrotou todo um exército sem quebrar ou arranhar uma unha sequer, usando estratégia. Desta lenda é que surge a expressão "comer pelas beiradas".

Tudo que sai da boca dos filhos de Oxum deve ser levado em conta, pois eles têm o poder da palavra, ensinando feitiços ou revelando presságios. Oxum desempenha importante papel no jogo de búzios, pois é a ela que se devem formular as perguntas que Exu responde. No Candomblé, quando Oxum dança, traz na mão uma espada e um espelho, mostrando sua condição de guerreira e de divindade da sedução. Ela se banha no rio, penteia seus cabelos, põe suas joias e pulseiras.

Oxum estimula a união matrimonial, favorece a conquista da riqueza espiritual e a abundância material. Ela atua na vida dos seres, estimulando os sentimentos de amor, fraternidade e união.

Como Oxum Conseguiu Participar das Reuniões dos Orixás Masculinos

Assim que os Orixás chegaram à Terra, foram organizadas reuniões, das quais as mulheres não podiam participar. Oxum, revoltada por não poder participar das deliberações, resolveu mostrar seu poder e sua importância tornando estéreis todas as mulheres, secando as fontes, bem como transformando, por consequência, a terra improdutiva.

Olorum foi procurado pelos Orixás, os quais se queixavam de que tudo ia mal na Terra, em que pese todas as decisões fossem objeto de discussão e deliberação em reunião. Olorum perguntou a eles se Oxum participava das reuniões, tendo recebido a resposta negativa.

Olorum lhes esclareceu que sem a presença de Oxum e do seu poder sobre a fecundidade, nada daria certo. Diante disso, os Orixás convidaram Oxum para participar de seus trabalhos e reuniões. Depois de muita insistência, Oxum resolveu aceitar. Após isso, as mulheres tornaram-se fecundas, e todos os empreendimentos e projetos obtiveram resultados positivos. Oxum é chamada Iyalodê (*Iyáláòde*), título conferido à pessoa que ocupa o lugar mais importante entre as mulheres da cidade.

Como Oxum Conseguiu o Segredo do Jogo de Búzios

Oxum pretendia descobrir o segredo do jogo de búzios, mas seu dono, Exu, não queria lhe revelar. Oxum saiu à sua procura, sendo que ao chegar ao reino de Exu, este, desconfiado, perguntou-lhe o que queria por ali e disse que ela deveria ir embora, pois não lhe ensinaria nada. Ela, então, o desafiou a descobrir o que havia entre seus dedos. Exu abaixou-se para ver melhor, ao passo que ela soprou sobre seus olhos um pó mágico que ardeu muito e o cegou. Exu, gritando de dor, dizia:

– Não enxergo nada, cadê meus búzios?

Oxum, fingindo preocupação, respondeu:

– Búzios? Quantos são eles?

– Dezesseis! – respondeu Exu, esfregando os olhos.

– Ah! Achei um, é grande!

– É Okaran, me dê ele.

– Achei outro, é menorzinho!

– É Eta-Ogundá, passa pra cá...

Dessa forma, Oxum soube todos os segredos do jogo de búzios, sendo que Ifá, o Orixá da adivinhação, por sua coragem e inteligência, resolveu lhe dar também o poder do jogo e dividi-lo com Exu.

Capítulo 28

Obá

Orixá do Rio Obá ou Níger, embora feminina, é temida e considerada mais forte do que muitos Orixás masculinos. É identificada no jogo de merindilogum pelos odus *odi* (número 7), obeogunda (número 15) e *ossá* (números 7, 15 e 9, respectivamente). Obá é irmã de Iansã, foi esposa de Ogum e, posteriormente, terceira e mais velha mulher de Xangô.

É muito conhecida pelo Itan que conta que ela teria seguido um conselho de Oxum e decepado a própria orelha para preparar um ensopado para o marido, na esperança de fazê-lo mais apaixonado por ela. Quando manifestada, esconde o defeito com a mão. Seus símbolos são uma espada e o escudo. O culto relacionado a Obá é envolto em mistérios, sendo que são poucos os que entendem seus atos aqui no Brasil.

Obá e Ewá são semelhantes, são primas. Obá usa a festa da fogueira de Xangô para levar suas brasas a seu reino, logo, é considerada uma das esposas de Xangô mais fiéis a ele. Obá é Orixá ligado à água, guerreira e pouco feminina. As pororocas, as águas fortes, o lugar das quedas são considerados domínios de Obá. Ela tem domínio, com Nanã, sobre barro, água parada, lama, lodo e enchentes. Ela representa o aspecto masculino das mulheres (fisicamente) e a transformação dos alimentos de crus em cozidos. É considerada a dona da roda. É defensora da justiça, procura refazer o equilíbrio.

As roupas deste Orixá são vermelhas e brancas; ela usa um escudo, uma espada, uma coroa de cobre, além de um pano na cabeça, para esconder a orelha cortada. Segundo suas lendas, Obá lutou contra inúmeros Orixás, derrotando vários deles. Obá teria derrotado Exu, Oxumaré,

Omolu e Orunmilá, de modo que se tornou temida por todos os deuses, tendo sido derrotada apenas por Ogum, tornando-se assim sua esposa.

Ao lado de Ogum, quando este foi enfrentar Xangô, encantou-se pelo oponente e abandonou Ogum para se entregar ao outro. Obá nunca havia conhecido alguém como Xangô, ela via nele tudo o que sonhava para si. Existem algumas versões do grande encontro entre Xangô e Obá, sendo que, em uma delas, ela aparece como líder de todas as mulheres e a senhora de Elekô. Mas, em todas, as evidências dizem que o amor entre os dois era desmedido e nada ofuscava sua relação.

Da união entre Obá e Xangô nasceu Opará, Orixá que em certos cultos e casas é considerada um caminho ou qualidade de Oxum. Outra versão para a união de Xangô e Obá decorre do culto nos arredores da cidade de Elekô.

Havia uma sociedade restrita, na qual apenas mulheres podiam participar dos rituais. Obá era a fundadora dessa sociedade, que cultuava a ancestralidade feminina individual. Nenhum homem poderia sequer assistir ao ritual do segredo, sob o risco de ser punido por Obá com a própria vida.

Conta a lenda que, em uma das noites de culto, Xangô caminhava alegremente e dançava, quando percebeu, ao longe, um aglomerado de mulheres realizando uma cerimônia sob as ordens da enérgica Obá. Como Xangô era muito curioso, aproximou-se da cena para observar à espreita. Prontamente se encantou com a rara beleza de Obá, que, apesar de não ser tão jovem, era a mais bela mulher que ele já vira. Em razão do encanto, descuidou-se e foi notado.

As mulheres o cercaram e ele foi levado à presença de Obá, que lhe comunicou a gravidade de sua falta, cujo preço por violar o culto sagrado de Elekô era a morte. Mas, como a própria Obá havia se encantado com a inigualável beleza de Xangô, ela relutou em aplicar a sentença de morte, usando sua supremacia no culto para ditar novas regras. A partir de então, todo homem que violasse o culto, se fosse do agrado da senhora do culto, deveria unir-se a ela como marido ou aceitar a pena de morte.

Xangô não pensou duas vezes, pois seria poupado da sentença e ainda possuiria a grande deusa por quem havia se apaixonado.

A cerimônia de união de Xangô e Obá foi realizada dentro dos limites de Elekô, o que marcou o início de uma grande paixão. A deusa guerreira e justiceira, que pune os homens que maltratam mulheres, descobriu um sentimento novo por um homem, que ia muito além do ódio. A rainha de Elekô aprendeu a amar e ser amada, e dessa grande paixão nasceu uma menina, chamada Opará, bela, justiceira e feroz como os pais, a qual prosseguiu com o culto de Elekô.

Embora, em suas lendas, Obá tenha posteriormente se transformado em um rio, esse Orixá também está relacionado ao fogo e é considerado por muitos como o Xangô fêmea, por também possuir as características deste. Obá é saudada como o Orixá do ciúme, no que tange aos relacionamentos intempestivos entre casais. É a deusa da guerra e do poder.

Obá é cultuada como a grande deusa protetora do poder feminino, por isso também é saudada como Ìya Agbà e mantém estreitas relações com as *Iyami-Ajé*; é a "Iyami Egbé", a "Iyá Abiku". Dessa forma, é ela a encarregada de enviar ao mundo as crianças que nascem como castigo para seus pais. O que Xangô representa para os mortos masculinos, Obá representa para as mulheres mortas. Assim, ela é representante suprema da ancestralidade feminina.

Características de Obá

Cor: vermelho (marrom rajado).
Fio de Contas: das mesmas cores.
Ervas: candeia, negramina, folha de amendoeira, ipomeia, mangueira, manjericão, rosa branca.
Símbolo: ofangi (espada) e um escudo de cobre.
Pontos da Natureza: rios de águas revoltas.
Pedras: marfim, coral, esmeralda, olho de leopardo.
Metal: cobre.
Dia da Semana: quarta-feira.
Elemento: fogo.
Saudação: Obá Xirê.
Bebida: champanhe.

Animal: galinha-d'angola.
Comidas: abará – massa de feijão-fradinho enrolado em folhas de bananeira; acarajé e quiabo picado.
Data comemorativa: 30 de maio.
Sincretismo: Santa Joana d'Arc.
Incompatibilidades: sopa, peixe de água doce.

Lendas de Obá

Obá – Orixá Guerreira e das Águas Revoltas

Obá vivia em companhia de Oxum e Iansã, no reino de Oyó, todas as três esposas de Xangô. Ela percebia o grande apreço que Xangô tinha por Oxum que, mimosa e dengosa, atendia sempre a todas as preferências do rei, sempre servindo e agradando aos seus pedidos.

Obá, então, resolveu perguntar a Oxum qual era o grande segredo que ela tinha, pois desfrutava da preferência do amor de Xangô, o qual gostava muito dos pratos que preparava. Iansã também gozava de grande prestígio, pois sempre andava com o rei, em batalhas e conquistas de reinados e terras, em razão do seu gênio guerreiro e corajoso. Apenas Obá era sempre desprezada e deixada por último na lista das esposas de Xangô.

Oxum, então matreira e esperta, disse que seu segredo dizia respeito a como preparar o amalá de Xangô, principal comida do rei, que lhe servia sempre que desejasse bons momentos ao lado do patrono da Justiça. Obá, ingênua, escutou e registrou todos os ingredientes que Oxum falava. Ao final, Oxum falou que, além de tudo isso, tinha cortado e colocado uma de suas orelhas na mistura do amalá para enfeitiçar Xangô. Obá agradeceu a sinceridade de Oxum e saiu para fazer um amalá "em louvor ao rei".

Enquanto isso, Oxum ria da ingenuidade de Obá, que, embora sempre atenta a tudo, não percebeu que Oxum mentira, já que estava com suas orelhas intactas, tendo falado isso apenas para debochar de Obá. Obá, em uma grande prova de amor pelo seu rei, preparou um grande amalá, e, por fim, cortou uma de suas orelhas, colocando na mistura e oferecendo a Xangô.

Xangô, ao receber a comida, percebeu a orelha de Obá, esbravejou e gritou, expulsando Oxum e Obá do seu reino. Ambas, apavoradas, fugiram e se transformaram nos rios que levam os seus nomes. No local de confluência dos dois cursos de água, as ondas tornam-se muito agitadas, em consequência da disputa entre as duas divindades. Até hoje, quando manifestadas em suas filhas, elas dançam simbolizando uma luta.

Como já foi dito, os Itans devem ser bem interpretados e não entendidos ao pé da letra. São histórias simples para explicar coisas bem complexas.

A mensagem que este Itan nos traz é que, por amor, não devemos nos doar tanto a ponto de entregarmos parte do nosso corpo à pessoa amada. Devemos amar sim, com todo o fervor, fazer tudo pelo outro, sim, mas antes e, acima de tudo, devemos nos amar primeiramente. O amor irracional leva à loucura, a atentar contra o próprio corpo, o que não é nada bom para ninguém. Da mesma forma, não se deve agir com falsidades ou mentiras para conquistar a pessoa amada ou por amor, como fez Oxum, pois as consequências disso, normalmente, não são boas.

A Luta de Obá e Ogum
Obá, certa vez, desafiou Ogum para um combate, o qual aceitou, mas resolveu consultar um Babalaô antes da luta, que a ensinou a fazer uma pasta de milho e quiabo pilados, os quais deveriam ser esfregados no local destinado ao combate, o que foi feito. Obá perdeu o equilíbrio, escorregou e caiu no chão. Ogum, aproveitando-se disso, ganhou a luta.

Capítulo 29

Ewá

Ewá é igualmente conhecida como Ìyá Wa ou *Iyewá*. Como Iemanjá e Oxum, também é uma divindade feminina das águas e, às vezes, associada à fecundidade. Orixá Ewá é uma bela virgem por quem Xangô se apaixonou, porém não conseguiu conquistá-la, pois fugiu e foi acolhida por Obaluaiê que lhe deu refúgio.

Ewá mora nas matas virgens, tendo forte ligação com Iroco e Oxóssi, sendo uma guerreira valente e caçadora habilidosa. É reverenciada como a dona do mundo e dos horizontes. Em algumas lendas, aparece como a esposa de Oxumaré, em outras, como a esposa de Obaluaiê ou Omolu. A ela pertence a faixa branca do arco-íris. Ewá é a divindade do Rio Yewá. As virgens contam com a proteção de Ewá e, aliás, tudo que é inexplorado conta com sua proteção: a mata virgem, as moças virgens, os rios e os lagos onde não se pode nadar ou navegar.

A própria Ewá, acreditam alguns, só é iniciada na cabeça de mulheres virgens, pois ela mesma seria uma virgem, "a virgem da mata virgem", filha preferida de Oxalá e Oduduá. Ewá tem o dom da vidência, o qual lhe foi concedido por Orunmilá.

Na África, o Rio Yewá é a morada dessa deusa, mas sua origem gera polêmica, já que alguns afirmam que, tal como Oxumaré, Nanã, Omolu e Iroco, Ewá era cultuada inicialmente entre os mahi, foi assimilada pelos iorubás e inserida no seu panteão.

Havia um Orixá feminino oriundo das correntes do Daomé chamado Dan. A força desse Orixá estava concentrada em uma cobra que engolia a própria cauda, o que denota um sentido de perpétua continuidade da vida, pois o círculo nunca termina. Ewá teria o mesmo significado de Dan ou uma das suas metades – a outra seria Oxumaré.

Existem, no entanto, os que defendem que Ewá já pertencia à mitologia nagô, sendo originária na cidade de Abeokutá. Estes, certamente, por desconhecerem o panteão Jeje, no qual o Vodum Eowa seria o correspondente da Ewá dos Nagôs, confundem Ewá com a qualidade de Iemanjá, Oyá e Oxum. Ewá é um Orixá independente, mas é conhecida entre os jejes por Eowá, e por Ewá, no povo de língua iorubá.

Infelizmente, diz-se que as gerações mais novas não captaram conhecimentos necessários para a realização do seu ritual, daí vermos, constantemente, alguém dizer que fez uma obrigação para Ewá, quando, na realidade, o que foi feito é o que se faz normalmente para Oxum ou Iansã.

O desconhecimento começa com as coisas mais simples, como a roupa que veste, as armas e insígnias que segura e os cânticos e danças, isso quando não dizem que Ewá é a mesma coisa que Oxum, Iansã e Iemanjá. Seus símbolos são a âncora, o arpão e a espada, ofá, que utiliza na guerra ou na caça, brajás de búzios, roupa enfeitada com icô, ou seja, palha-da-costa tingida. Gosta de patos e pombos, e odeia galinhas, conforme um itan, que a seguir explicamos.

Muitas vezes, Ewá é considerada a metade mulher de Oxumaré, a faixa branca do arco-íris. Ela é representada, igualmente, pelo raio do sol e pela neve. As palmeiras com folhas em leque também simbolizam Ewá – exótica, bela, única e múltipla. Na verdade, ela tem fundamentos em comum com Oxumaré, inclusive dançam juntos, havendo quem diga que seria a porção feminina, sua esposa ou filha.

Quando cultuada na nação Ketu, Ewá dança ilu, hamunha e aguerê. Na cultura Jeje, na qual suas danças são impressionantes, prefere o *bravun* e o *sató*, sendo que dança acompanhada de Oxumaré, Omolu e Nanã. Nas festas de Olubajé, Ewá não pode ser esquecida, deve receber seus sacrifícios, sendo que no banquete não pode faltar uma de suas comidas favoritas, ou seja, banana-da-terra frita em azeite.

Nos anais dos Candomblés tradicionais da Bahia, Ewá é cultuada há muito tempo e com grande refinamento no Terreiro do Gantois ou Ilé Iyá Omi Àse Iyamasé, assim como também tem seus fundamentos guardados com grande zelo na Casa de Oxumaré ou Ilé Oxumaré Aracá Axé Agodó, além de ser também cultuada e fundamentada no Ilê Axé Opô Afonjá.

Características de Ewá

Cores: vermelho e dourado.
Fio de contas: da mesma cor.
Ervas: arrozinho, baronesa (alga), golfão.
Símbolo: arpão.
Pontos da Natureza: linha do horizonte. Recebe oferendas em rios e lagos.
Flores: flores brancas e vermelhas
Metais: ouro, prata e cobre.
Dia da semana: sábado.
Saudação: Hihó.
Bebida: champanhe.
Animal: sabiá.
Comidas: banana inteira feita em azeite de dendê com farofa do mesmo azeite, milho com coco, batata-doce e canjiquinha.
Também costuma-se fazer o *Eja-isu* – peixe com inhame, salada de milho/feijão/coco.
Elemento: água.
Número: 15 – odu obeogunda.
Data comemorativa: 13 de dezembro.
Sincretismo: Nossa Senhora das Neves.
Incompatibilidades: aranha, teia de aranha e galinha.

Características dos Filhos de Ewá

Os filhos dessa divindade são pessoas de beleza exótica, diferenciam-se das demais justamente por isso. Possuem tendência à duplicidade, de modo que em algumas ocasiões podem ser bastante simpáticos, em outras são extremamente arrogantes. Alguns aparentam ser bem mais velhos, sendo que outros parecem meninas, ingênuas e puras. Apegados à riqueza, gostam de ostentar, de roupas bonitas e vistosas, e acompanham sempre a moda, adoram elogios e galanteios.

São pessoas altamente influenciáveis, que agem conforme o ambiente e aqueles que as cercam, de modo que podem ser contidas damas da alta sociedade, quando o ambiente requisitar, ou mulheres populares, falantes e alegres em lugares menos sofisticados.

Os filhos de Ewá são espertos e atentos, mas sua atenção é canalizada para determinadas pessoas ou ocasiões, o que os leva a desligar-se do resto das coisas. Isso aponta uma certa distração e dificuldades de concentração, especialmente em atividades escolares.

Lendas de Ewá

Por que Ewá não Aceita Galinha

Ewá, certa vez, foi para o rio lavar roupa, e, assim que acabou, estendeu-a para secar. Nesse momento, veio uma galinha e ciscou com os pés toda a sujeira que se encontrava no local para cima da roupa lavada, tendo Ewá que tornar a lavar.

Enraivecida, amaldiçoou a galinha, dizendo que daquele dia em diante haveria de ficar com os pés espalmados e que nem ela, nem seus filhos haveriam de comê-la, daí, durante os rituais de Ewá, galinha não passa nem pela porta.

Ewá, Orixá dos Horizontes e das Fontes

Conta a lenda que Ewá era esposa de Omolu, o qual não podia gerar um filho, o que lhe causava grande sofrimento. Em uma bela tarde, a dona dos horizontes estava a deleitar-se nas margens de um rio, juntamente com suas serviçais, que lavavam vários alás, ou seja, panos brancos, quando, de repente, surge de dentro da floresta a figura de uma pessoa, que corria muito e estava muito assustada.

– Como ousa interromper o deleite da mulher de Omolu, quem é você? – indagou Ewá, sobre a irreverência do rapaz.

– Ewá, não era minha intenção interromper tão sagrado ato, porém Iku, a morte, persegue-me há vários dias e preciso escapar dela, pois tenho ainda um grande destino a seguir, razão pela qual imploro por sua ajuda.

Ewá, então, respondeu:

– Gostei de você e vou ajudá-lo. Esconda-se sob os alás, que minhas serviçais estão a lavar, e eu despistarei Iku de seu caminho – assim foi feito, e o jovem rapaz escondeu-se embaixo dos panos brancos.

Alguns minutos se passaram, e eis que apareceu Iku. Ewá voltou-se para ela, com ar indignada e perguntou:
– Como ousa adentrar os domínios de minha morada, quem é você?
Iku, então, responde:
– Sou Iku, entro onde as pessoas menos esperam. Entro e carrego comigo dezenas, centenas e até milhares de pessoas! Porém, hoje estou a procurar por um jovem rapaz que está a me escapar há dias. Por acaso você o viu passar por aqui? – perguntou Iku para Ewá.
Ewá, então, respondeu:
– Eu o vi sim, Iku, ele foi naquela direção.
Ewá apontava para uma direção oposta à das suas aldeãs, que estavam a esconder o jovem rapaz. Iku agradeceu e seguiu pelo caminho indicado. Dessa forma, o rapaz pôde sair do seu esconderijo e agradecer Ewá. Ele disse:
– Ewá, agradeço por sua ajuda. Terei tempo agora para prosseguir meu caminho. Sou um grande adivinho e, em sinal de minha gratidão, a partir de hoje, presenteio-lhe com o dom da adivinhação.
Ewá agradeceu o presente dado pelo rapaz, que já havia se virado para ir embora, quando retornou e falou a Ewá:
– Sim, eu sei, você não pode ter filhos, pois lhe dou isso também. A partir de hoje, poderá ter filhos e alegrar seu marido.
Então, Ewá agradeceu novamente muito contente e, por fim, perguntou ao jovem rapaz:
– Qual é seu nome?
E o rapaz respondeu:
– Eu me chamo Orunmilá!

Capítulo 30

Como Desenvolver a Espiritualidade

Esta pergunta foi feita por um consulente a uma entidade que trabalha comigo, o Malandrinho das Almas, da falange de Zé Pilintra. De forma resumida, apresento, agora, a lição passada pelo nosso padrinho. Antes de mais nada, quero dizer que não estou fazendo referência a nomes, de maneira que não estou expondo nenhuma consulta. Antes mesmo de escrever sobre o assunto, consultei Malandrinho das Almas, que me autorizou a fazê-lo, dizendo que essa dúvida aflige a cabeça de várias pessoas, de modo que a mensagem enviada por ele poderia ajudar todos aqueles que passam pela mesma aflição. Iniciada a consulta, o consulente volta-se para Malandrinho das Almas e pergunta:

– O que posso fazer para desenvolver minha espiritualidade? Ainda mais em tempos de pandemia?

Malandrinho das Almas, então, responde com outra pergunta:

É, a Malandragem tem mesmo essa mania, de responder com outra pergunta que, na realidade, não é só uma pergunta, mas também contém uma resposta.

– Qual foi a última vez que você fez caridade?

Silêncio total por parte do consulente.

– Qual foi a última vez que estendeu a mão para ajudar um necessitado?

O silêncio prossegue, de forma até constrangedora.

– Quando você ajudou seu irmão que lhe pediu ajuda?

O silêncio seguiu, mas foi interrompido pela fala de Malandrinho das Almas:

– É, filho, você tem que entrar em um terreiro para fazer seu desenvolvimento, pois, para o desenvolvimento mediúnico, é indispensável a vivência de terreiro. É indispensável que você cumpra seus preceitos, ou seja, tome seus banhos, firme sua vela, não coma carne e não faça sexo no dia das giras, faça suas orações e participe das giras de desenvolvimento. Mas tudo isso fica difícil neste momento de pandemia, não é verdade? – completou Malandrinho das Almas. E continuou:

– Mas você sabe o que é Umbanda? Tem certeza? Você conhece a religião que quer seguir? Você já parou para estudar como ela surgiu, quais são as entidades que nela se manifestam? O que são os Orixás e tudo mais? Não? Como podemos seguir uma religião que não conhecemos, que não sabemos seus fundamentos, que desconhecemos quais são as nossas obrigações? Realmente fica muito difícil, não é verdade? Então, você que está começando a seguir a Umbanda, procure saber mais sobre ela, frequente um terreiro, faça o curso de desenvolvimento mediúnico na prática, pois a vivência de chão de terreiro é indispensável, mas, o mais importante e, acima de tudo, faça a caridade! A Umbanda é manifestação do espírito para a caridade! Não é só o espírito que tem de fazer a caridade, é ele, sim, mas também são os encarnados. Ora, não há evolução, seja do encarnado, seja do espírito, que não seja por meio da caridade. Então, como pode começar a desenvolver sua espiritualidade? Fazer caridade é a resposta. Ajude quem precisa. Todos os dias nos deparamos com pessoas que pedem ajuda e devemos ajudar. Entenda, ajuda não é necessariamente financeira, pois muitas vezes o que as pessoas precisam é de uma palavra amiga, serem ouvidas, serem entendidas e aconselhadas. Está disposto a se doar em favor do próximo? Se não, infelizmente, você não entendeu o que é Umbanda. Não adianta você entrar na Umbanda, a Umbanda tem que entrar na sua mente e, principalmente, no seu coração.

****

Vejam a lição passada por essa entidade, nessa consulta. Mas como escolher um terreiro para realizar o desenvolvimento? O terreiro que é bom é aquele que aquece seu coração. É aquele que não necessariamente é o mais bonito ou mais luxuoso, mas, sim, aquele onde se sente a energia ao pisar no solo sagrado, em que se sente acolhido, aquele que se dedica a prestar caridade aos irmãos necessitados.

Quer iniciar o desenvolvimento mediúnico? Não escolheu o terreiro? Quer saber como fazer? Eu lhe explico. Normalmente, recomendo que a pessoa frequente a assistência por, pelo menos, seis meses. Nossa! Seis meses, Marcelo, não é muito tempo?

Não, não é não, meu irmão, durante esse tempo você terá condições de conhecer a casa, saber como é o ritual adotado naquele terreiro, bem como ouvir os comentários das pessoas que o frequentam, que estão na assistência junto a você, isto é, se alcançaram suas graças, se estão sendo atendidas em seus pedidos, se estão se sentido acolhidas, etc.

Dessa forma, aquela impressão que você teve do terreiro, quando pisou pela primeira vez, vai se confirmar ou não. Caso se certifique, na casa, verifique como deve fazer para integrar a corrente mediúnica. Normalmente se começa como cambone, que é o auxiliar da entidade. Ser cambone é uma experiência incrível, pois você terá a oportunidade de acompanhar o trabalho das entidades e as consultas. Será de grande valia essa experiência e lhe trará grande aprendizado.

No desenvolvimento mediúnico, não se deve ter pressa! O que muda na sua vida saber qual seu Orixá de cabeça, qual o nome do seu caboclo? Respondo: nada, absolutamente nada. Então, tenha paciência e siga com fé, que, no tempo certo, as entidades vão se manifestar, riscar seu ponto, dar seu nome e você seguirá tranquilamente no seu desenvolvimento mediúnico que, aliás, é eterno, nunca termina. Somos médiuns em eterno desenvolvimento.

Capítulo 31

Os Orixás não São Santos

É importante que se tenha em mente que Orixá não é santo católico, embora exista o sincretismo, o que respeito muito e sigo, mas Orixá tem seus aspectos positivos e negativos, houve disputas entre eles, guerrearam, venceram batalhas e foram vencidos.

Vale dizer que os Orixás não são santos, na concepção católica, são ancestrais divinizados, para a Umbanda, forças da natureza. Assim, não podemos ficar com a ideia católica e cristã de que Orixá é um santo, no sentido de ser bonzinho. Até mesmo desconfio de que os santos católicos foram santos a vida inteira, sendo inegável que fizeram milagres.

Vejam, São Jorge era guerreiro da Capadócia, lutou, matou um monte de gente na guerra, até um dragão, ora, seria santo? Também conhecido como Jorge da Capadócia e Jorge de Lida, São Jorge foi, conforme a tradição, um soldado romano no exército do imperador Diocleciano, venerado como mártir cristão.

São Jorge é um dos santos mais venerados no Catolicismo, na Igreja Ortodoxa, bem como na Comunhão Anglicana. É imortalizado na lenda em que mata o dragão. É também um dos 14 santos auxiliares. No cânon do papa Gelásio (que exerceu o papado de 492 a 496), São Jorge é mencionado entre aqueles que "foram justamente reverenciados pelos homens e cujos atos são conhecidos somente por Deus".

Considerado um dos mais proeminentes santos militares, a memória de São Jorge é celebrada nos dias 23 de abril e 3 de novembro. Nessas datas, por toda a parte, comemora-se a reconstrução da igreja que lhe é dedicada, em Lida (Israel), na qual se encontram suas relíquias. A igreja foi erguida a mando do imperador romano Constantino.

Ele também é reconhecido como modelo de virgem, masculino, ao lado de São João Evangelista e o próprio Jesus Cristo. O problema é que a cultura cristã faz questão de "dourar a pílula", isto é, transformar os santos em santos, no sentido de bonzinhos, ou seja, escondendo seu lado negativo, o que não fazem os africanos. Por isso, para contar histórias complicadas, de forma bem simples, mas que trazem lições profundas, existem os Itans.

Vejam, Oxum fez com que Obá cortasse sua orelha para servir no amalá de Xangô. Ora, não se deve enganar ninguém, mesmo que seja por amor, bem como não se deve doar tanto a outra pessoa, a ponto de mutilar o próprio corpo. No final das contas, as duas são expulsas do Palácio de Xangô.

Esse Itan ilustra bem que Orixá não é Santo, o qual deve ser bem compreendido, de modo a não fazer essas coisas. As filhas de Oxum não devem enganar ninguém, ainda mais se for por amor. As filhas de Obá não devem se doar tanto, a ponto de mutilar seu próprio corpo.

O mínimo que se tem de fazer, quando se sabe qual é seu Orixá, é estudar sua história, verificar suas lendas, seus pontos positivos e negativos, sendo que estes últimos devem ser trabalhados e aqueles, ou seja, os positivos, devem ser reforçados. Se todos fizessem isso, estariam equilibrados com sua energia interna (Orixá está dentro de cada um de nós), com sua essência, sua energia espiritual, de maneira que teriam uma vida mais próspera.

Segundo os africanos, todos temos um caminho ou destino, marcado pelo seu odu – são 16 odus principais que, combinados entre si, resultam 256 odus. Aprendendo seu Odu, os filhos saberão qual é seu destino, de modo que conhecendo seus Orixás, saberão exatamente no que tem de trabalhar nesta vida para melhorar e prosperar.

Então, entenda de uma vez por todas: você não é brigão porque é filho de Ogum. Você é filho de Ogum, cuja missão é auxiliá-lo nesta vida a evitar brigas e confusões, ou seja, esse lado é que você tem de trabalhar, e conta com seu Orixá para ajudá-lo.

Você é filho de Xangô, logo, não quer dizer que seja justo, muito pelo contrário, você deve procurar sê-lo em sua vida terrena, contando com o auxílio e a orientação de seu Orixá, para que cumprir, adequadamente, sua missão, percorrendo seu caminho ou destino.

Quando nos afastamos da nossa essência, do nosso caminho ou destino, entramos em desequilíbrio, já que não estamos cumprindo o que deveríamos fazer nesta encarnação. Assim, não é verdade que o Orixá castiga, muito pelo contrário, ele procura orientar seu filho para que siga o caminho correto, mas se este insiste em não fazer isso, impera a Lei do Livre-Arbítrio. Desequilibrado e não cumprindo seu destino, realmente ninguém pode prosperar.

Capítulo 32

Cambones

Você entrou no terreiro, vai começar a trabalhar, foi escalado como cambone,[7] o que deve fazer? Eu vou lhe explicar. Antigamente, os cambones eram apenas os médiuns que não incorporavam suas entidades, chamados de não rodantes, justamente para auxiliarem nos trabalhos desenvolvidos pelas entidades incorporadas em outros médiuns.

Semelhantemente a essa tarefa desenvolvida no terreiro, temos os curimbeiros, assim chamados na Umbanda, ou ogans, assim denominados no Candomblé, os quais não recebem entidades ou Orixás. É evidente que isso se fazia necessário, pois imaginem um curimbeiro tocando atabaque e viesse a incorporar, de imediato, teríamos a interrupção do toque e do canto. Até mesmo o cambone que estivesse auxiliando uma entidade incorporada a realizar um trabalho, viesse a incorporar sua entidade, de fato, atrapalharia a consulta que ali se realizava naquele momento. Mas, como sabemos, a Umbanda é uma religião em constante movimento e transformação, de modo que algumas coisas mudaram, desde seu primórdio até os dias atuais.

Hoje, encontramos cambones e curimbeiros que são médiuns rodantes, justamente em razão da falta de médiuns não rodantes, para exercer essa atividade. Então, se você entrou no terreiro e o Zelador indicou que você deve exercer a função de cambone, não pense que, por esse motivo, não é um médium rodante. Pelo contrário, essa função passou a ser a primeira a ser exercida pelas pessoas que estão desenvolvendo sua mediunidade.

O que devo fazer se fui designado cambone?

---

7. Também chamado de cambono ou cambona.

Primeiramente, deve tomar seus banhos de ervas no dia da gira, bem como cumprir os preceitos – não consumir carne, não ingerir bebida alcoólica, não manter relações sexuais no período determinado pela Casa, entre outros –, de modo que aconselho você a se informar sobre isso com seu Pai de Santo, o qual lhe passará todos os detalhes.

Outra pergunta comum que você pode se fazer é: além de ter cumprido os preceitos, como determinado pelo meu Zelador, chegando ao terreiro, qual posição devo assumir? Você deve sempre consultar seu Pai de Santo para saber qual função irá desempenhar naquela gira. De qualquer forma, passo para você as posições normalmente assumidas pelos cambones em um terreiro.

Temos o cambone que fica na porta de entrada da gira, o qual controla o fluxo de pessoas que entram nas consultas e saem delas, procedendo à chamada nominal, por números ou senhas dos consulentes, e os encaminhando para atendimento pela entidade respectiva.

Este deverá verificar se o consulente está adentrando o solo sagrado com roupas discretas, caso contrário, deve fornecer um avental que normalmente está à disposição para essa finalidade. Se estiver com sapatos, deve retirá-los ou não, de acordo com as regras da casa, de modo que você deve se informar a respeito disso com seu dirigente.

Você poderá ser designado para servir como cambone, que irá auxiliar a entidade incorporada nos atendimentos. Os cambones podem ser fixos ou rotativos, conforme as regras do terreiro. O cambone fixo é aquele sempre que ajuda as entidades do mesmo médium, enquanto o rotativo auxilia as entidades de médiuns diferentes, sem repetir o mesmo médium em duas giras seguidas.

O inconveniente do cambone fixo é que se o médium faltar, o cambone, em tese, fica sem ninguém para cambonar. ao passo que se o cambone falta, o médium fica sem o auxiliar. Outrossim, esse modelo não possibilita que o cambone aprenda as várias formas diferentes de trabalho realizado pelas diversas entidades, que trabalham com os vários médiuns da casa.

Já o cambone rotativo tem a vantagem de aprender as diversas formas e características de trabalho de cada entidade com seus respectivos médiuns. As entidades trabalham de forma diferente, ainda que sejam da mesma linha, de modo que a rotatividade é uma grande oportunidade de aprendizado para o cambone.

O cambone deve se informar sobre onde estão as velas e os eventuais instrumentos de trabalho que podem ser utilizados pelas entidades no curso da gira, conforme as regras da casa, para não ficar perdido quando a entidade solicitar algo durante a consulta. Além disso, o cambone deve estar com a cabeça firme. A expressão "firmar a cabeça" é comumente utilizada pelas entidades e significa que o cambone deve se concentrar no trabalho que ali está sendo realizado, pois ele faz parte da corrente mediúnica e está doando energia para que tudo ocorra bem.

O cambone deve ficar ao lado da entidade, integrando o elo da corrente mediúnica para que o trabalho caritativo seja desempenhado a contento. Jamais, em hipótese alguma, o cambone deve ficar atrás da entidade ou entre ela e o consulente, de modo a não interferir nos fluxos energéticos. O cambone não está incorporado, logo, não deve empostar suas mãos em direção ao consulente, conforme a doutrina da casa. Quem faz isso, no nosso modo de entender, é a entidade incorporada, que sabe exatamente o que pode fazer, no momento certo, bem como a forma correta de se livrar de eventual carga negativa que venha a absorver por meio do passe magnético.

Esses detalhes são importantes para evitar que o cambone absorva cargas negativas e passe mal durante os trabalhos. A energia que o cambone empresta para a corrente é de forma circular, isto é, integrando a corrente mediúnica, nunca de maneira direta e dirigida a um consulente, a qual somente deve ser aplicada pela entidade incorporada. Ressalvo aqui eventual entendimento diverso e doutrina diferente que sejam observados neste ou naquele terreiro, o qual respeitamos, mas ousamos divergir de forma respeitosa.

O cambone, como foi dito, deve firmar sua cabeça, de modo que não deve nem pode incorporar a qualquer momento, principalmente durante os atendimentos feitos pelas entidades incorporadas nos médiuns de trabalho. Se o cambone não consegue controlar a incorporação, não deve atuar nessa função, e sim deve passar por um processo de desenvolvimento ou ajuste mais acurado, até que possa alcançar seu equilíbrio, para poder, portanto, exercer essa tão importante atribuição que é cambonar.

O cambone não é empregado da entidade, apenas auxilia nos trabalhos, tanto que, por vezes, quando um único cambone está auxiliando várias entidades, estas costumam acender sozinhas seus cigarros ou charutos, servirem sua própria bebida, pois entendem as dificuldades.

Vale lembrar que o cambone não pode fumar, quando muito, dependendo da doutrina da casa, acende o charuto ou cigarro para a entidade. O cambone também não pode beber, a não ser um pequeno gole, se oferecido pela entidade e se isso for permitido pelas regras da casa. Não tem o menor sentido o médium incorporado se embriagar, muito menos o cambone. O que importa é a qualidade de não a quantidade.

O cambone terá, então, normalmente, quando concluídos os trabalhos de atendimento, a oportunidade de dar passagem para suas entidades, bem como receber os passes e eventuais consultas com a entidade que cambonou, caso assim deseje e se essas consultas forem permitidas pelas regras da casa.

Capítulo 33

Cumprimentos

Neste capítulo, vamos falar sobre os cumprimentos na Umbanda. Antes de mais nada, devo observar que os cumprimentos podem modificar de casa para casa, conforme o fundamento do terreiro, de modo que o aconselho a se informar melhor com seu Zelador. Contudo, vou lhe mostrar quais os pontos e as pessoas que devem ser cumprimentados.

O primeiro ponto a cumprimentar é a tronqueira, que fica normalmente à esquerda de quem entra no terreiro. Devemos cumprimentar os senhores Exus e Pombagiras, guardiões daquela casa. Isso é feito tocando as costas das mãos, entrelaçando os dedos voltados para cima e as palmas da mão para baixo, e dando três voltas para a esquerda. Costuma-se tocar o solo três vezes, como forma de cumprimentar e pedir licença para os guardiões daquela casa.

Na sequência, você deve cumprimentar o Zelador. Se ele estiver em local destinado à assistência, fica mais fácil, mas se ele estiver no local destinado aos atendimentos, não se esqueça de que esse local é sagrado, de modo que é preciso reverenciar o chão e, também, pedir licença. Para cumprimentar o chão e pedir licença, costuma-se fazer uma cruz no solo utilizando a mão direita. Isso indica que se pede licença para as forças do alto, do baixo, da esquerda e da direita. Também se entende como um pedido de licença por Olorum, por Ifá e por Oxalá, dependendo da doutrina do terreiro que você frequenta.

No cumprimento ao Zelador você deve pedir a bênção, trazendo a mão dele ou dela em direção ao seu rosto, beijando-a. Deixe que seu Zelador puxe sua mão para beijá-la também, se esse for o costume da casa. Não se deve levar a mão até o rosto do Zelador. A troca de bênçãos nada mais é que a troca de bênçãos dos Orixás, ou seja, é o Orixá do filho que pede a bênção do Orixá do Zelador, e ambos trocam as bênçãos. Entendemos que as bênçãos são trocadas entre os Orixás. Assim, com todo o respeito que tenho aos Zeladores, mas a bênção é pedida ao Orixá que estes carregam, sendo que o Orixá que eu carrego concede a bênção trocada ao Zelador.

Também deve ser pedida a bênção à mãe ou ao pai pequeno, ou madrinha ou padrinho, variando a denominação de casa para casa. Por último, então, deve-se trocar a bênção com os demais irmãos de santo, de acordo com a doutrina da casa.

Deve-se bater cabeça no Congá, ou seja, o altar, ali se deitando, esticando seu corpo no chão e pedindo autorização para participar dos trabalhos que serão realizados, bem como iluminação, entregando seu corpo às suas entidades, para que possam dele se utilizar na prática da caridade e prestar auxílio aos irmãos necessitados, encarnados ou desencarnados. É preciso cumprimentar também os atabaques, procedendo-se da mesma forma como se cumprimenta o Congá.

No chamado bater cabeça, o médium deita-se de barriga para baixo e toca com a testa o chão em frente ao Congá, aos atabaques e à Coluna Energética, se houver. Em diversas culturas, ocidentais ou orientais, baixar a cabeça perante alguém ou alguma coisa significa que estamos submissos, respeitosos e obedientes a essa pessoa ou coisa.

Feito isso, o médium deve evitar conversas paralelas e aguardar serenamente o início dos trabalhos, entrando na energia da casa e se conectando com a espiritualidade superior, que já se encontra ali à disposição, independentemente do início dos trabalhos.

Cumprimentos no Candomblé

Dobalé: é o cumprimento feito pelo filho de santo, cujo Orixá (principal), dono da cabeça, é masculino. Deita-se de bruços no chão e toca-se o solo com a testa.

Iká: é o cumprimento que o filho de santo, cujo Orixá principal é feminino, deve fazer. Deita-se de bruços no chão, toca-se o solo com a cabeça e, simultaneamente, com o lado direito e depois o esquerdo do quadril (na nação Ketu, as mulheres não devem tocar o chão com o ventre).

Paó (pronúncia = paô): são três palmas lentas, gesto que serve como sinal de que é preciso comunicar alguma coisa, mas não se pode falar. Isso ocorre muito no Candomblé, quando os iniciados estão no Roncó[8] e não podem falar, logo, batem com as palmas das mãos, tentando dizer algo e se comunicar por algum motivo.

O Paó também é usado como saudação para Orixá. É uma palavra em iorubá que significa: *"pa"* = juntar uma coisa com outra; "ó" = para cumprimentar. Essa palavra é uma contração de ìpatewó, que significa aplauso. É um preceito do Candomblé e, normalmente, não se usa na Umbanda. Bate-se o Paó três vezes, da seguinte maneira: 3 + 7 vezes, intervalo; 3 + 7 vezes, intervalo; 3 + 7 vezes e termina com a saudação. Por exemplo: bate palmas (*Paó*) e diz: Laroyê Exu!

Saudação aos Pretos-Velhos: esse cumprimento consiste em fazer uma cruz no solo com a mão direita e, depois, fazer a cruz no peito.

Saudação aos Orixás: bate-se com os dedos da mão direita no chão, depois toca-se a fronte (Eledá), o lado direito da cabeça (Otum – Segundo Orixá) e a nuca (os Ancestrais).

Cumprimento ombro a ombro: quando um Guia cumprimenta um consulente ou um assistente com o bater de ombro isso é sinal de igualdade, de fraternidade e grande amizade.

---

8. Espaço sagrado onde ficam recolhidos os iniciados no Candomblé.

Capítulo 34

As Sete Linhas da Umbanda

Sabemos que foi o Caboclo das Sete Encruzilhadas o responsável pela organização da Umbanda, orientando, logo na primeira reunião, como seria essa nova religião, como seriam os trabalhos espirituais, qual o uniforme utilizado, o horário de início e término, os estudos, etc.[9] Era o Caboclo quem orientava e dava todas as determinações, por isso era chamado de Chefe pelos integrantes da Tenda Espírita Nossa Senhora da Piedade.

Além do Caboclo das Sete Encruzilhadas, logo na primeira reunião, também se manifestou outro espírito chamado Pai Antônio, um Preto-Velho. Esses dois espíritos foram os iniciadores do que conhecemos hoje como religião de Umbanda, um *Caboclo* e um *Preto-Velho*.

Somente em 1913 (passados cinco anos do início da religião), Zélio de Moraes começou a trabalhar com a entidade conhecida como Orixá Mallet. É importante deixar registrado que até a data citada, o nome original da nova religião era Alabanda (conforme aponta registro em áudio do próprio Zélio de Moraes). Alabanda é um termo com a seguinte estrutura: *Alá* é uma palavra árabe que significa "Deus"; *banda* significa "do lado de". Logo, Alabanda significa ao lado de Deus.

Esse nome foi dado pelo Caboclo das Sete Encruzilhadas, como uma homenagem ao Orixá Mallet, que era malaio e muçulmano (Alá é a forma como os muçulmanos denominam Deus). Portanto, até essa data não se falava em "Sete Linhas da Umbanda", tampouco existiam Crianças, Exus, Pombagira, Ciganos, Baianos e outras linhas conhecidas atualmente.

---

9. Confira o Capítulo 1 – A Origem da Umbanda.

Somente em 1925 é que o senhor Leal de Souza, em entrevista a um jornal do Paraná, chamado *Mundo Espírita*, apresenta, pela primeira vez, uma codificação das Sete Linhas da Umbanda. Leal de Souza era escritor, jornalista e redator-chefe do jornal *A Noite* do Rio de Janeiro. Durante dez anos, foi um participante ativo e dedicado na Tenda Espírita Nossa Senhora da Piedade e amigo pessoal de Zélio de Moraes. Afastou-se da Tenda Nossa Senhora da Piedade, sob as ordens do Caboclo das Sete Encruzilhadas, para fundar a Tenda Nossa Senhora da Conceição.

Em 1932, Leal de Souza foi convidado para escrever uma série de artigos sobre Espiritismo e Umbanda, e novamente apresentou as Sete Linhas da Umbanda. Publicou o primeiro livro sobre a Umbanda: *O Espiritismo, a Magia e as Sete Linhas da Umbanda*.

Segundo Leal de Souza, que vivia a Umbanda em sua origem, as Sete Linhas da Umbanda eram:

Oxalá;
Ogum;
Oxóssi;
Xangô;
Iansã;
Iemanjá;
Almas.

Em 1941, foi realizado no Rio de Janeiro o Primeiro Congresso Brasileiro de Umbanda, no qual foram ratificadas as Sete Linhas da Umbanda.

As linhas são chamadas de "Pontos da Linha Branca de Umbanda" ou Graus de Iniciação. São eles:

1º Grau de Iniciação: – Almas;
2º Grau de Iniciação: – Xangô;
3º Grau de Iniciação: – Ogum;
4º Grau de Iniciação: – Iansã;
5º Grau de Iniciação: – Oxóssi;
6º Grau de Iniciação: – Iemanjá;
7º Grau de Iniciação: – Oxalá.

Reparem que os Sete Pontos ou Graus de Iniciação, confirmados no Primeiro Congresso Brasileira de Umbanda, são as Sete Linhas da Umbanda apresentadas por Leal de Souza em 1925. Nesse primeiro congresso de Umbanda, a Tenda Mirim também apresentou um trabalho sugerindo que o nome da religião fosse Umbanda.

Em 1942, Lourenço Braga publica sua tese chamada *Umbanda e Quimbanda*, na qual apresenta o primeiro esquema formulado e pensado das Sete Linhas da Umbanda com sete legiões para cada linha. Também marca seu pioneirismo na apresentação da Linha do Oriente e das sete Linhas da Quimbanda:

Linha de Santo ou de Oxalá – dirigida por Jesus Cristo;
Linha de Iemanjá – dirigida pela Virgem Maria;
Linha do Oriente – dirigida por São João Batista;
Linha de Oxóssi – dirigida por São Sebastião;
Linha de Xangô – dirigida por São Jerônimo;
Linha de Ogum – dirigida por São Jorge;
Linha Africana ou de São Cipriano – dirigida por São Cipriano.

Em 1952, o Primado de Umbanda, ente federativo que tem como representante o senhor Benjamim Figueiredo, responsável pela Tenda Mirim, apresentou sua doutrina e os Sete Seres Espirituais responsáveis pela luz espiritual emanada de Deus, o primeiro elo entre Deus e as outras hierarquias espirituais.

Em nosso sistema solar, os chamados Orixás Maiores regem as Sete Linhas da Umbanda:

Orixalá;
Ogum;
Oxóssi;
Xangô;
Yorimá (Obaluaiê);
Yori (Ibeji – Erês – Crianças);
Iemanjá.

Em 1955, Lourenço Braga publicou o livro *Umbanda e Quimbanda* – volume 2, no qual apresenta a seguinte distribuição, atribuindo a cada linha um Arcanjo responsável e relacionando com os planetas:

Linha de Oxalá ou das Almas – Jesus – Júpiter;
Linha de Iemanjá ou das Águas – Gabriel – Vênus;

Linha do Oriente ou da Sabedoria – Rafael – Urano;
Linha de Oxóssi ou dos Vegetais – Zadiel – Mercúrio;
Linha de Xangô ou dos Minerais – Oriel – Saturno;
Linha de Ogum ou das Demandas – Samael – Marte;
Linha dos Mistérios ou dos Encantamentos – Anael – Saturno.

Em 1956, W. W. da Matta e Silva apresentou as Sete Linhas da Umbanda no livro *Umbanda de Todos Nós*:
Orixalá;
Iemanjá;
Yori (Crianças);
Xangô;
Ogum;
Oxóssi;
Yorimá (Linha das Almas, Pretos-Velhos).

Notamos que, a partir da década de 1950, os estudiosos retiraram das Sete Linhas a vibração de Iansã e a substituíram pela Yori (Crianças).

Em 1964, no livro *Okê Caboclo – Mensagens do Caboclo Mirim*, de Benjamim Figueiredo, fundador da Tenda Mirim, os Orixás se dividiram em menores e maiores, sendo estes últimos os regentes das Sete Linhas:
Oxalá: Inteligência;
Iemanjá: Amor;
Xangô Caô: Ciência;
Oxóssi: Lógica;
Xangô Agodô: Justiça;
Ogum: Ação;
Iofá: Filosofia.

Em 2003, Rubens Saraceni apresentou uma nova organização no livro *Sete Linhas da Umbanda – A Religião dos Mistérios*:[10]
Oxalá: Essência Cristalina – Fé;
Oxum: Essência Mineral – Amor;
Oxóssi: Essência Vegetal – Conhecimento;
Xangô: Essência Ígnea – Justiça;

---

10. Obra publicada pela Madras Editora.

Ogum: Essência Aérea – Lei;
Obaluaiê: Essência Telúrica – Evolução;
Iemanjá: Essência Aquática – Geração/Vida.

Em 2009, no livro *Manual Doutrinário, Ritualístico e Comportamental Umbandista*,[11] Rubens Saraceni traz a seguinte ordenação:

Oxalá;
Ogum;
Oxóssi;
Xangô;
Oxum;
Obá;
Iansã;
Oxumaré;
Obaluaiê;
Omolu;
Nanã;
Oiá Tempo;
Egunitá;
Exu;
Pombagira.

Em 2010, Janaina Azevedo Corral, no livro *As Sete Linhas da Umbanda*, traz a seguinte apresentação:

Linha de Oxalá;
Linha das Águas;
Linha dos Ancestrais (Yori e Yorimá);
Linha de Ogum;
Linha de Oxóssi;
Linha de Xangô;
Linha do Oriente.

Além das codificações citadas, existem outras.

Essas codificações tentam explicar ou justificar como, e por qual motivo, os espíritos se manifestam com determinadas características, porque possuem preferência por certas cores, nomes, regiões da natureza (praia, montanhas, matas, cemitérios, etc.) e demais afinidades.

---
11. Obra publicada pela Madras Editora.

Todos esses escritores e pesquisadores umbandistas, inspirados por seus mentores, observaram, estudaram e, de acordo com suas observações, agruparam as entidades espirituais em linhas, foram em determinadas épocas separadas em falanges, legiões, etc.

Assim, existem várias formas de cultuar a Umbanda, a qual é única, conforme a raiz que se siga, sendo que a prática da caridade é o núcleo que existe em todas essas variantes, de maneira que sempre devemos respeitar o irmão de fé que pensa de modo diferente.

Capítulo 35

Lei da Umbanda

Quando falamos em Lei da Umbanda, logo nos vem a primeira pergunta: "temos uma única Lei ou são várias Leis que regem a Umbanda e os nossos amados guias de trabalho?". A resposta mais correta me parece ser que existem inúmeras Leis entrelaçadas, que compõem todo o arcabouço ético e moral que as entidades de luz observam com rigor.

Ora, como saber se uma entidade que baixa em terra é de luz ou não? Basta prestar atenção naquilo que ela fala, na forma como se comporta e nos conselhos que dá aos seus consulentes. As entidades de luz são fiéis cumpridoras da Lei Divina, e esse é o tema deste capítulo.

Nenhuma entidade de luz, por mais elevada que seja sua evolução espiritual, viola a Lei Maior, isto é, as regras que seguem com perfeição. Assim, se virmos uma entidade afirmando que mata, que faz e acontece, que vai quebrar a perna, que vai ocasionar um acidente, que vai trazer marido ou mulher de volta, que faz amarração, etc., podem ter certeza de que não estão diante de uma entidade de luz, mas se trata de, no mínimo, um Kiumba, ou mesmo do animismo do médium.

Feitas essas colocações iniciais, vamos à análise de algumas das Leis da Umbanda, esclarecendo, desde já, que não tenho pretensão de esgotar o assunto, pois o conhecimento sobre o tema é por demais extenso, de modo que peço já minhas escusas para eventual deficiência da exposição.

Uma das mais importantes Leis da Umbanda é a Lei de Causa e Efeito, segundo a qual toda a causa corresponde a um efeito. Na física também é assim, pois a toda causa corresponde um efeito de igual intensidade, mas de sentido contrário.

Sempre é bom lembrar que, conforme nos ensinam nossas entidades, o plantio é facultativo, mas a colheita será sempre obrigatória. Tudo que fazemos na vida encarnada tem consequências, e a qualidade destas, se boas ou ruins, é ditada pela nossa conduta, diariamente, dentro e fora do terreiro.

O médium é médium 24 horas por dia, de modo que tudo o que faz gera consequências para sua vida carnal, bem como para seu desenvolvimento espiritual. Não está sentindo suas entidades firmes como eram antes, não está bem nas consultas, a casa parece não lhe trazer mais o prazer que trazia anteriormente, não se sente bem depois da gira? Reveja seu comportamento, dentro e fora do terreiro.

Está cumprindo seus preceitos, tem tomado seus banhos, sua vela está acesa, exerce o respeito aos dirigentes e aos irmãos da casa? Como está seu comportamento fora da casa, trata as pessoas com respeito, não busca prejudicar os outros para obter vantagens? Tem uma conduta ética e moral, ou apenas posa de santinho para ficar bonito na foto? Usa a religião para ameaçar as pessoas? Utiliza frases do tipo: "Quem me protege não dorme!"; "Tome cuidado porque meu Exu é perigoso, tenebroso"; e tantos outros qualificativos que vemos por aí? Afinal, o que está plantando, preste atenção, porque será o que vai colher. Quando toda a sua vida estiver de pernas para o ar, literalmente, não adianta reclamar. Quando entrou para a Umbanda, você o fez com um objetivo e firmou um acordo, um verdadeiro contrato, com suas entidades e seus Orixás, isto é, você se comprometeu a realizar uma reforma íntima, melhorar cada vez mais, pois todos temos defeitos; se não tivéssemos, não estaríamos aqui encarnados.

Está cumprindo fielmente aquilo com que se comprometeu? Não? Então, está encontrando as respostas de por que as coisas não vão bem para você; por que seu caboclo não brada mais com tanto vigor, pelo menos da forma que você sentia antes; por que seu Exu não dá mais os conselhos que dava anteriormente, cuja sabedoria dele, bem como dos Pretos-Velhos, você não sabia de onde vinha.

Pois é, meus irmãos, nunca é tarde para rever posições e condutas.

Ser filho de fé é maravilhoso, é extremamente gratificante, mas exige vigilância constante, afinal, somos de carne e osso, e estamos aqui encarnados com o objetivo de evoluir. Para isso, contamos com a ajuda das abnegadas entidades, que nos auxiliam, amparam e orientam.

A partir do momento em que o médium descuida da sua conduta ética e moral, descumpre os preceitos, os ignora, acha que não são mais tão importantes ou necessários, entra em vigor a segunda Lei mais importante da Umbanda, a Lei das Afinidades Espirituais.

Ora, com essa conduta moral e ética torta, todas as suas entidades vão se afastando, pois não há afinidade energética. Como no astral não há lugar para espaços vazios, tudo deve ser completado, são os Kiumbas que vão se aproximar do médium e passar a atuar utilizando-se dele e de sua energia vital para tanto. Pronto, estamos diante da Festa da Kiumbada, e taca-lhe pau.

A energia negativa presente em nossa aura está no nosso perispírito e pode se materializar, trazendo uma série de doenças. Todo sentimento gera uma energia. Se for um sentimento bom, gerará uma energia positiva, se for um sentimento ruim, desencadeará uma energia densa, extremamente danosa para nós, encarnados.

O que é nossa aura energética? Ela é composta pela energia que irradiamos. Somos espíritos, energia encarnada, verdadeiros irradiadores e absorvedores de energias. A energia que irradiamos depende muito daquilo que pensamos e sentimos. Se temos medo, angústia, raiva, dentre outros sentimentos, irradiamos tal vibração, que fica impregnada em nossa aura, em nosso perispírito.

Se sua aura ficar muito negativa, de acordo com a Lei das Afinidades Espirituais, vai acabar atraindo semelhantes, ou seja, espíritos que vibram nessa sintonia. Há quem sustente que, ao emanar muita energia negativa, sua aura vai abrindo brechas, trincas, fissuras, espaços que permitem que ela seja invadida, os espíritos trevosos podem adentrar e atingir não só sua mente, como também seu próprio corpo físico. Se a pessoa sente medo ou mágoa, isso pode ser bastante dimensionado, porque nós estamos vulneráveis aos ataques do baixo astral.

Por que os espíritos que atuam nessa vibração fazem com que os sentimentos negativos sejam aumentados? Porque eles se alimentam disso. Quanto mais sentimentos negativos você tiver, mais serão desenvolvidos, até que os espíritos negativos venham tomar completamente o comando do ser encarnado, havendo de maneira efetiva o que se chama de obsessão.

O espírito desencarnado não possui ectoplasma, o qual está presente somente nos seres encarnados. Os seres desencarnados usam essa energia vital dos seres encarnados para atuar no plano físico. Os seres de luz, nossos guias espirituais, utilizam-se do ectoplasma no momento da incorporação, impropriamente assim chamada, porque na realidade é acoplamento, ou seja, a fixação do guia nos chacras do médium, de modo a controlar sua fala, seus pensamentos e movimentos. Já os trevosos roubam o ectoplasma dos seres encarnados aproveitando as brechas deixadas em sua aura.

Nosso corpo físico passa por constante renovação por meio da troca de células, sendo que, com o passar dos anos, a capacidade e a velocidade de renovação diminuem, razão pela qual envelhecemos. Assim, podemos falar que uma célula velha morre para que uma nova nasça e ocupe seu lugar.

O que vai determinar se essa célula nascerá saudável ou não está ligado a uma série de fatores genéticos e biológicos/hereditários, mas não só isso, pois não somos somente carne, somos espíritos encarnados. Dessa forma, sua saúde física está intimamente ligada à sua energia vital, que, claro, interfere na mutação das células que nascerão para ocupar o lugar das que morreram.

Então, meus irmãos, vibrar positivamente, cultivar uma energia positiva, não só faz bem às pessoas com quem convivemos, mas também para nós mesmos. Se estamos impregnados de energias negativas, vamos desenvolver células que vibram nessa sintonia, contaminadas, disformes, que podem causar uma imensidão de doenças. A saúde das células está intimamente ligada à nossa saúde, o que está intimamente relacionado à energia que emanamos e cultivamos.

Por essa razão temos de mudar constantemente a forma de pensar, tratar as pessoas, encarar os problemas, nos relacionarmos com o próximo. Ou seja, modificar nossos pensamentos e nossa conduta, buscar uma reforma íntima, inclusive para nossa saúde física.

Observem como essas duas Leis se entrelaçam e combinam, fundindo-se mesmo, formando apenas uma. Os maus hábitos e os comportamentos nocivos trazem consequências negativas para todos nós, e estas são atraídas pela força negativada que estamos emanando, por força da Lei das Afinidades Espirituais.

Ser feliz depende somente de vocês, depende da energia que irradiam, daquilo que projetam para suas vidas, só colhemos o que plantamos. Ser feliz é uma determinação interna, é uma forma de vida, uma filosofia de vida, acima de tudo depende da sua fé.

Quanto maior sua fé, mais você é feliz, pois nenhum Orixá ou Guia quer ver o filho sofrer, a não ser que seja seu merecimento. Ninguém tem a vida perfeita, todos temos problemas, mas nossos Orixás e Guias nos ensinam como enfrentá-los, nos mostram os caminhos que devemos seguir, cabendo a nós, e não a eles, a escolha. As energias sublimes, sutis, afastam as energias mais densas e energeticamente danosas, pura e simplesmente porque não se misturam. Vocês já viram água se misturar com óleo?

As pessoas iniciam desenvolvendo esse tipo de sintonia, vibrando energeticamente de forma baixa, densa e pesada, emanando inúmeros fluidos negativos, o que acaba se transformando em um círculo vicioso. Quanto mais energias densas vibramos, mas afins atraímos, os quais estimulam verdadeiramente que vibremos nessa sintonia, pois os zombeteiros adoram e se alimentam dela. Isso se transforma em uma verdadeira espiral, que vai crescendo até tomar, praticamente por completo, o ser encarnado, o qual, nesse estágio, se encontra obsediado, não só por um, mas também por vários trevosos.

Isso não deixa de ser a ação da Lei Divina, da polaridade das energias ou das Afinidades Espirituais. Pode o ser encarnado chegar a um ponto de obsessão que ele já não sabe se está atuando de acordo com sua energia ou com a do obsessor, pois a simbiose é tamanha que a pessoa não consegue mais distinguir, vira um verdadeiro instrumento do baixo astral, boneco manipulado por ele e a serviço do obsessor.

A espiritualidade superior não interferirá enquanto essa pessoa não buscar ajuda, não entender o que está acontecendo com ela, não mudar seu padrão vibratório, não aprender a lição, que está agindo de modo errado e deve dar outro rumo para sua vida. Mais uma vez, é a Lei Divina agindo, por sua terceira Lei, que é a Lei do Livre-Arbítrio.

Percebam como todas as Leis se encaixam perfeitamente e, combinadas, formam um único sistema. As vibrações energéticas densas emanadas por um ser encarnado podem afetar outro ser, sendo que o estrago pode ser maior ou menor, dependendo de uma série de fatores. Depende de quanto o encarnado destinatário dessa energia está energeticamente equilibrado e capaz de repelir aquilo que lhe foi enviado. Depende da autorização dos guardiões para agir, pois a energia poderá chegar ao encarnado com a ciência destes, por ser seu merecimento que assim ocorra, para seu aprendizado, para sua evolução.

A energia pode passar pelos guardiões e atingir o encarnado, mesmo sendo médium, com a concordância deles, pois acima de tudo, são guardiões não só do encarnado, mas também, e o que é mais importante, da Lei Divina, a qual se comprometeram respeitar. Se o encarnado deve passar por aquilo, não podem impedir, até porque se assim fizessem estariam interferindo no livre-arbítrio e na evolução daqueles que buscam proteger.

Proteger tem um sentido muito mais amplo do que entendemos. Proteger é garantir que o encarnado siga o melhor caminho em busca da sua evolução pessoal, o que não quer dizer que ele não tenha de ultrapassar obstáculos, pois estes existem para seu crescimento pessoal.

Nós, encarnados, temos que aprender com nossos erros, mas não precisamos passar por momentos ruins, se aprendermos na primeira lição. Ocorre que muitos erram, sofrem com seus equívocos, continuam errando e vão continuar sofrendo até que aprendam a lição. A lição não existe para castigar ninguém, apenas para corrigir e mostrar que não estamos seguindo o caminho correto, para que haja uma correção no percurso, uma mudança de rota, uma reforma pessoal.

Se nós, encarnados, não aprendemos, é preciso repetir a lição. Muitos passam a encarnação inteira repetindo os mesmos erros e sofrendo por isso. Só reclamam, praguejam, mas nunca aprenderão e continuarão envolvidos nesse círculo vicioso, porque nada de proveitoso extraem das lições e das falhas cometidas.

É preciso dizer que não sendo merecida a energia indevidamente encaminhada, não estando o encarnado devidamente equilibrado, ele poderá sim ser afetado por esta, causando-lhe transtornos de todas as ordens. Mas, é claro que aquilo que foi ocasionado por um encarnado a outro, seja por ações, seja por pensamentos, tem que ser devolvido ao outro como sua paga – é o princípio de ação e reação.

Aos Exus cabe a tarefa de devolver com presteza aquilo que foi enviado, mas não era merecido. Cumprem a Lei Divina, da ação e reação, e por vezes são mal-interpretados, dizem que fazem o mal e prejudicam os encarnados. Isso não é verdade, o que ocorre na nossa vida, em grande parte, senão a totalidade, é fruto de nossas ações e pensamentos. Por esse motivo, fiquem sempre alertas e se policiem para não incorrer, repetidamente, nos mesmos erros. Estes trazem consequências que, para os Exus, não são boas ou ruins, apenas consequências.

A maior regra para o médium contar com a proteção de suas entidades pela vida toda é sua conduta moral, em todos os setores, em especial em sua família, assim entendida também a sua carnal e espiritual, composta pela sua casa, seu terreiro.

A sintonia fina entre médium e entidade faz com que ele, que é menos evoluído que aquela, mude seu comportamento diário, abandone costumes que não o edificam, seja mais tolerante com o próximo, busque se elevar e compreender coisas que até então lhe seriam indiferentes.

O desenvolvimento espiritual nada mais é que o desenvolvimento pessoal, íntimo de cada ser encarnado, o qual é médium dentro e fora do terreiro. É desenvolvimento de comportamento, atitude, conduta, de reforma íntima. Nenhum ser encarnado poderá ser um bom médium se não for uma boa pessoa, com quem se possa relacionar e confiar, disposto a ajudar quem dele necessita, sem esperar qualquer pagamento ou recompensa.

As mudanças são contínuas, diárias, mas com a elevação do padrão vibratório do médium, coisas que ele nunca esperava que ocorressem na sua vida vão acontecendo, pois quanto mais elevado o médium, menores são as chances de ser obsediado pelos infratores da Lei Maior. Os iguais se atraem e os opostos se repelem.

Não devemos nos fazer de surdos e ignorar advertências que nos são feitas pelos nossos protetores, ou seja, os avisos, pois aqueles que escolhem o árduo caminho do desenvolvimento espiritual e da caridade muitas pedras encontram, mas com certeza, nunca estão sozinhos para enfrentá-las, podendo estar certos de que, ao final, chegarão muito melhores do que quando iniciaram esta jornada, esse é o meu, o seu e o nosso objetivo.

Quanto ao orgulho desenfreado, deixemo-lo de lado, pois não somos nada, comparados com a Força Maior e Suprema, criadora de todos nós. Somos apenas uma centelha divina em constante mutação, dependendo da maior ou menor vigilância para a maior ou menor evolução.

Capítulo 36

Métodos Divinatórios

O ser humano sempre questionou o motivo de sua estadia sobre a Terra e, principalmente, o mistério que envolve seu futuro. A insegurança em relação ao porvir fez com que o homem tentasse, de diferentes maneiras, prever o que lhe estava reservado no futuro, precavendo-se, dessa forma, da má sorte, ao mesmo tempo que assegurava a efetivação de acontecimentos benéficos.

Muitos são os processos utilizados para essa finalidade e, no decorrer dos séculos, diversos sistemas oraculares foram desenvolvidos e largamente acessados, com maior ou menor possibilidade de erros e acertos. Dentre os sistemas oraculares utilizados pelos humanos, na ânsia de descobrir o futuro ou contatar as deidades com o intuito de desvendar o motivo de suas provações, destacamos alguns, como: a astrologia, a cartomancia (Tarô de Marselha e Tarô Cigano), runas, Merindilogum (jogo de 16 búzios: logum = 20, merin = 4 e di = menos, ou seja, 20 - 4 = 16, que é o número de búzios utilizados nesse método), Opele Ifá, dentre outros.

Quase todos os oráculos, independentemente de sua origem cultural, tendem ao aspecto religioso, sugerindo sempre uma prática ritualística de caráter muito mais místico do que científico. No Brasil, o sistema divinatório mais amplamente divulgado, aceito e praticado, é o popular "Jogo de Búzios", que tem suas origens nas religiões africanas, mais especificamente no culto de Orunmilá (*Orun* + *mi* + *lá* – Orun fala comigo), o Deus da Sabedoria e da Adivinhação. Nossa cultura assimilou de forma notável os costumes oriundos do continente africano, legados pelos escravos, que, no decorrer de vários séculos, foram trazidos para o Brasil de forma trágica e brutal.

Para o brasileiro, como para o africano, não cai uma folha de uma árvore sem que para isso não haja uma predeterminação espiritual ou um motivo de fundo religioso. As forças superiores são sempre consultadas para a solução dos problemas do cotidiano e, seja qual for a religião professada pelo indivíduo, a prática da magia é sempre adotada na busca de suas soluções, mesmo que essa prática mágica seja velada ou mascarada com outros nomes.

Na presente exposição, pretendo apenas demonstrar a mecânica do funcionamento de alguns métodos, como o jogo de búzios e o Oráculo de Ifá, sua interpretação e a forma como podem apresentar soluções para os problemas que diuturnamente aplacam nossas existências, sendo certo que o acesso a eles deve ser feito não só por pessoas iniciadas no Candomblé, mas também por aqueles que após sete anos de iniciados tenham recebido autorização para tanto.

Oráculo Divinatório de Ifá

Denomina-se Oráculo Divinatório de Ifá o sistema de adivinhação utilizado pelos Babalawos, sacerdotes consagrados ao culto de Orunmilá, "O Deus da adivinhação e da sabedoria", considerado a principal divindade do sistema religioso de culto aos Orixás.

O Babalawo (Pai que possui o segredo ou Pai do Segredo) é o sacerdote de maior importância dentro do sistema em questão. Todos os procedimentos ritualísticos e iniciáticos dependem de sua orientação, e nada pode escapar de seu controle.

Para absoluta segurança e garantia de sua função, o Babalawo dispõe de três formas distintas de acessar o Oráculo e, por intermédio delas, interpretar os desejos e as determinações das divindades e de outros seres espirituais. Essas diferentes formas são escolhidas pelo próprio Babalawo, de acordo com a importância do evento a ser realizado, de sua gravidade e significado religioso.

Jogo de Ikin ou O Grande Jogo

Por sua importância e precisão, o Jogo de Ikin é utilizado exclusivamente em cerimônias de maior relevância e só pode ser acessado pelos Babalawos, sendo direito exclusivo dessa casta sacerdotal. Compõe-se de 21 nozes de dendezeiro, que são manipuladas pelo adivinho, de forma a proporcionarem o surgimento de figuras denominadas Odu, portadoras de mensagem que devem ser codificadas e interpretadas para que sejam corretamente transmitidas aos interessados.

Os Odus são portadores, de forma cifrada, de conselhos, exigências e orientações dos seres espirituais, os quais determinam o tipo de sacrifício exigido e a que tipo de entidade deverá ser oferecido.

Os Ikin são selecionados e, dos 21, somente 16 são colocados na palma da mão esquerda do adivinho que, com a mão direita num golpe rápido, tenta retirá-los dali de uma só vez. A Configuração do Odu é determinada de acordo com a quantidade de Ikin que sobrou na sua mão esquerda. Se restarem duas nozes, o adivinho fará sobre seu *Opon* (tabuleiro de madeira recoberto de um pó sagrado, conhecido como *yerosun*) um sinal simples, pressionando com o dedo médio da mão direita o pó espalhado sobre a superfície do tabuleiro.

Se, ao contrário, restar apenas uma noz, o sinal será duplo e marcado com a pressão simultânea dos dedos anular e médio. Essa operação é repetida tantas vezes quantas forem necessárias para que se obtenham duas figuras compostas, cada uma, de quatro sinais simples ou duplos, superpostos verticalmente, o que proporcionará o surgimento de duas colunas, inscritas da direita para a esquerda, uma ao lado da outra. Se na tentativa de pegar os Ikin sobrarem mais de dois ou nenhum, a jogada é nula e deve ser repetida.

As duas figuras surgidas dessa operação indicarão o signo ou Odu que estará regendo a questão, apresentando-se como responsável por sua solução, mas outras deverão ser "sacadas" para o completo desenvolvimento da consulta. Todo esse procedimento é revestido de um verdadeiro ritual e cada figura surgida é inscrita no tabuleiro, saudada com cânticos e rezas específicos, cuja finalidade é garantir sua fixação e proteção, assim como ressaltar o respeito com que são tratadas.

O Jogo de Okpele

O Jogo do Okpele obedece à mesma ritualística exigida pelos Ikin, sendo, como este último, exclusividade dos Babalawos. Trata-se, no entanto, de um processo mais rápido, já que um único lançamento do rosário divinatório proporciona o surgimento de duas figuras que, combinadas, formam um Odu.

O colar ou rosário aqui usado é formado por uma corrente de qualquer metal, em que são presas oito favas, conchas ou quaisquer objetos de forma e tamanhos idênticos, que possuam um lado côncavo e outro convexo, que irão possibilitar, de acordo com suas disposições em cada lançamento, a "leitura" do Odu que se apresenta.

Existem correntes confeccionadas com pedaços de marfim, pedaços de osso, cascas de coco, etc., sendo que a preferência da maioria dos Babalawos recai sobre um determinado tipo de semente natural da África Ocidental, conhecida como "fava de Okpele", que, por sua forma, adapta-se perfeitamente às necessidades do rosário divinatório de Ifá. As favas, ou outros materiais utilizados para esse fim, são presas pelas extremidades da corrente, mantendo entre si uma distância sempre igual, com exceção da quarta e da quinta favas, que guardam entre si uma distância um pouco maior do que a que separa as demais, o que torna possível sua manipulação por parte de adivinhos.

Na hora do lançamento, a corrente é segurada nesse exato local pelos dedos indicador e polegar da mão direita. Suas pontas pendentes são batidas de leve sobre o solo, o que permite que suas favas se agitem livremente, balançadas algumas vezes e lançadas com as pontas voltadas para o adivinho. Cada "perna" da corrente contendo quatro favas apresenta uma figura, considerando-se as fechadas como um sinal duplo e as abertas como um sinal simples, que deverão ser transcritos para a superfície do tabuleiro Opon Ifá.

Todo o procedimento é idêntico ao do Jogo de Ikin, as figuras são inscritas no Opon, saudadas, interpretadas e decodificadas pelo Babalawo. As rezas e os cânticos são os mesmos, apenas o processo de apuração é diferente.

Merindilogum – O Jogo de Búzios

O Jogo de Búzios, ou Merindilogum, tornou-se, no Brasil, o sistema oracular mais amplamente aceito e difundido. Raros são os indivíduos residentes em nossa terra que nunca tenham recorrido aos seus serviços, seja por simples curiosidade, seja por real necessidade.

Na Nação Angola, diferentemente do Ketu, são utilizados 21 búzios e não 16. É Exu quem, por meio dos búzios, intermedeia a comunicação entre os homens e os habitantes dos mundos espirituais, levando os pedidos e trazendo os conselhos e as orientações, os recados e as exigências.

Outra vantagem que o jogo de búzios apresenta sobre os outros sistemas oraculares existentes em nossa terra é o fato de não só diagnosticar o problema, como também apresentar a solução por meio de um procedimento mágico denominado ebó.

Necessária se faz uma explicação sobre a principal chave do sistema divinatório objeto de nossos estudos, as figuras ou signos denominados Odus, portadores de revelações e mensagens que tornam possível a existência do Oráculo, assim como sua coerência.

Os Odus de Ifá são divididos em duas categorias distintas, a saber:

os Odu Meji (duplo ou repetidos duas vezes). São 16 e compõem a base do sistema, sendo por isso conhecidos também como Odus Principais;

os Omo Odu ou Amolu, que resultam da combinação dos 16 Meji entre si, o que proporciona a possibilidade de surgimento de 240 figuras compostas ou combinadas, as quais somadas aos 16 principais totalizam o número de 256 figuras oraculares.

É indispensável, portanto, a qualquer pessoa que pretenda jogar búzios, um conhecimento no mínimo razoável dos 16 Odu Meji, de seus significados, suas características, recomendações e interdições, dos tipos de bênçãos ou de maus augúrios dos quais podem ser portadores, com quais Orixá e demais entidades podem estar relacionados, os tipos de sacrifícios que determinam, etc.

Como vemos, trata-se de uma tarefa que, por sua importância e responsabilidade, exige, além da iniciação específica, muita dedicação, bastante sacrifício e, principalmente, inúmeras horas de estudo.

Para deixar ainda mais evidente a impossibilidade de acesso aos 256 Odus que compõem o Oráculo, devemos observar que aqueles que integram o jogo de búzios possuem, em grande parte, nomes diferentes dos utilizados no Ikin ou Okpele, como se pode observar na relação que se segue:

Okanran: 1 búzio aberto;
Ejioko: 2 búzios abertos;
Etaogunda: 3 búzios abertos;
Irosun: 4 búzios abertos;
Oshe: 5 búzios abertos;
Obara: 6 búzios abertos;
Odi: 7 búzios abertos;
Ejionile: 8 búzios abertos;
Osa: 9 búzios abertos;
Ofun: 10 búzios abertos;
Owonrin: 11 búzios abertos;
Ejilashebora: 12 búzios abertos;
Ejiologbon: 13 búzios abertos;
Ika: 14 búzios abertos;
Obeogunda: 15 búzios abertos;
Alafia: 16 búzios abertos;
Opira: nenhum búzio aberto determina fechamento do jogo.

Há quem admita que se pode saber o Odu do dia do nascimento a partir da soma desses números, mas há também quem não aceite esse método. A nós, não iniciados no Candomblé, não cabe dizer qual o certo ou o errado, nem é esse o intuito do nosso livro, de modo que apenas expomos o método utilizado. Se o leitor achar válido, siga-o; senão, abandone-o, simples assim.

Faça as contas com a data real do seu nascimento e veja a seguir qual é seu Odu regente. Por exemplo: se você nasceu em 4/6/1968 some $4 + 6 + 1 + 9 + 6 + 8 = 34 = 7$. Então, seu Odu é 7 ($3 + 4 = 7$).

Em cada Odu responde um ou mais Orixás, sendo que a identificação de qual divindade se manifesta e está relacionada com este ou aquele Odu depende da nação de Candomblé e pode variar de casa para casa. Aqui, a seguir, apontamos o que aprendemos e o que sabemos dos nossos estudos e da frequência aos terreiros de Candomblé.

Não estou falando que é uma verdade absoluta, estou repassando apenas o que aprendi. Se você aprendeu de forma diferente, respeito seu aprendizado, mas exijo que seja respeitado também, na condição de estudioso e não iniciado no culto de nação.

Okanran: Odu regido por Exu. Você parece ser agressivo, mas, na verdade, está apenas lutando para preservar a independência da qual muito se orgulha. Você não poupa esforços para atingir seus objetivos, mas deve tomar cuidado para não arrumar inimigos à toa.

Eji-Okô: Odu regido por Ibeji e Obá. Você se mostra calmo no comportamento e seguro nas decisões, mas na sua mente sempre existem dúvidas. Não tenha medo de externar tais incertezas. Como muitas pessoas o amam, você acabará recebendo bons conselhos.

Etá Ogundá: Odu regido por Ogum. A obstinação que se traduz em agitação e inconformismo é uma das suas principais características. Mas, se usar suas qualidades, como a coragem, a criatividade e a perseverança, conseguirá o que mais anseia: o poder e o sucesso.

Irosun: Odu regido por Iemanjá e pelos eguns. Sempre sereno e disposto a ver tudo com muita clareza e objetividade, você sabe resolver situações confusas ou tumultuadas. Tem plena consciência da sua força moral e não hesita em usá-la para atingir todas as suas metas.

Oxé: Odu regido por Oxum. Sensível e sempre atento, você é uma pessoa sempre disposta a proporcionar alegria aos outros. Mas há momentos nos quais precisa de isolamento para refletir, pois preza muito sua liberdade e, sobretudo, seu crescimento.

Obará: Odu regido por Xangô e Oxóssi. Você luta com unhas e dentes pelo que quer e geralmente consegue muito sucesso material. Mas, no amor, precisa entender que não pode exigir demais dos outros.

Odi: Odu regido por Obaluaiê. Você realmente está satisfeito com o que consegue. Mas não fica se lamentando. Prefere ir à luta. Caso aprenda com clareza seus objetivos, alcançará grandes êxitos.

Eji-Onile: Odu regido por Oxaguiã. Sua agilidade mental faz de você uma pessoa falante e muito ativa. Além disso, você gosta de poder e prestígio, e chega a sentir inveja de quem está em melhor situação. Mas seu senso de justiça o impede de prejudicar quem quer que seja.

Ossá: Odu regido por Iemanjá e Iansã. Você é uma pessoa que gosta de estudar cuidadosamente todas as coisas, e tem larga visão de mundo em busca do conhecimento interior. Se quiser alcançar o sucesso, precisa tomar o cuidado de manter alguma ordem no seu dia a dia.

Ofun: Odu regido por Oxalufã. Seu jeitão rabugento é apenas um escudo para que os outros não abusem da sua vontade e da sua sensibilidade. No fundo, você é uma pessoa serena, que se adapta aos altos e baixos da vida.

Owanrin: Odu regido por Iansã e Exu. A pressa e a coragem são suas características. Tenso e agitado, você nunca fica muito tempo no mesmo lugar, a não ser que se sinta obrigado. Pode não obter grande sucesso material, mas a vida sempre lhe reserva muitas alegrias.

Eli-Laxeborá: Odu regido por Xangô. Sua principal virtude é o amor à justiça, que algumas vezes se transforma em intolerância com os erros alheios. Nessas ocasiões, você deve se voltar para outras de suas qualidades, como a dedicação, que lhe permite ajudar todas as pessoas.

Eji-Ologbon: Odu regido por Nanã e Obaluaiê. Você está quase sempre um pouco deprimido. Só faz o que quer, quando quer e como quer. Mas, como tem grande capacidade de reflexão, acaba se adaptando e consegue viver bem com os outros.

Iká-Ori: Odu regido por Oxumaré e Ewá. Paciência e sabedoria são suas principais características. Versátil, você se dá bem em qualquer atividade. Poderá passar por provações materiais e sentimentais, mas sempre saberá reencontrar o caminho para a felicidade.

Ogbé-Ogundá: Regido pelo Orixá Tempo. Você é uma pessoa rebelde e cheia de vontades, que muitas vezes não resiste a defender seu ponto de vista, mesmo depois que percebe que está errado. Por isso, deve tomar cuidado para não se deixar dominar pelo nervosismo.

Aláfia: Odu regido por Oxalá e Orunmilá. Suas principais características são a tranquilidade e a alegria. Amante da paz, você cria um clima de harmonia à sua volta. Se mantiver o equilíbrio, sem dúvida alcançará o sucesso.

Jogo de Confirmação

O Jogo de Confirmação é formado por quatro búzios. Essa modalidade é usada, como o próprio nome sugere, para confirmar caídas feitas anteriormente com os outros búzios ou, ainda, essa forma de jogo é utilizada para se obter respostas rápidas dos Orixás, por exemplo:

4 búzios abertos: significa "tudo ótimo";

3 búzios abertos e 1 fechado: significa "talvez", ou seja, poderá dar certo ou não o que se perguntou;

2 búzios abertos e 2 fechados: a resposta é afirmativa, "tudo bem";

3 búzios fechados e 1 aberto: a resposta é "não", ou seja, "negócio não realizável".

Agora, se todos os quatro búzios caírem com as quatro partes fechadas para baixo significa que não se deve insistir em perguntar o que se quer saber, pois, além de ser nula essa caída, ela vem acompanhada de "maus preságios".

Além disso, esse Jogo de Confirmação, ou Jogo dos Quatro Búzios, também é chamado de "Jogo de Exu", porque segundo alguns antigos Babalorixás, quem responde nesse jogo é Exu, em virtude da precisão e da rapidez nas respostas.

Ilustrações:

Jogo de Ikin

Opele Ifá e o tabuleiro onde são feitas as marcações que formam os odus

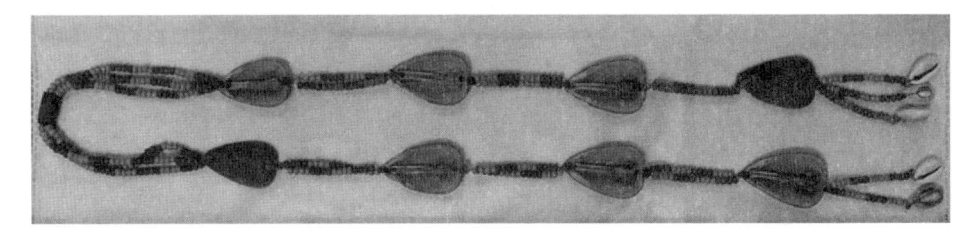

Opele Ifá

Capítulo 37

Arquétipo dos Espíritos de Umbanda

Essa é uma história verdadeira. Ela aconteceu em um centro espírita de uma pequena cidade do estado de Minas Gerais, algum tempo atrás. Conta-se que os médiuns estavam realizando seus trabalhos de esclarecimento e doutrinação, quando, subitamente, um Preto-Velho incorporou em um médium e começou a falar. No momento em que os trabalhadores perceberam que o espírito incorporado era o de um Preto-Velho, mandaram suspender a incorporação.

Nesse centro não eram aceitos Pretos-Velhos, pois os dirigentes consideravam que os Pretos-Velhos eram espíritos não muito evoluídos. Por isso, eles não poderiam ser admitidos a orientar uma atividade de doutrinação. O espírito foi então convidado a se retirar do centro. O Preto-Velho fez o que eles pediram e foi embora.

Logo depois, a médium incorporou o espírito de um filósofo, um doutor de nome difícil, provavelmente europeu, que foi muito bem recebido por todos os presentes. O filósofo deu instruções aos membros do centro, fez os trabalhos de doutrinação, e todos ficaram felizes e maravilhados com a intervenção desse espírito, o qual consideraram muito elevado.

Os dirigentes então resolveram que já era hora de encerrar os trabalhos. No entanto, a médium novamente começou a incorporar um espírito. Todos olharam com interesse aquela manifestação mediúnica espontânea. Um dos trabalhadores disse que as atividades do dia já estavam terminando e perguntou quem estava ali. O espírito respondeu que era de novo o Preto-Velho. O dirigente fez cara de tédio e perguntou o que ele ainda queria ali nos trabalhos do centro. O Preto-Velho então disse:

– *Zifio... Ce suncê mi permiti, só quiria que ocês sobessem qui o dotô que apareceu agora há poquinho era este Preto-Velho aqui, que agora proseia com vosmicês.*

Todos ficaram espantados com a revelação... O Preto-Velho então começou a não mais falar como um Preto-Velho:

– É engraçado isso, meus irmãos, pois quando apareci como Preto-Velho, fui praticamente expulso dos trabalhos de vocês. Mas, quando apareci no formato de um doutor, um filósofo europeu prestigiado, que tem conhecimento acadêmico, com toda a pompa e com ar de autoridade, todos me trataram muito bem, ouviram meus conselhos e ficaram felizes e maravilhados com a aparição. Por que isso, meus filhos? Devo alertá-los para esse comportamento de vocês – e continuou:

– Prestem muita atenção nisso, meus irmãos... No plano espiritual, assim como em toda a realidade universal, não existem aparências. As aparências existem apenas aqui na Terra. Deus, em sua sabedoria infinita, oculta aos seus olhos as verdades do espírito camufladas pelas aparências do mundo... para que vocês aprendam a vê-las com os olhos do coração, com a visão da alma e possam enxergar a verdade como ela é.

No plano espiritual, meus irmãos, não existem doutores, não existem classes sociais, não existem nacionalidades, não existem religiões, não existem raças, não existem essas divisões humanas que vocês criaram em toda parte para se sentirem melhores uns que os outros. No plano espiritual, o que vale é o que você é lá no fundo, e não o que você tem. Não, meus irmãos... todas essas divisões são ilusórias. No plano espiritual, o que vale é o amor, a verdade, a paz, a harmonia interior. No plano espiritual, ninguém é julgado por ser rico ou pobre, branco ou negro, doutor ou uma pessoa simples.

Vamos tomar cuidado, meus queridos filhos, com o veneno da hipocrisia e do preconceito. Não podemos permitir que as aparências do mundo roubem sua essência. O importante é o que cada um traz em sua alma, em seu espírito. O que importa de verdade é ser simples e verdadeiro... ser honesto e ter caráter, ser caridoso e ter o amor no coração. Não se deixem levar pelas aparências, todas elas estão erradas e vemos isso muito claramente quando chegamos ao plano espiritual − concluiu.

O Preto-Velho despediu-se de todos e, então, deixou a sala de atendimento do centro espírita. Os trabalhadores ficaram envergonhados com seu próprio comportamento, mas adquiriram uma pérola de sabedoria que nunca mais, em toda a sua vida, seria esquecida.

Capítulo 38

Corrente Mediúnica

Toda vez que é aberta uma gira, forma-se uma corrente mediúnica, mas o que isso quer dizer? A corrente mediúnica é a união de forças, que faz um terreiro se manter aberto ou fechar brevemente. Em razão dela que se estabelece um bom trabalho, que atende aos princípios da caridade, da fraternidade e o cumprimento da Lei Maior.

Por isso, todos aqueles que compõem a corrente mediúnica devem estar em dia com suas obrigações espirituais, isto é, com seus banhos tomados, suas velas firmadas, e tendo sua mente e coração no terreiro e na missão de prestar a caridade àqueles que necessitam.

Em uma corrente mediúnica forte, com todos os elos firmes, nada que não seja autorizado pode penetrar nela. Por essa razão todos os envolvidos – cambones, médiuns de trabalho, chefes de terreiro, Mães e Pais de Santo – devem estar irmanados do mesmo propósito e atentos a todos os acontecimentos, formando uma corrente coesa e firme, para que todo o trabalho seja realizado com perfeição, de modo que todos os participantes saiam melhores do que entraram, em especial os médiuns de trabalho, pelos quais é canalizada, em maior parte, a energia circulante.

Os trevosos ficam à espreita, procurando brechas para adentrar a corrente, a fim de atrapalhar os trabalhos da gira, razão pela qual é preciso muita vigilância de todos. Mas há aqueles que os Exus, que ficam incumbidos de tomar conta da porta, autorizam a entrada, não para tumultuar os trabalhos, mas para serem detidos, amarrados e conduzidos ao lugar de onde não devem nem têm autorização para sair. Os Exus acompanham os encarnados infortunados, e a melhor maneira de livrá-los dos obsessores é deixar que eles os acompanhem para dentro da corrente, onde amarrados estarão, em virtude da força unida naquela egrégora, enfraquecidos, poderão ser mais bem controlados e conduzidos, livrando o encarnado da ação desses trevosos.

Vejam, meus irmãos, como é sábia a espiritualidade. Imaginem se os Exus não deixassem os Kiumbas adentrarem o terreiro, os mais espertos ficariam na porta, deixariam o consulente entrar, ficando aguardando a saída deste, para, após a consulta, grudar nele de novo, tornando inútil seu comparecimento ao terreiro.

Até vejo o Kiumba falando: "Aí não me deixam entrar, então deixa estar, vai lá que eu te espero aqui, te pego, de novo, na saída". Não teria, então, adiantado nada o trabalho mediúnico.

Percebam como é importante uma corrente mediúnica bem estruturada, ou seja, o preparo da gira começa por todos os integrantes da casa, muito antes do seu começo, com a firmeza de velas, banhos e demais preceitos, que não devem ser desprezados nem esquecidos.

Muitos dos trabalhos são feitos durante a própria gira, mas em sua grande parte serão realizados uma vez terminada e desfeita a corrente mediúnica no plano terreno, pois nesse momento é que ocorre a chamada "reunião astral", de modo que todas as entidades envolvidas na gira, direta ou indiretamente, fazem a divisão das tarefas a serem realizadas, conforme sua incumbência ou campo de atuação. Feitas as divisões e atribuídas as tarefas, cada entidade passa a atuar, ora isoladamente ora em conjunto, em benefício daqueles cujos pedidos foram feitos.

O fato é que nada acontece de maneira isolada, tudo depende de decisões conjuntas e autorizações daqueles que estão em graus mais elevados, bem como do merecimento daqueles que fazem seus pedidos. Nada é feito porque uma entidade assim o quer, ela não age nem trabalha sozinha e presta contas ao Orixá ou aos Orixás a quem serve. Vejam que a força da Lei Maior advém do conjunto, não da unidade, ou seja, da união de forças, razão pela qual em uma casa religiosa todos devem somar e nunca dividir.

Não há melhores ou piores, todos têm seu grau de importância no trabalho, o qual não pode ser realizado com presteza de forma individual. Há diferentes postos porque há diferentes missões, incumbências e caminhos, o que não quer dizer que uns sejam melhores do que os outros. Assim o é aqui no plano terreno, como no astral, pois não existe entidade mais ou menos forte, não existe Orixá mais poderoso ou menos poderoso. O que existe é médium mais preparado, comprometido com a espiritualidade, e o médium despreparado, vaidoso e descomprometido com a Lei Divina, que acaba sendo instrumento do baixo astral, por intermédio da ação de Kiumbas.

Observem que na Umbanda todos vestem branco e estão descalços; todos são iguais naquela egrégora. Todos devem sempre observar a humildade, pois a vaidade é o mal de todo e qualquer ser humano e derruba até os melhores médiuns. Devemos sempre orar e vigiar, estar atentos, diariamente, ao nosso comportamento, dentro e fora do terreiro, pois somos médiuns 24 horas.

Àqueles que são dotados de muitos dons mediúnicos, sim, vocês que leem este livro neste momento, sinto lhes informar que quanto mais lhes é dado, mais lhes será cobrado. Desse modo, não sejam vaidosos, não se achem "a última bolacha do pacote", não pensem ser Olorum encarnado na Terra.

Você terá uma missão muito importante a cumprir, saiba disso, despido de toda e qualquer vaidade. Então, atue com amor e por amor aos seus semelhantes, sem desejar nada em troca. Não seja vaidoso e arrogante, caso contrário, os dons que você possui e lhe foram outorgados serão, senão retirados, adormecidos, de modo que não possa mais fazer a caridade em razão do fato de não estar devidamente preparado e comprometido com o plano espiritual, podendo ficar sujeito aos ataques do baixo astral.

Pretendo, com estas palavras, reforçar a vocês, que já são médiuns atuantes, bem como esclarecer também aqueles que estão em desenvolvimento, o quanto são importantes os preceitos para o bom andamento da gira e a formação de uma corrente mediúnica coesa, forte, a qual servirá para auxiliar muitas pessoas que, necessitadas, se socorrem nos terreiros de Umbanda.

Capítulo 39

Campo de Atuação e Ponto de Força

Pontos de força são onde determinado Exu, Caboclo, Preto-Velho ou qualquer outra entidade e sua falange, normalmente, atuam. Os Exus, por exemplo, atuam em todos os lugares onde existem seres encarnados, humanos ou não. Logo, existe Exu nas matas, na calunga grande (mar), na calunga pequena (cemitério), nas águas doces (cocheiras), nos lamaçais (lodo) e em todo e qualquer lugar que você possa imaginar. Esses locais são denominados pontos de força ou domínio, nos quais as entidades têm seu campo de atuação.

No caso específico dos Exus, não quer dizer que um Exu da calunga pequena só trabalhe nesse lugar; se for necessário, ele pode trabalhar nas encruzilhadas e nas matas. Contudo, o ponto de força dele é o local predeterminado, é para lá que ele vai quando não está trabalhando para "recarregar suas energias". O ponto de força está intimamente ligado ao Orixá irradiante, ou seja, à irradiação do Orixá para o qual essa ou aquela entidade presta contas.

No caso dos Exus que trabalham na calunga pequena, vêm na irradiação de Obaluaiê; aqueles que têm ponto de força no lodo, vêm na irradiação de Nanã, muito embora isso não seja estanque, pois calunga também é lugar de Nanã. Conforme a irradiação de um ou de outro Orixá, o Exu, por exemplo, terá um nome diverso, um ponto riscado próprio e um ponto de força específico. Nesse local é que consegue receber as irradiações advindas dos Orixás, que fazem com que recarreguem suas forças, que acabam por se desgastar à medida que os trabalhos têm de ser realizados.

Vejam que as entidades também desprendem energia quando realizam os trabalhos. Quando acopladas aos médiuns, elas utilizam a energia deles, juntamente à da entidade manifestante, para realizar os trabalhos durante a gira. Após a gira, muito há que se fazer, de modo que o desgaste energético das entidades é inevitável. Para isso, elas contam com as oferendas feitas pelos encarnados, que depositam nelas a energia de amor e respeito ao sagrado – que é a melhor carga energética a ser oferecida a uma entidade ou a um Orixá.

Assim, é bem melhor que as oferendas sejam feitas nos pontos de força, justamente porque é nesse local que as entidades, com a autorização do Orixá irradiante, carregam suas forças para realizar novos trabalhos. Dessa forma, elas fazem circular a energia material para o campo espiritual e depois retorná-la para o material. Movimentar as energias é algo, em especial, que os senhores Exus fazem muito bem, pois Exu é movimento.

Já o campo de atuação é a divisão de trabalho no campo espiritual. Cada entidade tem seu campo de atuação previamente estabelecido antes de iniciar qualquer trabalho. Vale dizer que antes de ser uma entidade, por exemplo, um Exu, ele já recebe o "pacote completo", ou seja, terá certa incumbência no campo astral, será o Exu tal, estará subordinado a tal chefe de falange, responderá e prestará contas a tal Orixá e irá acompanhar tal pessoa. Isso tudo ocorre antes mesmo de o encarnado vir ao mundo. Tudo é acertado anteriormente ao seu nascimento, e quando ele encarnar, todos aqueles que vão trabalhar com ele já se encontram alinhados no campo astral, passando a acompanhá-lo desde a geração até sua passagem. Assim, conforme a irradiação do Orixá, será o campo de melhor atuação daquela entidade ou mesmo daquele Exu.

Observem que os Exus, que recebem a irradiação de Obaluaiê, são grandes curadores, costumam receitar banhos e chás para curar certos males da matéria e do espírito. É preciso que isso seja dito, pois não são apenas os queridos Pretos-Velhos e os amigos Caboclos que atuam na cura, os Exus também o fazem, desde que tenham esse campo de atuação.

Rotular as entidades é coisa nossa, de encarnados. Qualquer entidade, inclusive Exu, pode trabalhar na resolução de inúmeros problemas que outras entidades também resolvem, basta que traga a irradiação certa para resolução daquela questão. É preciso desmistificar. Exu é uma entidade de luz, como todas as outras.

Capítulo 40

Por que os Exus Usam Vermelho e Preto, Bebida e Fumo

Este capítulo foi escrito de acordo com os ensinamentos transmitidos pelo Exu Tranca-Ruas das Almas, com quem tenho a honra de trabalhar. A cor vermelha representa a vida, o sangue é vermelho, que é a energia vital. O fogo também é da mesma cor, que, como sabemos, é um dos elementos purificadores. O preto representa a escuridão, a ausência de luz. É preciso uma melhor compreensão, vamos deixar essa coisa de dualismo de lado, porque isso não é muito correto. Observem que, segundo o dualismo, existe o bem e o mal.

Ora, se Deus, Zambi, Olorum, ou qualquer outra denominação que você queira utilizar para descrever a força criadora suprema, princípio de tudo e de todos, é o criador de tudo que existe, então ele teria criado o bem e também o mal? Essa afirmativa levaria a essa conclusão, o que aparentemente estaria correto, mas não está. Deus não é o criador das trevas, da escuridão, já que Ele é a Luz Suprema.

A escuridão, as trevas nada mais são que a ausência de Luz, ausência da pureza divina. Lá se encontram aqueles que se negaram quando encarnados, e continuam se negando desencarnados, a cumprir a Lei Maior; são rebeldes, negam-se a servir ao Criador, negando mesmo sua própria condição.

Esses espíritos que chamamos de caídos, Kiumbas, trevosos e outras tantas denominações, por não cumprirem a Lei Divina, não têm autorização para ascender ao plano terreno, nem de se manifestar em terra. Os Exus são os responsáveis pela sua contenção, realizando o trabalho de verdadeiros policiais do astral, prendendo e repreendendo os "marginais", que assim o são porque vivem à margem da Lei, não a aceitam nem a cumprem.

Vez ou outra, porque são muitos, eles burlam as seguranças, as firmezas e adentram o plano terreno, trazendo toda a sorte de dissabores aos encarnados que, por vezes, os alimentam com pensamentos e condutas altamente reprováveis. Cabe, então, aos Exus conduzi-los até o lugar de onde não estão autorizados a sair.

Os Kiumbas permanecerão naquele local até que se arrependam efetivamente de todo o mal que causaram, resolvam aceitar a Lei Divina e prometam cumpri-la, podendo, após, passar por tratamento adequado, vir à Terra prestar caridade aos seres encarnados. Esse compromisso é firmado diretamente com eles, tendo os Exus como testemunhas e fiscalizadores do cumprimento daquilo a que esses desencarnados se comprometeram.

Os Exus são os fiéis Zeladores do cumprimento da Lei Divina, tanto pelos encarnados como pelos desencarnados. Por essa razão, usam o preto, que representa a ausência de Luz. São eles que têm autorização para descer às zonas mais trevosas e escuras para ali buscar aqueles que querem se elevar e, para tanto, demonstram sinceramente que pretendem seguir a Lei Divina, como para lá conduzir aqueles que escaparam de alguma forma e alcançaram as zonas mais elevadas. São eles os Zeladores do Cumprimento da Lei Maior, essa é uma das facetas do Mistério Exu.

É preciso dizer que há alguns Exus que usam as cores preto e branco, esta última no lugar do vermelho. São os Exus da calunga pequena, ou seja, ligados ao Cemitério, que trabalham sob o comando do Orixá Obaluaiê, cujas cores são preto e branco. Normalmente, são os Exus das Almas ou da Calunga.

Por que os Exus, bem como outras entidades, fazem uso de fumo?

O fumo, meus irmãos, é composto também dos quatro elementos, ou seja, água, ar, terra e fogo, ele possui folhas de fumo, que foram cultivadas na terra, receberam água durante seu cultivo, bem como foram imantadas com a força proveniente do Sol e da Lua. Para que as plantas cresçam, elas precisam de oxigênio durante o dia e de gás carbônico durante a noite, ou seja, também se utilizam do elemento ar.

Quando os Exus, ou qualquer outra entidade, acendem um charuto, eles estão utilizando os três elementos – água, terra e ar –, os quais são adicionados ao quarto elemento (fogo), de modo que, fazendo uso dos quatro elementos vitais, podem utilizar a energia proveniente deles e catalisar em favor do médium, bem como do consulente. Os charutos são excelentes defumadores, servem para limpar a aura do médium e do consulente, livrando-os das larvas astrais que grudam como se fossem sanguessugas, minando pouco a pouco a força vital da pessoa, levando-a a tal estado em que se facilita a proliferação de doenças físicas e psíquicas.

Os ignorantes falam tantas asneiras a respeito da utilização do fumo, mas deveriam estudar mais e saber da importância e do efeito curativo que dele pode ser extraído, quando corretamente usado nos trabalhos espirituais. Os Exus, bem como algumas entidades, utilizam as bebidas alcoólicas, mas não é porque são viciados, alcoólatras inveterados, e sim porque a bebida tem importantíssimo papel nas giras, e vou explicar melhor.

As entidades não incorporam nos médiuns, na realidade, estão logo atrás do médium, o que acontece é acoplamento e não incorporação. No acoplamento, todos os pontos vitais do médium, que chamamos de chacras, são ligados aos da entidade, que passa a comandar os movimentos e a fala do médium, utilizando, assim, sua energia vital, densa, que denominamos ectoplasma, a qual é aliada aos elementos de trabalho e força espiritual da entidade, mais sutil.

Dessa forma, o correto é dizer que quando você está acoplado e não incorporado, as entidades e você estão trabalhando, não apenas a entidade ou somente você. Ambos, entidade e médium, são, neste momento, um só, em perfeita harmonia e sintonia. Como as entidades utilizam a força vital do médium há inegável desgaste físico, mas não espiritual, de modo que é preciso repor a energia consumida no decorrer de consultas e descarregos.

Observem que o álcool, uma vez introduzido no organismo, é metabolizado e se transforma em açúcar, isto é, energia pura, de modo que aquilo que foi consumido possa ser recomposto, sem prejuízo para o físico do médium. Notem que é preciso, então, diferenciar o uso ritualístico da bebida alcoólica do uso profano ou por deleite.

O primeiro, regado de significado e importância, é indispensável especialmente para os Exus, que trabalham com energias muito densas e cargas bastante fortes, o que exige muito e provoca um desgaste enorme no material do médium. O segundo é empregado sem qualquer significado, mero alterador de consciência, que serve para apenas deleite ou mesmo a fim de soltar algumas amarras, evitando que nós, encarnados, façamos muitas besteiras.

Por isso, é preciso muito cuidado e respeito com esse elemento que é a bebida alcoólica, dele não se deve abusar, seja quando utilizado de forma esportiva, seja religiosa, já que para as entidades o que vale é a qualidade, não a quantidade. Não é necessário embriagar o médium para lhe repor a energia consumida. Se algum médium, porventura, após uma gira, ficar embriagado, não culpem Exu ou qualquer outra entidade, pois eles utilizam apenas aquilo que é absolutamente necessário, mas se o médium insiste em aumentar a dose, é por sua conta e culpa exclusiva, já que as entidades têm de respeitar o livre-arbítrio.

Outrossim, deixam que isso ocorra até para que o médium perceba que está com uma postura equivocada, podendo acarretar prejuízos para si. Não venham pôr a culpa em Exu ou em qualquer outra entidade pelo estado de embriaguez, quem pratica seus erros que os assuma.

Capítulo 41

As Entidades Podem Interferir na Vida dos Médiuns

Será que as entidades podem interferir na vida do médium? Entendemos que sim, e eu explico. As entidades que trabalham com os médiuns para os quais foram designadas buscam o aprimoramento pessoal e espiritual dessa pessoa. Para a evolução, é necessário que o médium evolua; se ele evoluir, a entidade está cumprindo seu papel e, consequentemente, também irá evoluir.

Dessa forma, as entidades, utilizando-se daquilo que chamamos de intuição, ditam os caminhos a serem seguidos, aquilo que é "certo" e "errado", mostram as possíveis consequências de cada ato, mas em momento algum interferem no livre-arbítrio, cada um faz aquilo que acha que deve fazer.

Logo, não venha dizer que um médium não sabia que estava fazendo algo errado e, por isso, não deve arcar com as consequências. Os médiuns sabem muito bem o que fazem, seja o "certo", de acordo com a Lei Maior, seja o "errado", em desacordo com ela, pois são devidamente orientados, já que as entidades passam os alertas, basta prestarem atenção, ouvirem as vozes, os recados e as advertências.

Durante o processo de desenvolvimento mediúnico, o médium vai afinando sua energia com a das entidades responsáveis por ele. Quanto mais equilibrado o médium, melhor é a comunicação das entidades com ele, de modo que sua vida vai se transformando verdadeiramente, embora isso seja absolutamente voluntário, por amor às suas entidades, à espiritualidade e aos seus semelhantes, pois não há interferência no livre-arbítrio.

A sintonia fina entre médium e entidade faz com que aquele, que é menos evoluído que esta, mude seu comportamento diário, abandone costumes que não o edificam, seja mais tolerante com o próximo, busque se elevar e compreender coisas que até então lhe seriam indiferentes. O desenvolvimento espiritual nada mais é que o desenvolvimento pessoal, íntimo de cada ser encarnado, o qual é médium dentro e fora do terreiro. É desenvolvimento de comportamento, de atitude, de conduta.

Nenhum ser encarnado poderá ser um bom médium se não for uma boa pessoa, com quem se possa relacionar e confiar, disposto a ajudar as outras pessoas que dele necessitam, sem esperar qualquer paga ou recompensa. Aliás, isso é muito importante! Você, que reclama que a Umbanda sofre com o preconceito, qual é sua conduta para com as pessoas? Não esqueça que sendo umbandista e se dizendo como tal, se tiver mau comportamento em relação a seu próximo, é a Umbanda que será atacada, não somente você.

Veja toda a responsabilidade que carrega sobre seus ombros ao afirmar que é umbandista. A roupa é branca, o pé é descalço, mas a responsabilidade é imensa. Não está disposto a ajudar suas entidades com sua evolução espiritual e como pessoa, então não assuma a condição de umbandista. Não queremos nessa religião pessoas que não são comprometidas com o sagrado e com o princípio básico, que é a manifestação do espírito para a caridade. Se você não tem um bom comportamento, se se fez de surdo aos avisos da espiritualidade, ela simplesmente lhe virará as costas, deixando que você siga seu caminho, já que ela respeita o livre-arbítrio.

Ninguém é obrigado a nada, mas se você afirma que é umbandista, deve seguir o comportamento que se espera de um médium, que assim o é 24 horas por dia, dentro e fora do terreiro. Se o fizer, as mudanças são contínuas, diárias, sendo que com a elevação do padrão vibratório do médium, coisas que ele nunca esperava ocorrerem na sua vida vão acontecendo, pois quanto mais elevado é o médium, menores são as chances de ser obsediado pelos infratores da Lei Maior. Os iguais se atraem e os opostos se repelem. Observe, você que é médium na Umbanda, meu irmão, e me diga se não é uma pessoa diferente hoje da que era quando começou a se desenvolver?

Aos meus irmãos deixo esta reflexão: não se façam de surdos aos avisos, não ignorem as advertências da espiritualidade, em especial daqueles que os acompanham. Aqueles que escolhem o árduo caminho do desenvolvimento espiritual e da caridade muitas pedras encontrarão, mas, com certeza, nunca estarão sozinhos para enfrentá-las, podendo estar certos de que, no final, chegarão muito melhores do que quando iniciaram essa jornada. Esse é o meu, o seu e o nosso objetivo.

Quanto ao orgulho desenfreado, deixemo-lo de lado, pois não somos nada, comparados com a Força Maior e Suprema, criadora de todos nós, somos apenas uma centelha divina em constante mutação, dependendo da maior ou menor vigilância para a maior ou menor evolução. Muito cuidado com os pensamentos e os sentimentos menos nobres, cada um tem aquilo que merece. Cada ser emana energia pura, que pode ser densa ou sutil, conforme os pensamentos que cotidianamente desenvolvemos. Assim, o encarnado vai criando em torno de si uma corrente energética, que chamamos de aura, a qual atrai os afins.

Por essa razão, é sempre preciso vigiar não só as condutas, mas também os pensamentos. Quanto mais densos são seus pensamentos, mais energias pesadas você vai desenvolver, além de atrair desencarnados que atuam nessa vibração energética. Quanto mais energias negativas são emanadas por nós, encarnados, mais desencarnados que vibram nessa sintonia estarão se conectando.

As energias sublimes, sutis, afastam as energias mais densas e energeticamente danosas, pura e simplesmente porque não se misturam. Você já viu água se misturar com óleo? As pessoas iniciam desenvolvendo esse tipo de sintonia, ou seja, vibrando energeticamente de forma baixa, densa, pesada, emanando inúmeros fluidos negativos, o que acaba se transformando em um círculo vicioso. Quanto mais energias densas essas pessoas vibram, mais afins atraem, os quais incentivam que vibrem nessa sintonia, estimulam verdadeiramente, pois os zombeteiros adoram isso, alimentam-se desse tipo de energia.

Isso se transforma em uma verdadeira espiral, que vai crescendo, até tomar praticamente todo o ser encarnado, o qual, nesse estágio, se encontra obsediado, não só por um, mas também por vários trevosos. Isso não deixa de ser a ação da Lei Divina, da polaridade das energias.

Cabe, então, às nossas entidades mostrar o quanto estamos agindo de forma equivocada, o quanto é necessário se elevar, a fim de que possamos afastar os espíritos negativos e toda sorte de dissabores que podem ser atraídos por conta dessa faixa vibratória na qual nos encontramos envoltos.

Muitas vezes, as entidades, sozinhas, não são capazes de equilibrar o médium, o qual precisa de auxílio, procurar um terreiro de Umbanda, para que possa ser adequadamente tratado pela corrente mediúnica, ou seja, pela egrégora que ali se forma durante a gira. Geralmente, são necessários trabalhos para afastar esses espíritos negativos, vários comparecimentos às giras, até que o encarnado esteja equilibrado. Quando isso acontece, muitos consulentes simplesmente desaparecem. Por essa razão, vários umbandistas afirmam que o terreiro de Umbanda é um pronto-socorro. A pessoa procura quando não está bem, depois se equilibra e, simplesmente, desaparece.

O fato é um só: a Umbanda é uma religião de acolhimento e não de conversão, de modo que todas as pessoas que comparecem ao centro de Umbanda são acolhidas, independentemente da religião que professem. Essas mesmas pessoas somente permanecem na religião por amor, seja ao sagrado, aos guias, Orixás, seja ao próximo, ao fato de poder ser útil e ajudar os demais.

Respeitamos, como as entidades, o livre-arbítrio, todos são bem-vindos na Umbanda, todos são acolhidos e ninguém será convertido. Fica quem quer, quem se apaixonar por esse religião maravilhosa. Mas digo para você que é difícil não se apaixonar, mas eu sou suspeito para falar.

Capítulo 42

Pontos Riscados

O ponto riscado nada mais é que a identificação da entidade, mais ou menos como se fosse seu RG ou o CPF. Nenhuma entidade tem um ponto riscado igual ao da outra, cada entidade tem seu próprio ponto riscado, que, por vezes, possui semelhanças com o de outra entidade da mesma falange, mas nunca são iguais. O ponto riscado indica as forças Orixás que aquela entidade trabalha. Por exemplo, trabalho com Tranca-Ruas das Almas, que, por sua vez, trabalha nas forças de três Orixás, ou seja, Exu, Ogum e Obaluaiê, e isso pode ser visualizado no seu ponto riscado.

Como eu disse, nós, encarnados, usamos nosso RG e CPF para sermos identificados. Para as entidades isso não é diferente, pois quando riscam seu ponto, estão se identificando, mostrando sua assinatura. Isso é muito importante e instrumento seguro para que o Zelador identifique se o que se apresenta no terreiro é um guia de luz ou uma entidade trevosa, um espírito zombeteiro se passando por um trabalhador da Umbanda.

Os pontos riscados são constituídos de riscos e desenhos que, juntos, apresentam um significado condizente com o nome e a falange da entidade que ali se apresenta. Em tempos antigos, os pontos eram riscados no chão, que era de terra, utilizando-se de uma espécie de punhal, chamado de ponteiro, justamente porque tinha essa função de riscar os pontos na terra. Atualmente, os pontos são riscados no chão ou em tábuas de madeira, utilizando-se, para tanto, uma pemba.

A entidade, conforme a necessidade e durante um trabalho de atendimento, poderá riscar um ponto específico para proceder ao trabalho e usar das energias para descarga de um consulente. Nesse caso, o ponto riscado não é o ponto da entidade, mas, sim, o que por ela será utilizado no trabalho que necessita ser feito com o consulente, o qual normalmente é colocado no centro desse ponto. O ponto, ao final, será apagado e desfeito, uma vez concluído o trabalho com o consulente. Cada linha e traço têm seu significado e muita importância no ponto riscado pela entidade.

Portanto, não pode ser riscado por alguém sem preparo, sem o conhecimento devido, ou por alguém que não seja a entidade de luz atuante. Caso não seja dessa forma, o que será feito não passará de apenas riscos e rabiscos, sem a menor importância. Se sua entidade não riscou o ponto ainda, não fique na internet buscando pontos riscados, pois isso pode interferir na atuação da entidade, quando ela for riscar seu ponto.

As coisas devem acontecer naturalmente, no momento certo. Não tente pular etapas ou apressar as coisas, isso não funciona bem na Umbanda e à luz da espiritualidade superior. É preciso ter paciência e saber que tudo tem seu momento certo para acontecer.

Vamos dar aqui alguns exemplos de significados dos desenhos constantes do ponto riscado, ressalvando que a interpretação pode variar de casa para casa, de acordo com a doutrina adotada. Assim, apresento aos meus irmãos alguns exemplos do que aprendi, sem desmerecer quem pensa de modo diverso, o que respeitamos. Em matéria de pontos, o assunto é inesgotável, então eis aqui somente alguns exemplos, não tendo a pretensão de encerrar o assunto neste capítulo.

Oxalá: Sol.
Ogum: normalmente, a espada e a lança. Poder ser a espada curva, reta ou inclinada.
Xangô: o machado que corta dos dois lados, bem como a balança, que indica a Justiça.
Oxum: Lua, coração, flores.
Iansã: raio.
Ibeijada: carrinhos, pirulitos, brinquedos em geral.
Iemanjá: estrela, âncora, ondas, etc.
Oxóssi: flecha e arco ou apenas as flechas.
Nanã: ibiri (um feixe de ramos de folha de palmeira com a ponta curvada e enfeitado com búzios), uma chave ou coração com uma cruz no interior. Traços pequenos na vertical, indicando a chuva.

Obaluaiê/Omolu: o cruzeiro das almas, cruzes.
Oxumaré: arco-íris.
Dois triângulos (hexagrama): estrela de seis pontas – todas as forças do espaço, Oxalá.
Um quadrado: os quatro elementos (água, terra, fogo e ar).
Um pentagrama: a estrela de Davi e o signo de Salomão – a Linha do Oriente, Oxalá, a Luz de Deus.
Três estrelas: também podem representar os Velhos e as Almas.
Círculo: o Universo, a Perfeição.
Círculos menores e semicírculos: as fases da Lua – símbolos de Iemanjá.
Círculo com estrias externas: o Sol (símbolo de Oxalá).
Espiral para fora: indica retirada de demanda ou irradiação de Boiadeiro.
Seta reta ou curva e bodoque: irradiação de Oxóssi (Caboclo).
Tridentes: símbolos para Exu e Pombagira – garfos curvos e garfos retos. Há que afirme que são utilizados tridentes curvos para o feminino e retos para o masculino.
Estrela-guia (com cauda): capacidade de acompanhamento, da linha do Oriente.
Cordão com nó ou um pano: crianças.
Conchas do mar: crianças na irradiação de Iemanjá, Oxum e Nanã.
Águas embaixo do ponto: Iemanjá (mar).
Pequenos traços de água: Oxum.
Palmeiras ou coqueiros: força dos Pretos-Velhos ou Baianos.

Melhor que a entidade, ninguém, por mais qualificado que seja o Zelador, para dizer o que deve ser interpretado naquele ponto riscado. É claro que as entidades não saem dizendo para todas as pessoas o significado do seu ponto riscado, normalmente o fazem apenas para os Zeladores, de maneira reservada, o que é muito bom, para que estes possam se certificar de que ali se encontra um guia de luz e de que essa manifestação não é fruto do animismo do médium.

Se um médium não estiver realmente bem incorporado, ele não saberá riscar o ponto, que identificaria com segurança a origem, o nome, a linha e tudo mais relacionado à entidade. Portanto, a honestidade é essencial em um trabalho de caridade, como o realizado na Umbanda. Então, vamos ser honestos com nossas entidades de luz, com nossos consulentes, com nossa Umbanda e principalmente conosco.

Capítulo 43

Patuás

Já dizia o ditado: "Quem não pode com mandinga não carrega patuá". Hoje se diz que quem não tem competência não se estabelece. Mas o que é um Patuá e qual sua origem? Na verdade, a busca pelo patuá ou talismã é feita em especial por quem se sente inseguro e, consequentemente, necessitado de maior proteção. Comete engano quem acha que a expressão se refere a um feitiço, a uma baixa magia; muito pelo contrário, serve para proteção da pessoa que dele faz uso.

Mandinga é um grupo do norte da África que, por sua proximidade com os árabes, acabou por se tornar muçulmano, sendo que em razão do fanatismo dos adeptos dessa religião, na época, esse grupo tinha verdadeiro ódio daqueles que não aceitavam Alá como o único Deus, ou Maomé como seu profeta. Com o desenvolvimento do tráfico de escravos, muitos negros mandingas vieram parar nas Américas, vítimas da ambição dos brancos. Como os negros mandigas eram muçulmanos, muitos desses escravos sabiam ler e escrever em árabe, além de conhecer a matemática melhor do que os brancos, seus senhores. Esse estado superior de cultura de um determinado grupo negro fez com que fossem tidos como feiticeiros, passando a expressão mandinga a sinônimo de feitiço.

Por outro lado, os negros que praticavam o culto aos Orixás eram vistos como infiéis pelos negros muçulmanos. O branco, aproveitando-se dessa rivalidade, passou a confiar aos mandingas funções superiores que eram confiadas aos demais, estimulando o crescimento da animosidade entre eles. Os mandingas não eram obrigados pelos brancos a ingerir restos de carne de porco, e até mesmo lhes era permitido trazer trechos do Alcorão encerrados em pequenos invólucros de pele pendurados no pescoço.

Geralmente, eram os mandingas que acabavam por ocupar o lugar de caçadores de escravos fujões, os chamados "Capitães do Mato". Assim, quando um negro pretendia fugir, além de se preparar para lutar, sem armas, somente contando com a capoeira e o maculelê, ele deixava o cabelo carapinha e pendurava no pescoço um patuá, de forma que se pensasse tratar-se de um mandinga, para não ser perseguido.

Contudo, se um verdadeiro mandinga o abordasse e ele não soubesse responder em árabe, descarregaria todo o seu furor nesse infeliz negro fujão, de modo que assim nasceu a expressão: "Quem não pode com mandinga não carrega patuá". A vingança para quem se atrevesse a portar um falso objeto, considerado sagrado pelo muçulmano, era terrível.

Mais tarde, porém, foi generalizando-se entre os negros o hábito de utilizar patuás, pois eles acreditavam que o poder dos mandingas era por causa, em grande parte, dos poderes do patuá.

Em contrapartida, os padres sempre utilizaram esses objetos e ainda hoje o fazem, tais como crucifixos e medalhas *Agnus Dei*, que, depois de benzidos, acredita-se que tragam proteção aos seus devotos. Na verdade, o uso do talismã perde-se na origem do tempo e confunde-se com a própria história do homem. Nos primeiros terreiros de Candomblé, era comum o pedido de patuá por parte dos simpatizantes, e até mesmo por aqueles que temiam o culto afro, pois se dizia que o patuá poderia, inclusive, neutralizar os trabalhos da baixa magia.

Mas, afinal, o que é o patuá? É um objeto consagrado que traz em si o axé, a força mágica do Orixá, do santo católico, do guia ou entidade da Umbanda a quem ele é consagrado. Entre os católicos já era hábito usar um fragmento de qualquer objeto que houvesse pertencido a um santo ou um papa, inclusive, fragmentos de ossos de um mártir ou lascas de uma suposta cruz que teria sido a de Cristo, além da terra, trazida pelos cruzados que voltavam da Terra Santa e a utilizavam nos chamados relicários, considerados poderosos amuletos, que deveriam atrair bons fluidos e proteger dos azares. O nome relicário é originário do latim, relicarium, que acabou formando a palavra relíquia.

Logo, o clero percebeu que não podia impedir o uso dos patuás pelos negros, os quais tiravam antes de entrar na igreja, mas voltavam a usá-los ao afastar-se dela, de modo que decidiram então substituir o patuá africano autêntico, que trazia trechos do Alcorão, por outro que trazia orações católicas, medalhas sagradas, *Agnus Dei*, uma espécie de medalha com formato de coração, que se abre ao meio, na qual se encontram as figuras de Jesus e Maria e ainda símbolos da igreja tradicional.

Com a formação dos primeiros templos de Umbanda e a possibilidade de um contato mais estreito com diversas entidades espirituais, as pessoas que buscavam proteção começaram a encontrar nesses objetos sagrados um apoio. Era algo material que continha a força mágica vibratória da entidade que o havia trabalhado e que o consulente poderia ter sempre consigo. A partir daí, as entidades de luz passaram a orientar sua elaboração, indicando quais objetos seriam incluídos na confecção do patuá e como se deveria proceder com eles para que recebessem seu axé, isto é, sua força mágica.

Os ingredientes geralmente mais utilizados para a confecção dos patuás são figas de guiné, cavalos-marinhos, olhos de lobo, estrela de Salomão, símbolo de Salomão, estrela da guia, cruz de caravaca, couro de lobo, pele de lobo, Santo Antônio de Guiné, imagens de Pombagira, pontos diversos, sementes variadas, etc. Não podemos deixar de lembrar que essas coisas singelas não têm valor algum se não são preparadas pelas entidades incorporantes, pois somente estas podem conferir o axé ao patuá.

A pessoa, então, reúne os ingredientes solicitados pela entidade, os leva ao terreiro, sendo que quando forem cantados os pontos para a entidade e para a defumação deve descobri-los, defumá-los. Depois, os ingredientes são apresentados para a entidade incorporada para que ela os cruze, imantando de axé esse patuá. Esse é um procedimento padrão, mas deve ser observado o que for recomendado pela entidade, no que concerne à elaboração e ao cruzamento de um patuá.

Os objetos apresentados são encerrados em um pequeno saquinho, preparado para recebê-los, e são entregues ao filho de fé, que deverá pegá-lo, pela primeira vez, com a mão direita e levá-lo à altura do coração por algum tempo, conforme orientam os mais antigos. Segundo essa doutrina, se for possível, os patuás devem serem transportados, de preferência, junto ao seu coração. Contudo, não vejo problema algum, e isso é mais comum nos dias atuais, que seja carregado no bolso de uma calça, na bolsa ou mala utilizada por alguém diariamente.

Capítulo 44

Abertura da Gira

Ao deixar suas vestes, os filhos de fé devem dirigir-se ao local do terreiro onde são realizados os atendimentos, preferencialmente em silêncio, procurando afastar de suas mentes pensamentos profanos, que possam perturbar sua concentração.

Vale dizer que o médium entra no terreiro e seus problemas devem ficar do lado de fora, devendo apenas e exclusivamente se concentrar nos trabalhos que ali vai realizar. Ao adentrar o local reservado para a realização dos trabalhos, o médium deve cumprimentar o chão, denotando humildade e respeito ao solo sagrado. [12]

A seguir, ele deve dirigir-se ao Congá ou, primeiramente, ao Zelador, se ele estiver presente, cumprimentando-o. Na sequência, deve prostrar-se de bruços, tocar a toalha com a testa (ato de bater cabeça), reverenciando toda a espiritualidade da casa e também a do próprio médium, colocando-se à disposição para o trabalho e para a prestação da caridade aos encarnados e aos desencarnados que ali compareceram.

Deve ser também cumprimentada a tronqueira, onde ficam os Exus, guardiões assentados daquele terreiro. Por fim, devem-se cumprimentar os atabaques. Após isso, o médium deve assumir o lugar previamente determinado se o tiver, ou outro, se não o tiver, permanecendo em silêncio e se preparando para os trabalhos que serão iniciados. O trabalho é iniciado pelo sacerdote, variando de casa para casa a forma como isso se dá, ou seja, com uma palestra inicial, para aqueles terreiros que se aproximam da vertente espírita, ou sem esta. Quando a casa se

---

12. Para saber detalhes sobre os rituais de cumprimentos, consulte o Capítulo 33.

aproxima do culto de nação, é de costume "despachar Exu", bem como louvá-lo, pedindo proteção para os trabalhos que serão realizados.

Normalmente se inicia a abertura da gira com um cântico de abertura, por exemplo:

> Vou abrir minha Jurema, vou abrir meu Juremá
> Vou abrir minha Jurema, vou abrir meu Juremá
> Com a licença de mamãe Oxum e nosso pai Oxalá
> Com a licença de mamãe Oxum e nosso pai Oxalá
>
> Já abri minha Jurema, já abri meu Juremá
> Já abri minha Jurema, já abri meu Juremá
> Com a licença de mamãe Oxum e nosso pai Oxalá
> Com a licença de mamãe Oxum e nosso pai Oxalá

Há casas em que se entoa o canto de Oxalá, seguido do bater cabeça e cumprimento a todos os Orixás. Os cânticos devem ser cantados por todos, inclusive pela assistência, que normalmente acompanha ritmando os toques com palmas. O Zelador pode fazer uma prece e anunciar a gira que vai acontecer naquela noite. Então, entoam-se cânticos de defumação:

> Defuma com as ervas da Jurema
> Defuma com Arruda e Guiné
> Benjoim, alecrim e alfazema
> Vamos defumar filhos de fé
> Nossa Senhora incensou o seu filho Santo
> Nossa Senhora incensou o seu altar
> Incensa Nossa senhora, incensa
> Para o mal sair e a felicidade entrar
> Corre gira, Pai Ogum, filhos quer se defumar
> A Umbanda tem fundamento, é preciso preparar
> Com incenso e benjoim, alecrim e alfazema
> Defuma, filhos de fé,
> Com as ervas da Jurema.

Esses cânticos podem variar de casa para casa, bem como a ordem em que são realizados. Conforme são entoados os cânticos, procede-se à defumação do Congá, dos médiuns da casa, dos atabaques e da assistência. Terminada a defumação, são chamadas as entidades da linha de trabalho daquele dia, entoando-se os respectivos cânticos.

Uma a uma, as entidades vão baixando nos médiuns, as quais cumprimentam o Congá, o Zelador, os atabaques, a porteira e, eventualmente, a tronqueira. As entidades, então, retornam aos seus lugares e começam a ser chamados os consulentes, normalmente por ordem de chegada. Concluídos os atendimentos, são entoados os cânticos para que as entidades incorporantes se desacoplem dos médiuns, oportunidade em que são feitos os agradecimentos pelos trabalhos realizados. Em algumas casas, após a "subida" das entidades, realiza-se uma prece de fechamento dos trabalhos.

Esse é um pequeno esboço de como se realiza a gira de Umbanda, lembrando que ela pode variar de casa para casa, dependendo da orientação do Zelador. Mesmo assim, independentemente dos rituais locais, é indispensável seguir os seguintes passos:

abertura da gira;
defumação;
chamada das entidades;
atendimentos;
subida das entidades;
fechamento da gira.

Capítulo 45

Velas

Na magia universal, as velas sempre foram usadas, na maior parte dos rituais, como instrumento de contato com forças superiores ou inferiores, dependendo, é claro, da moral de quem vai se utilizar das forças magísticas, do propósito da pessoa. É claro que na Umbanda essas forças são sempre acionadas para o bem, a caridade e a cura, de acordo com os preceitos éticos e religiosos que fundamentam nossa religião.

Não se sabe de maneira exata quando começou o uso de velas religiosamente, mas é fato que seja uma vela de parafina, seja de cera, seja uma lamparina, a chama produzida emana calor e luz, chamando nossa atenção para nosso eu interior, bem como nos conectando com a espiritualidade. Por isso dizemos que umbandista não acende vela, ele firma suas velas. Não é um ato meramente mecânico, mas revestido de uma ritualística que faz toda a diferença e propicia a conexão do ser encarnado com o mundo espiritual.

A maioria de nós já fez um primeiro ritual com velas, nos primeiros anos de idade, ao soprá-las no bolo de aniversário e fazer nossos pedidos. Observe que a criança, quase intuitivamente, se concentrava na vela, no objetivo pretendido, a assoprava, desejando que seu pedido fosse atendido.

Nesse sentido, ao firmar uma vela, você deve se concentrar (fazer o pedido) e invocar a espiritualidade, para que ela venha atuar em seu favor. Toda vela tem dono, por isso você deve direcionar sua vela para quem está firmando. Nunca se deve firmar uma vela sem que ela seja dedicada à espiritualidade, aos seus guias, aos mentores, enfim, é preciso dar o endereço correto. Vela acesa sem ser firmada, ou seja, dedicada a alguém, não pertence a ninguém, e qualquer um pode apoderar-se dessa energia que você colocou na chama.

A casa dos sonhos de qualquer arquiteto, o livro de sucesso de qualquer escritor, bem como a obra-prima de qualquer pintor foram, primeiramente, concebidos na mente deles. Isso significa que, antes de existir no mundo material, existia no mundo imaginário do seu criador. Assim, tudo que você quer para sua vida deve passar, em primeiro lugar, pela sua mente. Não podemos esquecer que somos espíritos encarnados, emanando a todo tempo energia e absorvendo a energia que nos é devolvida pelo universo, no qual se inclui a espiritualidade.

Quando firmamos velas, emanamos e entregamos à espiritualidade a energia que por ela é absorvida e será devolvida, de acordo com o nosso merecimento. Com isso, os atos rituais agem como agentes solidificadores, responsáveis por concretizar uma forma de pensamento projetada e enviada pela mente de quem firma a vela. Em essência, o ritual age como o impulso que traz o pensamento, desde a imaginação completada até a manifestação física no plano material. A chama da vela é a conexão direta com o mundo espiritual superior, sendo que a parafina atua como a parte física da vela ou símbolo da vontade, e o pavio como a direção.

As velas vieram para a Umbanda por influência do Catolicismo. Nos terreiros, há sempre alguma vela acesa, são pontos de convergência para que o umbandista fixe sua atenção e possa fazer sua rogação ou agradecimento ao espírito ou Orixá a quem dedicou. Ao iluminá-las, uma homenagem é prestada, reforçando uma energia que liga, de certa forma, o corpo ao espírito. O pensamento mal direcionado, confuso ou disperso pode canalizar coisas não muito positivas, ou simplesmente não funcionar. Por isso, o ato de firmar velas deve ser feito com responsabilidade e zelo pelo umbandista.

Diz um provérbio chinês: "Cuidado com o que pede, pois poderá ser atendido". A pessoa concentra-se no que deseja e a função da chama é repetir, por reflexo, no astral, a vontade e o pedido do interessado. O ato de firmar uma vela deve ser um ato de fé, mentalização e concentração para a finalidade que se quer. É o momento em que o médium faz uma "ponte mental" entre seu consciente e o pedido, ou agradecimento à entidade ou ao Orixá.

Muitos médiuns acendem e não firmam velas para seus guias, num ato automático e mecânico, sem nenhuma concentração. É preciso haver consciência do que se está fazendo, da grandeza e da importância (para o médium e a entidade) do ato, pois a energia emitida pela mente do médium englobará a energia ígnea (do fogo) e, juntas, viajarão no espaço para atender à razão da queima dessa vela.

Quem usar suas forças mentais com a ajuda da "magia" das velas, no sentido de ajudar alguém, receberá em troca uma energia positiva; mas, se inverter o fluxo de energia, ou seja, se o pensamento estiver negativado (pensamentos de ódio, vingança, etc.), e utilizar para prejudicar qualquer pessoa, o retorno será infalível, e as energias de retorno serão sempre maiores, pois voltarão com as energias de quem as recebeu. Como dizemos sempre, o plantio é facultativo, mas a colheita é obrigatória.

A intenção de acendermos uma vela gera uma energia mental no cérebro, sendo que essa energia também será captada pela entidade. Assim, mais uma vez podemos dizer que a quantidade não está relacionada diretamente à qualidade, a diferença estará na fé e na mentalização do médium. Dessa forma, é inútil acreditar que podemos "comprar favores" de uma entidade, negociando com um valor maior de quantidade de velas. Os espíritos captam em primeiro lugar as vibrações de nossos sentimentos.

Não devemos firmar velas para um ente querido desencarnado em nossas casas. Isso deve ser feito em um lugar mais apropriado (cruzeiro das almas do terreiro, cemitério, igreja).

A cera natural, vinda das abelhas, é impregnada dos fluidos existentes nas flores, em grande quantidade. Esse elemento, vindo da natureza, é utilizado como matéria-prima poderosa para somar-se com os teores dos pensamentos, tornando eficaz o trabalho e o objetivo a que se propõe.

Comparada a uma bateria, uma pilha natural, a cera sempre foi utilizada em larga escala na magia. É considerada, na espiritualidade, uma das melhores oferendas, por ter ativos em sua composição os quatro elementos da natureza desprendendo energia: o fogo da chama, a terra e a água (por meio da cera), bem como o ar aquecido queimando resíduos espirituais. Quando firmar velas, em especial as de sete dias, tanto quanto possível, deve-se utilizar um suporte de velas, normalmente de vidro, que impede um incêndio em caso de queima irregular da vela.

Tamanhos das Velas e Materiais

O que dizer sobre o tamanho das velas? Além das velas de tamanho convencional, você encontra no mercado comum as de uma hora, três horas, sete horas, três dias, sete dias e 21 dias. Já os materiais são, basicamente, de cera ou parafina, sendo que as melhores velas são as de cera.

Recomendações Espirituais

Nunca usar velas quebradas.
As velas usadas para um objetivo nunca devem ser reutilizadas, pois devem ser deixadas para queimar. A cada novo objetivo, novas velas.

O silêncio é essencial. A magia das velas requer concentração, e você não poderá se concentrar com o ruído de fundo perturbando seus pensamentos.

Firme sempre a vela mais alta primeiro. Caso sejam de cores variadas, acenda sempre a vela branca antes de todas as outras.

É permitido acender uma vela com a luz de outra, no caso de desejos de bem comum em que as velas são firmadas por várias pessoas, como em um casamento, festa de final de ano ou festas coletivas.

Velas firmadas para alcançar desejos individuais, mesmo que estejamos em grupos, deverão ser acesas cada qual com seu fósforo.

Antes de acender a vela, segure-a entre as mãos e mentalize precisamente o que deseja. A vela, ao ser impressa com seu desejo, torna-se um receptáculo desse desejo.

Depois que sua vela terminou de queimar, atire os restos no lixo.

Nunca utilize restos de velas que atenderam a um determinado pedido seu para fazer velas para outras pessoas e vice-versa.

A vela pode ser firmada com isqueiro ou fósforo, uma vez que o que se vai utilizar é o fogo para ativar a chama da vela, pouco ou nada importando sua fonte, respeitado o entendimento dos que pensam em sentido contrário a isso.

Nunca se deve apagar uma vela soprando-a, como fazemos nos aniversários. Preferencialmente, deve-se molhar a ponta dos dedos e apagá-la.

Capítulo 46

Sacrifício de Animais

Neste capítulo, vamos falar sobre um ponto bastante polêmico, relacionado com o sacrifício ou a imolação de animais. É preciso deixar claro que na Umbanda, em regra, salvo algumas raras exceções, não se realiza o sacrifício de animais. Somente as Umbandas que se aproximam do culto de nação têm esse ritual como prática. Logo, a imolação está mais ligada ao culto de nação, ou seja, o Candomblé.

Ora, é inegável que a carne que consumimos em nossas refeições, exceto para aqueles que são vegetarianos ou veganos, são fruto de animais sacrificados, diga-se de passagem, em série, isto é, em linha de produção.

No procedimento da iniciação no Candomblé, animais também são imolados, mas é preciso ser esclarecido que estes são limpos e banhados com ervas sagradas, com as quais o animal também se alimenta. Bem alimentado e limpo, o animal é rezado, pedindo ao sacerdote autorização para Olorum, para que o animal em questão seja abatido. Não é qualquer pessoa que pode participar desse ritual, somente o integrante daquela casa de santo, já iniciado e indicado pelo Orixá como o responsável pela imolação. Após o abate do animal, sua carne será cozida pelas mulheres que cuidam da cozinha, as quais também são indicadas pelo Orixá para assumirem esse cargo específico, não podendo qualquer pessoa participar do preparo dos alimentos.

Elas devem ter tomado seu banho de ervas sagradas, estar com panos cobrindo suas cabeças, permanecendo em total silêncio e respeito, indispensáveis para o preparo dos alimentos, que nesse momento já foram consagrados. Os alimentos, inclusive a carne do animal abatido, serão servidos a todos os integrantes do terreiro e os que comparecerem à festa de saída do Iyaô.

Evidentemente, aqueles que pretendem proibir o abate de animais o fazem por pura intolerância religiosa, já que, se assim for, deveria ser proibida qualquer forma de abate. Inclusive, aquela feita pelos produtores rurais, os quais abatem seus animais para utilizar a carne para saciar a fome dos integrantes de sua família ou realizar festas para agradar visitantes, como tantas outras que já ouvimos falar, com porco ou boi no rolete.

O abate dos animais é bíblico, feito em preparação de uma festa, basta recordar a Parábola do Filho Pródigo, na qual o genitor manda abater um animal de sua criação, um novilho cevado, para realizar uma festa em comemoração ao filho que havia retornado. No Candomblé, o abate dos animais ocorre em preparação a uma festa, seja ela de culto ao Orixá, seja para comemorar o ingresso, vale dizer, o nascimento de um novo filho, qualidade que passa a ostentar, naquela casa religiosa, o iniciado.

Se é para proibir o abate de animais, devemos então proibir todas as formas de abate, sejam elas religiosas ou comerciais. Ora, proibir o abate de animais em procedimentos religiosos, cuja carne serve para alimentar várias pessoas, é pura intolerância religiosa disfarçada de boas intenções. Por acaso você acredita que o bife ou o frango que come em sua casa dão em árvores? A resposta é não, eles foram abatidos.

Mas esses são aceitos porque não foram vistos sendo abatidos? Ninguém é obrigado a presenciar o abate. Isso soa à hipocrisia e à intolerância religiosa. Vejam que os animais abatidos são normalmente criados na roça de Candomblé e nascem com essa finalidade, ou seja, de servir para homenagear o Orixá e saciar a fome de seus adeptos.

Para o povo iorubá a partilha da comida, isto é, dos animais sacrificados, é a forma de se partilhar o axé. O povo iorubá tem uma concepção de sociedade que visa ao bem-estar coletivo e não comunga da ideia individualista, reinante nos povos do Ocidente e da Europa.

Entre nascer como uma galinha de terreiro ou uma galinha da indústria de alimentos, eu preferiria ter nascido como a primeira, que é abatida de forma absolutamente respeitosa, é rezada, lavada, fazendo-se pedido de licença a Deus para o sacrifício, ao passo que a segunda é abatida em linha de produção, sem pompa nem circunstância.

Nunca é demais lembrar que os vegetais são vivos, brotam, crescem e se desenvolvem, e ninguém, em sã consciência, se levanta contra a matança de vegetais que são utilizados para a nossa alimentação. Aliás, para o povo do Candomblé e a civilização iorubá, os vegetais são sagrados, pois *"Kosi Ewe, Kosi Orixá"*, ou seja, sem folha, não há Orixá. Os vegetais e as folhas são vivos!

Alguns dirão que os vegetais não sentem dor: pura hipocrisia, pois sabemos que se uma planta for maltratada ela murcha, morre, literalmente, e se for cuidada com zelo e respeito, ela cresce, floresce e frutifica. Está na hora de colocar as coisas nos seus devidos lugares. Há intolerância sim, disfarçada de motivação nobre, nas iniciativas que pretendem proibir o abate ritualístico de animais. Precisamos tomar cuidado com os falsos discursos éticos, forrados de boa intenção, mas que na realidade têm em mira objetivos não confessados.

Capítulo 47

A Iniciação de Crianças

No Catolicismo, há três sacramentos que, juntos, confirmam o católico como pertencente à Igreja: o batismo, a comunhão e a crisma. A porta de entrada para a religião é o batismo. No primeiro ano de vida, um ministro da Igreja promove a cerimônia em que faz o sinal da cruz sobre a criança, unta seu peito com óleo e derrama água sagrada sobre sua cabeça.

O segundo sacramento é o da comunhão, que acontece a partir dos 9 ou 10 anos. É quando a criança participa, simbolicamente, da "ceia do Senhor": recebe o pão – a hóstia (corpo de Cristo) – e o vinho (que simboliza o sangue de Cristo). O terceiro sacramento é o da crisma, a confirmação, celebrada pelo bispo para adolescentes a partir dos 14 anos.[13]

No Islamismo, para os muçulmanos, a palavra de Deus deve ser a primeira coisa ouvida por alguém. Após o nascimento, o pai deve dizer no ouvido do bebê o *azan*, uma recitação com os fundamentos da religião, como a crença em um único Deus. Na primeira semana, o cabelo do bebê deve ser raspado, e o valor correspondente ao seu peso, em prata, dado aos pobres. O nome também deve ser escolhido durante a cerimônia. Nessa ocasião, muitas famílias realizam o *akika*, que inclui uma refeição que tem carneiro como prato principal, simbolizando os animais que Abraão sacrificou em lugar do filho Isaque, de acordo com a história relatada no Antigo Testamento.

No Judaísmo, quando nasce uma menina em uma família de origem judaica, o pai a nomeia em uma sinagoga perante a Torá – a Bíblia dos judeus. No caso de um menino, ele deve ser circuncidado perante

---

13. Texto extraído de "Saiba como é a iniciação em diferentes religiões". Disponível em: <http://www1.folha.uol.com.br/folha/sinapse/ult1063u254.shtml>. Acesso em: 22 abr. 2023.

dez homens e, nessa cerimônia, receber um nome. A iniciação religiosa ocorre aos 13 anos (meninos) e 12 anos (meninas). Nas cerimônias chamadas *bar-mitzvá*, para meninos, ou *bat-mitzvá*, para meninas, os adolescentes são chamados a ler a Torá pela primeira vez. No altar, recitam versos e colocam filactérios (tiras de pergaminho nas quais estão escritas quatro passagens bíblicas em hebraico – uma delas se destina à cabeça e a outra, à mão esquerda).

No Budismo, a iniciação à prática budista formal ocorre em um ritual chamado ordenação leiga, quase sempre desenvolvido na fase adulta. Após um período preparatório de cerca de um ano, a pessoa passa por uma cerimônia em que recebe de um mestre ou superior de um templo um novo nome e sua ordem na linhagem de Buda. Não existe a ideia de conversão, pois os budistas acreditam que a natureza de Buda (capacidade de atingir a iluminação) já existe dentro de todas as pessoas desde o nascimento.

No Protestantismo, a iniciação ocorre a partir do batismo. Entre as várias igrejas (Batistas, Luteranas, Presbiterianas, Pentecostais, Neopentecostais, etc.), há diferenças em relação à idade com que a pessoa pode ser batizada. A criança (a partir de 9 ou 10 anos) ou o adulto passa por uma cerimônia em que é imerso completamente em água. Durante o ritual, o crente deve responder a perguntas do pastor. As cerimônias protestantes procuram seguir o ritual de modo semelhante ao do batismo de Jesus Cristo, realizado no Rio Jordão, como contado no Novo Testamento. Na Igreja Batista, a pessoa só é batizada quando manifesta sua vontade.

Na Umbanda, a criança que nasce de pais umbandistas deve receber o nome no dia do batismo, em uma cerimônia celebrada pelo Pai de Santo ou pela Mãe de Santo do terreiro. Vestido de branco, o responsável pelo terreiro batiza com óleo, sal, preparados e água de fonte ou cachoeira. Ele abençoa a criança e oferece sua proteção. A iniciação de fato só pode acontecer na fase adulta, quando a pessoa manifesta a vontade de seguir a religião.

No Candomblé, ao nascer, a criança de uma família adepta é batizada no ritual *ekomojade*, que significa "dia de dar o nome". O Pai de Santo é consultado para saber qual é o Orixá da criança, que recebe um nome africano religioso e é banhada com óleos, mel e outros líquidos. Todos os membros do Candomblé devem louvar seu Orixá, e essa louvação só pode acontecer depois da iniciação. O fiel, na maioria das vezes, já adulto, passa por um longo período de isolamento e é submetido a ritos de purificação, de fixação do Orixá, de sacrifício e de festa. Somente então a pessoa é apresentada à comunidade.

A Atipicidade da Conduta da Iniciação de Crianças nas Religiões de Matriz Africana

Um dos pontos mais sensíveis da iniciação são as curas, isto é, pequenos e superficiais cortes feitos no iniciado, os quais poderiam caracterizar, em tese, o crime de lesões corporais. Uma criança quando nasce, se for do sexo feminino, é levada pela sua genitora até uma farmácia, para que se façam pequenos furos na orelha, ou seja, pequenas ofensas à sua integridade física, diga-se de passagem, dolorosas, as quais são realizadas com o intuito de embelezar o recém-nascido, não havendo, evidentemente, qualquer conotação religiosa ou sagrada nessa conduta.

A menina ou o menino crescem e são cortados os seus cabelos, também com a mesma conotação, o que inegavelmente representa ofensa à integridade física. As meninas, chegando à fase da puberdade, são levadas pelas suas genitoras para fazer depilação, isto é, remoção de pelos indesejáveis, com utilização de cera quente, procedimento extremamente doloroso.

Todas essas condutas, em que pese representem ofensa à integridade física dos menores e impliquem dor, em menor ou maior intensidade, são socialmente aceitas, não se cogitando da prática de qualquer infração penal decorrente delas. Ora, é evidente que, assim, as curas realizadas no ritual de iniciação não podem ser consideradas infrações penais, sob pena de ofensa ao princípio da igualdade, já que importam e são ínfimas lesões, porém realizadas com a finalidade de culto ao sagrado, ou seja, por motivação evidentemente religiosa. A única justificativa para incriminar tais condutas seria o preconceito e a intolerância religiosa, que estão arraigados há séculos em nossa cultura em se tratando de religiões de matriz africana.

Observe-se que, no batismo católico, a criança tem sua cabeça banhada com água benta, sendo que, na maioria das vezes, está dormindo e esse banho é inesperado, de modo que é assustada, o que lhe causa evidente constrangimento, claro que em menor escala do que uma lesão.

Por ocasião da comunhão, no Catolicismo, ritual que é realizado quando a criança tem em torno de 9 ou 10 anos de idade, o infante participa simbolicamente da "Ceia do Senhor", isto é, recebe o pão, que é representado pela hóstia, corpo de Cristo, bem como ingere vinho, que simboliza o sangue, sem que se cogite de infração ao artigo 243 da Lei nº 8.069/90.

O mesmo se diga em relação às religiões neopentecostais, em que o batismo consiste em imergir o batizando de corpo inteiro na água sagrada, o que produz também inegável constrangimento e desconforto. Não se cogita, nessas hipóteses, da realização de condutas típicas, sem que ocorra evidente ofensa à liberdade de culto e de religião.

O Código Civil, em seu artigo 13, estabelece: "Salvo por exigência médica, é defeso o ato de disposição do próprio corpo, quando importar diminuição permanente da integridade física, ou contrariar os bons costumes". O mesmo estatuto, em seu artigo 3º, inciso I, afirma que os menores de 16 anos são absolutamente incapazes, devendo ser representados para os atos da vida civil por seus representantes legais.

São considerados relativamente capazes os maiores de 16 anos e menores de 18 anos, na forma do artigo 4º, inciso I, do mesmo diploma legal. Assim, qualquer lesão, mínima que seja, deve ser autorizada pelos genitores do menor, não se excluindo disso a iniciação no Candomblé.

As curas, na forma do artigo 13 do Código Civil, não implicam diminuição permanente da integridade física do menor, nem mesmo contrariam os bons costumes, já que realizadas por motivação sagrada, como alhures foi dito, devendo sempre estar acompanhadas da indispensável autorização dos pais. Estas seriam, em tese, tipificadas no Código Penal como lesões corporais de natureza leve, na forma do artigo 129, *caput*, do Código Penal.

Ocorre que, na forma do artigo 88 da Lei nº 9.099/95, as lesões corporais de natureza leve dependem de representação. A representação é exercida pelos pais, na forma dos artigos 33 e 34 do Código de Processo Penal. Evidentemente, estando ambos os genitores concordantes com a iniciação do menor, assinando documento nesse sentido, não há que se falar em persecução penal, por falta de condição de procedibilidade do Ministério Público.

Trata-se de hipótese contemplada pela doutrina penal que aponta a relevância do consentimento do ofendido. Observe-se que são indiferentes penais as lesões sofridas por lutadores de boxe, por exemplo, muito mais graves que as aqui estudadas, relacionadas com a violência desportiva.

Ora, é ilógico sustentar que as lesões praticadas em decorrência de violência desportiva sejam consideradas atípicas, e as produzidas em um culto de iniciação, com finalidade religiosa e sagrada, sejam consideradas ilícitas. Observe-se que o Código Penal português, em seu artigo 149, torna disponível a integridade física, salvo quando contrariar os bons costumes, devendo ser analisados "os motivos e os fins do agente ou do ofendido, bem como os meios empregados e amplitude previsível da ofensa".

Em hipóteses muito mais graves que as aqui até então expostas, tanto a doutrina como os tribunais já se posicionaram pela atipicidade da conduta, como nas cirurgias de mudança de sexo, sustentando a inexistência de dolo por parte do executor de tal procedimento. Resta claro que também nas hipóteses das curas na iniciação do Candomblé não há efetivamente dolo, isto é, intenção de lesionar o iniciado, mas apenas de cumprir um preceito ritual, o qual acredita o sacerdote que irá contribuir com a melhora do estado de saúde do iniciado, trazendo-lhe paz, prosperidade, vida longa, fartura e bons caminhos.

Trata-se, na visão do sacerdote, de procedimento curativo, indispensável para que o iniciado possa ter uma vida plena de felicidade, o que é totalmente incompatível com o dolo exigido para a configuração do crime em questão.

Ora, ou reconhecemos de vez que o sacerdote que cultua o Candomblé tem o direito de crença e de culto assegurados e, dessa forma, ao iniciar uma criança, cumprindo as determinações que o jogo de búzios lhe aponta e os preceitos religiosos recomendam, apenas pratica o exercício regular de um direito, que lhe é assegurado tanto na Constituição Federal como em Tratados Internacionais, ou negamos esse mesmo direito ao incriminar tais condutas.

É preciso esclarecer que na maioria das vezes em que os sacerdotes do Candomblé resolvem iniciar uma criança, o fazem porque ela já foi desenganada pelos médicos, não encontrando cura na medicina tradicional, o que normalmente é atestado por vários relatórios. Observe-se que a questão relacionada com a inexistência do dolo e a consequente atipicidade da conduta se referem tanto a eventual crime de lesões corporais, como ao de cárcere privado.

Em se tratando de crianças, as quais são puras e pouco ou quase nada de profano nelas existe, o procedimento de iniciação pode e, em muito, ser reduzido, sendo que o convívio na casa de santo, que não pode ser confundido com cárcere privado, poderá ficar reduzido até o prazo mínimo de sete dias.

Em termos de legislação infraconstitucional, não podemos deixar de mencionar a Lei n. 12. 288/10, Estatuto da Igualdade Racial, que preceitua:

Art. 23. É inviolável a liberdade de consciência e de crença, sendo assegurado o livre exercício dos cultos religiosos e garantida, na forma da lei, a proteção aos locais de culto e a suas liturgias.

Art. 24. O direito à liberdade de consciência e de crença e ao livre exercício dos cultos religiosos de matriz africana compreende:

[...]

II – a celebração de festividades e cerimônias de acordo com preceitos das respectivas religiões.

Como se vê claramente do que vem disposto no artigo 24, inciso II, da legislação referida, é garantida a realização de festividades e cerimônias de acordo com os preceitos das respectivas religiões.

Ora, a iniciação, como se pode observar do debate deste trabalho, é uma cerimônia, isto é, um ritual que está repleto de preceitos a serem observados pelo Sacerdote, cuja liberdade de exercício é garantida também pelas normas infraconstitucionais, além da própria Constituição Federal.

No nosso modesto modo de entender, acreditamos que a liberdade de religião e de culto representa uma das várias facetas do princípio da dignidade da pessoa humana, na forma do artigo 1º, inciso III, da Constituição Federal, já que o artigo 3º da Carta Magna enuncia que é objetivo fundamental da República Federativa do Brasil a constituição de uma sociedade livre, justa e solidária.

A ideia de liberdade constitucional e de uma sociedade livre está intimamente ligada à liberdade de crença, ou seja, ao poder de que é dotado o ser humano de acreditar ou não em uma ou outra religião, o que representa o aspecto subjetivo desse direito, bem como à liberdade de culto, de modo a poder cultuar reservada ou publicamente a religião que venha a professar, o que representa o aspecto objetivo desse direito.

A solidariedade, objetivo maior da Carta Magna, reside, sob o prisma religioso, em respeitar a crença, aspecto subjetivo, e o culto, aspecto objetivo, externo do outro, ainda que ela não coincida com o que acredito e com o que cultuo. A justiça somente será alcançada à medida que cada um puder exercer livremente sua crença e seu culto, respeitando todos os outros tipos de crenças e cultos, estabelecendo-se, definitivamente, um diálogo inter-religioso.

Somos efetivamente intolerantes a tudo aquilo que é diferente do que acreditamos estar certo, principalmente em termos de religião, mas à medida que nos damos conta dessa intolerância e passamos a enxergar as coisas com olhares mais imparciais, crescemos como pessoas, aprendemos a respeitar aquilo que é distinto e, por ser diferente, não quer dizer que seja necessariamente errado. É preciso respeitar a diversidade, pois somos todos seres humanos, mas nem todos são iguais no modo de pensar e de agir, temos crenças singulares, conceitos pessoais e opiniões diversas, nem por isso devemos desrespeitar quem não comunga conosco das mesmas diretrizes existenciais.

Uma vez que respeitamos o que é diferente daquilo que praticamos e passamos a olhar as coisas com a mente aberta, nos libertamos das amarras preconceituais que nos foram impostas por séculos, e enxergamos algo que não tínhamos reparado ainda; passamos a ser mais fraternos e menos intolerantes, pois os outros não precisam de tolerância, apenas de respeito.

Capítulo 48

Animismo e Mistificação

Animismo é um assunto que merece um estudo mais aprofundado e ampla discussão. O termo deriva da palavra *Anima*, que significa "princípio vital". Na doutrina espírita, o termo animismo é usado para designar um tipo de fenômeno produzido pelo próprio espírito encarnado, sem que este seja um instrumento mediúnico da ação espiritual, e sim o artífice dos fenômenos em questão. Contudo, em toda manifestação mediúnica, mesmo nas inconscientes, há o concurso do animismo, pois somos seres encarnados.

O próprio uso do ectoplasma é uma forma de manipulação ou manifestação anímica. Assim, se o médium tossir, por exemplo, durante a incorporação, que na realidade é acoplamento, não é sinal de que está fingindo a manifestação espiritual, exatamente porque ele está ali e não somente a entidade.

Entidade e médium trabalham juntos, de modo que os atos de animismo são perfeitamente normais e decorrem do fato de o médium participar do trabalho caritativo. No entanto, essa participação deve ser o mais passiva possível. Infelizmente, às vezes ocorre de o médium "passar na frente dos guias", como se diz na gíria do terreiro. Isso significa que o médium passa a manifestar como se fossem da entidade suas próprias impressões, preconceitos e afins.

Ninguém está livre disso e todos devem manter a vigilância constante. Geralmente, quando acontece uma manifestação exagerada de um guia fazendo ou agindo de forma inapropriada – em desacordo com o local e com as regras do terreiro –, está havendo uma influência do próprio médium, que está passando na frente da entidade manifestante.

Os guias sempre nos lembram de que o corpo é nosso, então, nós temos a preferência sobre ele. O espírito apenas irá respeitar essa condição, todavia, se não estiver de acordo com seu médium, ele se afastará. Nesses casos é onde se abrem os processos de mistificação e, ainda pior, de obsessão espiritual.

Um médium que está mistificando, ou seja, agindo por conta própria, sem o auxílio direto dos espíritos, não é um médium ruim, ele está apenas desorientado. Precisa rever suas posições, deixar o orgulho e a vaidade de lado, e procurar mais estudo, mais dedicação e comprometimento. O auxílio dos outros membros da corrente e do dirigente é também de extrema importância nesse processo, afastando-o das consultas e colocando-o em tratamento.

Novamente, vemos aqui a importância da reforma íntima. Dentro do terreiro umbandista, não há espaço para sentimentos negativos, antagônicos com a evolução que pregam nossos guias, em comunhão com os sentimentos de amor e da caridade. A mistificação é um dos mais graves flagelos do médium, sendo que ela ocorre quando um médium, ou suposto médium, não conta mais com o auxílio dos espíritos. Por vezes, acaba por imitar os trejeitos das linhas de trabalho, enganando os consulentes e a si mesmo, pois a espiritualidade a tudo vê, mesmo onde o olho humano não alcança. Diferentemente do médium anímico, o sujeito mistificador é, sim, afetado em caráter e em conduta moral. Está premeditando ao enganar aqueles que o procuram para, de alguma forma, se destacar ou demonstrar um poder que não possui. A mediunidade é ferramenta de trabalho, um caminho, e o poder manifestado não é do médium, mas das entidades que o assistem.

Nós somos apenas o lápis pelo qual os espíritos transmitem suas mensagens, aparelhos em aprendizado, nada poderosos nem possuidores de faculdades sobrenaturais que nos transformariam em supostos deuses menores. A humildade sempre deve ser o posicionamento padrão dos médiuns. Um dos grandes problemas com um mistificador é que ele começa a atrair entidades negativas que encontram sintonia em sua frequência vibratória, abrindo espaço para casos mais graves de obsessão espiritual. A qualidade moral do médium torna-se imprescindível no trato mediúnico. Entre esses médiuns, encontraremos mistificadores que possuem obsessões complexas em suas mentes, alguns estarão fascinados, outros serão maldosos e levianos.

Porém, os sentimentos que sempre trazem à tona essa desqualificação mediúnica têm nomes claros: vaidade e orgulho. Um médium que acaba por mistificar tem de ser rapidamente retirado da corrente mediúnica, colocado em tratamento e não pode manifestar qualquer tipo de incorporação ou outro dom mediúnico até findar seu tratamento. Porém, muitos não aceitam isso e acabam por se afastar do local de trabalho espiritual para fundar seu próprio espaço, com todas as regras deturpadas pelos seus egos adoecidos.

A obsessão espiritual é o domínio ou influência de um espírito sobre um ser encarnado. Em sua concepção original, acontece de um espírito desencarnado para um encarnado, porém, pela minha experiência, já constatei vários casos de obsessão entre encarnados e, também, de um encarnado para um desencarnado. A obsessão é praticada por espíritos inferiores que querem dominar seus alvos. Os Espíritos de Lei não impõem nenhuma ação contra a própria vontade do médium, respeitando seu livre-arbítrio, e fazem parte do combate contra as más influências. Já os espíritos negativos ou inferiores não aceitam contrariedades e se prendem àqueles que se sentem atraídos vibratoriamente.

A obsessão não é culpa simplesmente do espírito desencarnado, mas da vítima em sua maior parcela, pois ela permitiu que tal situação ocorresse, não aprimorando seus sentimentos nem tendo lutado contra suas paixões inferiores, permitindo que sua vibração baixasse e se aproximasse desses espíritos negativos. Os tratamentos efetuados nos terreiros contra as obsessões espirituais vão desde os passes magnéticos, passes energéticos, manipulações de elementos, oferendas até toda a sorte de ferramentas que a Umbanda possui.

Podemos, ainda, encontrar as obsessões coletivas e complexas – comumente chamadas de demandas – para o terreiro ou um grupo de pessoas. É bom lembrar que o terreiro não é local para criar guerras ou brigas, mas posto avançado de acolhimento a todos aqueles que necessitam de ajuda. É muito comum ver um médium novato ou alguns até mais experientes terem manifestações estapafúrdias, que chocam e beiram ao ridículo. Isso no começo da manifestação mediúnica, desde que devidamente controlado e em um local ideal como uma gira fechada para desenvolvimento, é até aceitável, pois o médium ainda não tem total ciência de suas capacidades mediúnicas.

Ouvimos nos terreiros afirmações equivocadas, como: "Você precisa doutrinar seu Exu!", pois o Exu é o guia que se manifesta, geralmente, de forma mais grosseira na visão dos não iniciados nos rituais umbandistas. Contudo, o Exu é um espelho daquilo que o médium traz em si, exacerbando essas paixões e exteriorizando-as. Faz parte do seu mistério e, também, é ferramenta de educação para o médium. Quando se diz que se precisa doutrinar o Exu, na verdade, quem precisa de doutrina é o próprio médium.

Não existe doutrinação da entidade de lei e luz, pois ela sabe que não pode infringir as leis terrenas, tampouco as regras do terreiro onde está se manifestando para trabalhar na caridade. Quem faz isso não é guia de luz! Então, devemos ficar alertas quanto ao animismo, a obsessão e a mistificação. O médium precisa tomar consciência de que a mediunidade não é espetáculo e de que o Congá não é picadeiro.

Não devemos querer aparecer mais do que outro irmão de corrente, só porque o Caboclo dele grita mais alto, o Preto-Velho anda mais encurvado ou porque o Exu gosta de usar palavras bonitas. É necessário ter bom senso e saber os limites. Bom médium é aquele que se entrega de corpo e alma ao trabalho de caridade, segue as regras morais, de acordo com toda e qualquer religião, pois esta serve para conduzir o ser humano à ascensão.

Em uma casa, deve-se manter o respeito com nossos irmãos de corrente, e aos que lá procuram auxílio da espiritualidade. Um guia de lei jamais se manifesta antes dos guias chefes da casa, salvo se eles assim permitirem ou for da regra daquele terreiro. Um médium jamais entrega a matéria antes da defumação ou do término das saudações e dos pontos cantados. Jamais, também, deve ficar em terra mais que o guia chefe da casa, salvo raras exceções.

A espiritualidade é bem pontual e ordeira. Um médium jamais faz trabalhos – geralmente jogando a responsabilidade para o guia – que ferem a integridade e a humildade daqueles presentes. Muitas vezes, um trabalho grande, bonito e cheio de elementos é apenas uma afetação do médium. A entidade espiritual precisa mesmo é de uma singela flor para fazer a "mironga", porém, o cavalo achou que precisava do jardim inteiro.

Jamais devemos explorar a assistência de forma financeira, alguns chegam ao descabimento de falar que determinada entidade pediu tal elemento, certo perfume, determinada bebida e, muitas vezes, até dinheiro. Não estou dizendo que não se deve pedir que ela compre suas velas para firmar seu anjo da guarda em casa, suas ervas para banho e defumação, etc., claro, se puder.

Devemos entender que o consulente está ali em aflição, e não entende que o processo às vezes é lento e que, muitas vezes, nem merecedor é. Uma entidade ajuda naquilo que ela pode, até esbarrar nos braços da Lei Maior, de onde ela, em respeito, jamais passará, deixando a cargo da lei de ação e reação. Mesmo que esse consulente não seja compreensivo, pois não teve seu pedido atendido – como se os guias fossem gênios da lâmpada –, não se deve tentar mostrar a todo custo que as entidades realmente trabalham. Deixe isso a cargo da espiritualidade, pois somos apenas estudantes nesta escola chamada planeta Terra. O bom senso também deve sempre imperar nas ações realizadas dentro do terreiro e em nossa vida.

Capítulo 49

Contribuição para o Terreiro

Manter um terreiro em funcionamento demanda um enorme gasto: despesas de água, luz, aluguel, IPTU (quando não há isenção), velas, bebidas, papel higiênico, produtos de limpeza, produtos religiosos de uma forma geral, insumos para eventos, esses são apenas alguns dos inúmeros itens da lista. Despesas com festas, por exemplo, a dos Erês: de onde sai todo aquele doce para montar as sacolinhas, o guaraná que é servido, o bolo e tudo mais? Não caem do céu, não! Vejam que muitos terreiros, quando realizam a festa de Ogum, fazem feijoada e servem para a assistência, de onde vocês acham que saem esses recursos?

Efetivamente, os terreiros contam para cobrir essas despesas com as doações da assistência e dos simpatizantes da casa, mas isso ainda é insuficiente. Necessária e obrigatoriamente, a casa deve contar com a contribuição dos filhos, dos médiuns da casa, para que possa cumprir com todas essas obrigações financeiras.

É certo que o Zelador ou Pai de Santo são os responsáveis pelo chão e acabam sendo os responsáveis financeiros por tudo isso, mas o que nós, médiuns, não podemos esquecer é que o chão é nosso, eles são os Zeladores, mas se é nosso o chão, a casa que escolhemos para ficar, o lugar onde nos equilibramos, onde comparecemos para prestar a caridade, então é preciso mantê-lo.

Marcelo, mas como faço para manter o solo sagrado e o axé? Contribua, meu irmão, não falte com o pagamento de suas mensalidades, pois alguém terá de pagar as despesas que foram feitas e que também você contribuiu para que elas ocorressem, isso é inevitável. É certo que o Pai de Santo vai pagar, na medida do possível, sendo que quando não consegue seguir, justamente por falta de compreensão dos médiuns, o terreiro acaba fechando ou reduzindo de tamanho até fechar. É isso que você espera da sua casa? Nego-me a acreditar que sim. Então, não deixe de contribuir.

Marcelo, estou passando por dificuldades e não consigo pagar as mensalidades do terreiro, o que devo fazer? A primeira coisa a fazer é conversar com seu Pai de Santo, Zelador ou sua Zeladora, ele não é o bicho-papão e ela não é a Cuca. Eles vão entender seu problema, não tenha medo, você deve respeitar seu Zelador e confiar nele. Explique sua situação, contudo, em qualquer caso, não se negue a contribuir, mesmo que seja uma pequena importância. É fundamental que mantenha o pagamento da mensalidade, mostrando que está com boa vontade, tem intenção de ajudar a casa com suas despesas, mas o que pode fazer, por enquanto, seria isso.

O pouco dado de coração é muito, meu irmão. O que não é possível é o médium deixar de pagar as mensalidades e sair por aí gastando com baladas, churrascos e outras coisas que não podem ficar na ordem de prioridades em comparação com o compromisso com o Sagrado. Nunca, jamais, falte com a verdade com seu Zelador. As redes sociais estão aí para desmentir você, sem dó. Seu Zelador descobrirá de alguma forma, até porque a espiritualidade mostra e não concorda com o comportamento errado do médium, que está desrespeitando a casa e toda a espiritualidade que é responsável por ela.

Sim, a Umbanda, meus irmãos, precisa também da contribuição dos seus médiuns e das doações da assistência. Ela não é diferente da Igreja Católica, que possui o momento em que os fiéis fazem suas ofertas; da Neopentecostal, em que há o pagamento de dízimo; dentre outros credos, que solicitam auxílio e ajuda, tanto pessoal como financeira, de seus frequentadores e adeptos para a manutenção da casa.

Outra contribuição bastante importante dos médiuns é com a limpeza do chão sagrado. Há casas onde a limpeza é feita por uma pessoa, contratada especialmente para esse fim, de modo que essa despesa acaba sendo englobada nas despesas financeiras a que nos referimos, ficando, então, coberta pelo pagamento das mensalidades.

Contudo, há terreiros nos quais não há uma pessoa contratada para fazer a limpeza, de forma que esta deve ser realizada pessoalmente, pelos médiuns. Eles devem fazer isso com muita alegria, respeito e carinho pelo sagrado, pois estão tendo a oportunidade de cuidar desse chão que tanto faz por várias pessoas e pelos próprios médiuns. Essa limpeza em geral ocorre semanalmente. Mas, muitas vezes, é preciso fazer uma grande e minuciosa limpeza anual, de modo que os médiuns devem participar na medida da necessidade e se sentirem honrados por exercer essa nobre missão que lhes foi confiada pelo Zelador ou Zeladora e pela espiritualidade, a qual tudo vê e tudo sabe.

Outra contribuição que o médium deve dar, além de colaborar com as despesas, é auxiliar na limpeza dos terreiros, comparecer nas giras abertas e de desenvolvimento. Ora, se o médium está em atendimento ou cambonando, é indispensável que ele compareça na gira para que os trabalhos possam ocorrer, as pessoas possam ser atendidas e a caridade prestada. Esse compromisso o médium tem não só com o Zelador ou Zeladora, mas também com a espiritualidade, que aguarda seu comparecimento no terreiro para essa finalidade. Não se esqueça de que, se faltou ao terreiro, por motivo não justificado, está em falta não somente com o Zelador ou Zeladora, mas igualmente com a espiritualidade.

Dessa forma, surge a questão da assiduidade, ou seja, comparecer com frequência aos trabalhos, faltando, apenas, em situações muito adversas e em circunstâncias justificáveis. O médium deve contribuir para a casa com sua assiduidade, mostrando comprometimento, responsabilidade e respeito pelo Sagrado.

Meus irmãos, vocês acharam que era só tomar banho de ervas, cumprir seus preceitos, manter suas firmezas em dia, que estava tudo certo, que tinham cumprido tudo o que o médium tem de fazer? Não, como viram é muito mais do que isso, então, vocês têm certeza de que querem ser médiuns de Umbanda? Antes de responder a essa questão, reflitam bastante, mas se decidirem por ingressar nessa religião maravilhosa, ingressem para valer, não sejam mornos, nem frios, assumam o compromisso e verão que muito nas suas vidas mudará, partindo inicialmente de vocês.

Capítulo 50

Pontos Cantados

Os pontos cantados na Umbanda são representados por várias músicas, utilizadas para diversas finalidades e em diferentes ocasiões. São poemas que contam os feitos heroicos das divindades, dos reis do passado ou indicam os fundamentos da religião. Os textos trazem marcas do passado colonial, da gênese histórica da Umbanda, indicando as forças e as formas de atuação das entidades.

É de se observar que as religiões de matriz africana não possuem textos sagrados escritos, e se valem da tradição oral para perpetuar seus mitos e crenças. Dessa forma, é inegável que os pontos cantados exercem esse papel importantíssimo de agregação e transmissão de tradições e conhecimentos iniciáticos, semelhantemente ao papel atribuído aos livros sagrados de outras religiões.

Na Umbanda rezamos cantando, é a forma de homenagearmos as entidades e os Orixás, chamando para o convívio conosco, encarnados, as diversas falanges de trabalhadores. Os cânticos são o elemento condutor das energias das entidades e dos Orixás, o combustível indispensável para que a gira possa correr bem e a energia possa fluir.

Todas as religiões têm os seus cânticos, e na Umbanda não é diferente. Entretanto, não se deve abusar, os cânticos são sagrados e não devem ser utilizados, no meu modo de entender, em finalidades profanas ou que não guardem qualquer relação com o sagrado. Os pontos nos terreiros devem ser cantados por todos. Repito, todos. Muitas vezes, vemos que vários irmãos deixam de fazê-lo. Ora, estão deixando de se conectar com o sagrado, de modo que não adianta reclamar que seu desenvolvimento não está fluindo.

É preciso cantar com a entonação certa, cantar não é gritar, bem como os toques devem ser corretos; não adianta surrar os atabaques. As entidades vão se aproximando, e a egrégora de trabalho vai se formando e se fortalecendo. Em resumo, nós, umbandistas, utilizamos os pontos cantados para entrar em sintonia com as entidades espirituais, guias, Orixás e todos os trabalhadores.

A curimba[14] de um terreiro exerce uma função de suma importância e, em razão disso, deve desenvolver um trabalho altamente sério e bem-intencionado, pois todo o andamento dos trabalhos (gira) está ligado diretamente a ela. Para vocês terem ideia, a curimba é que mantém a gira em pé ou pode derrubá-la, causando um estrago imenso, de modo que a responsabilidade pelo toque dos atabaques é gigantesca.

É muito importante que o ponto seja cantado de forma correta. Devemos analisar a letra e a melodia, e cantar com muito respeito e emoção, sem gritaria e sem brincadeiras. Afinal, o ponto é uma prece, portanto, vamos cantar com muito amor e devoção. Deve haver uma harmonia, uma simetria, uma afinação entre os instrumentos de couro, os instrumentos de metal e a voz humana.

As palmas, também, estão incorporadas nos rituais umbandistas, pois igualmente são uma forma de comunicação com o plano astral, já que por meio delas podemos expressar nossas emoções e a satisfação em ver uma entidade espiritual em terra. É de se observar que com as palmas cadenciadas são ativados os chacras dos médiuns, possibilitando uma melhor conexão com as entidades.

Os pontos cantados são divididos conforme suas características, pois cada tipo de ponto serve para um determinado fim. Os hinos são entoados em cerimônias especiais, tais como a comemoração de fundação de um terreiro, formaturas de sacerdotes, apresentações públicas, etc. O ponto de abertura é entoado para dar início aos trabalhos espirituais, sejam eles de qualquer natureza. Já o ponto de encerramento é utilizado para encerrar os trabalhos espirituais, sejam eles igualmente de qualquer natureza.

---

14. Nome dado ao grupo de pessoas que se relacionam com as práticas musicais dentro dos rituais umbandistas.

O ponto de bater cabeça é utilizado, em muitas casas, pelo corpo mediúnico para fazer suas saudações aos guias, aos protetores e aos Orixás diante do Congá. O ponto de defumação é cantado quando é efetuada a queima das ervas aromáticas, durante o ritual de defumação.

O ponto de chamada é usado para chamar as entidades espirituais para os trabalhos que serão realizados. O ponto de subida é entoado no momento em que as entidades que estão em terra se preparam para retornar ao plano espiritual. O ponto de descarrego é cantado para firmar as linhas que trabalharão no descarrego e, também, para firmar as falanges que atuarão na cobertura.

O ponto de visita é apropriado para receber, saudar e despedir-se de um visitante, ou para entrar em um terreiro visitado e sair dele. O ponto de saudação são melodias usadas para homenagear autoridades, presentes no terreiro, ou em apresentações públicas. Os pontos de sacramentos são cantados em ocasiões especiais, em que são realizadas cerimônias de casamentos, batizados, etc.

Os pontos raiz são aqueles ensinados pelas entidades, normalmente curtos, estrofes reduzidas, mas que possuem uma força imensa. Os pontos cantigas são aqueles compostos por compositores profissionais e podem, inclusive, ter sido lançados como uma música e acabam sendo incorporados aos terreiros. Cada entidade tem seu ponto riscado, bem como seu ponto cantado, específico, os quais são apresentados no momento oportuno, de acordo com a doutrina da casa.

Capítulo 51

Cargos na Umbanda

Você que já foi a um terreiro de Umbanda, ou é médium trabalhador da corrente, será que sabe o papel que cada um desempenha no terreiro? Neste capítulo, vou lhe explicar. Na Umbanda, todos somos iguais, todos vestimos o branco e, em regra, estamos com os pés descalços, em sinônimo de humildade e igualdade. Contudo, manter tal igualdade não significa que o terreiro seja uma bagunça, pois há organização e pessoas que exercem funções com diferentes responsabilidades.

Quanto maior é a responsabilidade do integrante da comunidade, mais lhe é cobrado. É o velho ditado que diz: "quanto mais lhe é dado, mais será cobrado". É preciso entender que exercer um cargo, seja ele por eleição, seja por escolha superior, não o faz melhor do que os outros, apenas o coloca em uma posição clara para saber quais são seus direitos e, principalmente, seus deveres.

Em um terreiro de Umbanda, nós temos como primeiro integrante da divisão de trabalho, no plano espiritual, o Guia e/ou Orixá responsável pela casa. Por exemplo, podemos citar a mãe Iansã e o Caboclo Pena Branca. Normalmente, a entidade e/ou Orixá chefe daquele terreiro dão o nome a ele. São os responsáveis por passar as determinações do plano espiritual, as diretrizes de como deve ser fundamentada a casa, o desenvolvimento dos trabalhos e as orientações indispensáveis para que o terreiro cumpra sua missão social, ou seja, prestando a caridade a todos aqueles que o procuram.

Temos os Exus que tomam conta da porta de entrada do terreiro, isto é, os que ficam na tronqueira zelando pelo espaço religioso, impedindo que espíritos negativos, Kiumbas e zombeteiros, invadam o terreiro e atrapalhem os trabalhos.

No plano material, temos o Zelador ou Zeladora, Sacerdote ou Sacerdotisa ou mesmo Pai de Santo e Mãe de Santo, que é o dirigente daquela casa, responsável por auxiliar, desenvolver, zelar e orientar os chamados filhos, ou seja, médiuns que procuram o terreiro para se desenvolver e prestar caridade, exercendo essa religião fascinante que é a Umbanda.

Cabe ao Zelador também cuidar dos Orixás dos filhos da casa e fazer outros atendimentos, se necessário, conforme a doutrina daquele terreiro. A função do dirigente é muito maior do que apenas abrir a casa e iniciar a gira; é também zelar por todos que fazem parte da corrente mediúnica e da assistência da casa. Ele é que deverá ditar as regras e cobrar seu cumprimento. Ser um dirigente espiritual não é uma questão de escolha, mas de missão. Todos os dirigentes, de fato, devem passar por uma escolha da espiritualidade, que lhes encaminhará e proporcionará os meios para o exercício dessa responsabilidade, respeitando, sempre, o livre-arbítrio.

Seguindo essa divisão de trabalho, temos os chamados Pai Pequeno e Mãe Pequena, também conhecidos como Capitães por algumas doutrinas. Eles são os assistentes diretos dos Zeladores. O Pai e Mãe pequenos são também escolhidos por missão, e não por vontade, e passam por alguns rituais distintos para serem preparados para se tornarem futuros dirigentes.

Dentro de suas atribuições estão a abertura das giras, em caso de impedimento do sacerdote, a condução de giras de desenvolvimento, conforme a determinação do Zelador da casa, além da fundamental manutenção da ordem na casa. Têm muitos deveres, exige-se deles muita doação à casa, à Umbanda e à espiritualidade, devendo manter-se firme, pois serão tentados de todas as formas, achando que possuem mais poderes do que têm de fato. É a velha vaidade, responsável pelo declínio de todos, inclusive dos melhores médiuns.

Para se tornar Pai e Mãe Pequenos, o médium deverá ser confirmado e coroado como tal, na conformidade da doutrina seguida pela casa. Não é o tempo de trabalho que define quem será um Pai ou Mãe Pequeno, mas a escolha da espiritualidade.

Temos o vigia ou porteiro, cargo que pode ser ocupado por médiuns incorporantes (rodantes) ou não. São eles os responsáveis por cuidar da assistência e encaminhar os consulentes para os atendimentos. É um cargo de extrema responsabilidade, que só será dado a pessoas que tenham firmeza e saibam lidar com o público, com educação e carinho necessários, pois aqueles que procuram a Umbanda o fazem por necessidade ou por amor à religião e merecem todo o nosso respeito.

Afinal, que Umbanda você segue? É a que você demonstra com seu atendimento, que começa desde a chegada do consulente ao terreiro, passando pelo momento em que recebe a ficha de atendimento, pelo seu encaminhamento à entidade, até o pós-consulta. Amparo e acolhimento são palavras de ordem que não devem ser esquecidas pelo médium de Umbanda.

Temos os médiuns de consulta, os quais são chamados de rodantes ou de incorporação. Nessa categoria, temos os trabalhadores da casa que possuem algum grau de mediunidade e trabalham por meio de passes e consultas. Há casas que dividem os médiuns, conforme o desenvolvimento espiritual, iniciando como cambones ou atendentes da porta, passando para médiuns do passe ou descarrego, para, ao final, chegarem ao cargo de médiuns de atendimento.

É uma longa jornada para a qual não se deve ter pressa, nem muito menos queimar etapas. Médiuns novatos geralmente passam por um período de adaptação à energia das entidades e não são liberados a dar consultas, sendo restritos a dar passagem, após o término delas.

Já cambones são os assistentes, os fiscais e aqueles que são a cara de empatia para com a assistência. Da mesma forma, os integrantes da curimba, ou seja, curimbeiros e atabaqueiros, normalmente são médiuns não rodantes, mas na falta destes utilizam os terreiros de médiuns de consulta ou mesmo cambones rodantes.

No Candomblé, existem inúmeros outros cargos, com nomes específicos em iorubá, mas não é esse o objeto deste livro, de modo que pedimos licença para não abordar esse assunto.

Referências Bibliográficas

BRAGA, Lourenço. *Umbanda e Quimbanda*. Rio de Janeiro, Liv. Jacyntho, 1942.

CORRAL, Janaina Azevedo. *As Sete Linhas da Umbanda*. São Paulo: Universo dos Livros, 2010.

FIGUEIREDO, Benjamim. *Okê Caboclo – Mensagens do Caboclo Mirim*. Rio de Janeiro, Editora Eco, sd.

JURUÁ, Padrinho. *Coletânea Umbanda – a Manifestação do Espírito para Caridade*: as Origens da Umbanda. São Caetano do Sul: Fundação Biblioteca Nacional, 2013.

LINARES, Ronaldo Antonio; FERNANDES, Diamantino; COSTA, Wagner Veneziani. *Iniciação à Umbanda*. São Paulo: Madras Editora, 2017.

PRANDI, Reginaldo. *Mitologia dos Orixás*. São Paulo: Companhia das Letras, 2001.

SARACENI, Rubens. *Sete Linhas da Umbanda – A Religião dos Mistérios*. São Paulo: Madras Editora, 2003.

_____. *Manual Doutrinário, Ritualístico e Comportamental Umbandista*. São Paulo: Madras Editora, 2009.

SILVA, W. W. da Matta e. *Umbanda de Todos Nós*. Rio de Janeiro: Freitas Bastos, 1989.

SOUZA, Leal de. *O Espiritismo, a Magia e as Sete Linhas da Umbanda*. Limeira: Editora do Conhecimento, 2008.

VERGER, Pierre Fatumbi. *Os Orixás:* Deuses Iorubás na África e no Mundo. Tradução: Maria Aparecida da Nóbrega. Salvador: Fundação Pierre Verger, 2018.

Internet:
<https://pt.wikipedia.org>.